基礎からわかる
経営組織

松本久良【著】

はじめに

　本書『基礎からわかる経営組織』を上梓するにあたって一言所感を述べさせていただきたいと思います。本書はタイトルの通り現代の組織とりわけ企業という組織についての理論およびその史的展開の概要をまとめたものです。組織の果たす役割とその重要性は近年いっそう増しています。現代社会において人々は組織の提供する製品やサービスを享受することなく生活の質を向上させることが困難になっていますし、生活の糧を得るために多くの人々が組織の一員として活動しているのです。また、趣味を楽しむために組織に参加することもあるでしょうし、地域の活動に加わったりボランティアを実践するために組織に参加することもあるでしょう。このように現代人にとって組織という存在は必要不可欠になっています。そのため現代は組織社会であると言えますが、その中でも多方面に対して影響力の大きい企業という組織が中心的な役割を果たしているということに異論の余地はないでしょう。

　日本企業は戦後復興期、高度成長期、そしてバブル経済期と概ね成長・発展を謳歌してきたと言えます。しかしバブル経済崩壊後のわが国はさまざまな面で大きな転換点を迎えたわけですが、組織もこれまでの疲労の蓄積が一気に出たかのように金属疲労ならぬ組織疲労に陥ってしまったようです。そしてさまざまな組織が問題を抱えることとなりましたが、企業では売上げ低迷、余剰人員問題、経営陣による背任行為、粉飾決算などの不正会計処理、産地や賞味期限などの偽装、従業員を物的な消耗品とみなす、など組織にかかわる問題が次々と繰り返し起こるのを目の当たりにするようになっています。この手の疲労は金属疲労がそうであるように実

際に問題が生じるまで目に見える症状として表れにくいのが特徴です。つまり、これまでも実は着実に進行していた金属の劣化ならぬ組織の劣化が、環境の激変後に一気に目に見える症状として表れるようになったと言えるでしょう。

　このように組織とりわけ現代の企業組織は大きな転換点にあると言えます。こうした中にあってわたしたちひとりひとりも組織についての理解を深めなければならない時期に来ていると言えます。またそうすることでより良い組織の実現に一歩でも近づくことが可能になるのだと思います。現代人の誰もがかかわっている組織についての理解を促すのに本書がささやかながらお役に立てれば著者としてこれ以上うれしいことはありません。

　本書は2つのパートから構成されています。前半では（なにがしかの組織に所属している）みなさんひとりひとりもそうであるように組織のメンバーに焦点が当てられ、モチベーション、リーダーシップ、マネジャー、オフィスなどといったことがキーワードになります（ミクロ・アプローチ）。後半ではみなさんが働く（活動する）組織そのものに焦点が当てられ、組織の構造、形態、文化などといったことがキーワードになります（マクロ・アプローチ）。また、個別の用語や人物そしてキーワードをそれぞれ理解することも重要ですが、それとともに各テーマ間の関連性や過去から現在への流れを理解することも重要ですので、そうしたことも理解できるように配慮しました。

　本書は経営組織の基本を分かり易く説明するということに重点を置いた書籍であるということを重視しているため、通常の専門書に見られるような注釈や引用の多用を避けできる限りシンプルな書になるよう心掛けました。また、経営学は実践的な学問であり経営組織論もまたそうした特性を持っていますので、単なる机上の空論になってしまわぬようできるだけ具体例を盛り込むように努めました。またそうした例などは執筆時のもので動きの速い現代の企業の行動ゆえに短いスパンで変わってしまう可能性が

あることも免れないでしょう。しかしながらそれぞれの項目の理解を促進するためのものですので分かり易さが実現されていれば時間が経過しているからといってさして問題にはならないでしょう。

　最後に、本書が日の目を見ることになったことに関して謝辞を述べさせていただきます。まず未熟者で孤立無援の私に本書の執筆という大役を任せて頂きチャンスを与えて頂いた学校法人産業能率大学に改めて感謝申し上げます。また日頃から快適な教育環境を提供していただいている通信教育部の五月女芳男理事、井上基司部長、作道恵介課長、西井哲也課長、関義明課長、平野隆一の各氏をはじめとしてその他関係の皆様にお礼申し上げます。そして、今回の出版に際して拙い文章を執筆する著者を我慢強く見守り助言や励ましをいただいた出版部の坂本清隆氏とセルフラーニングシステム開発部の由井格氏にお礼申し上げます。それではいっしょに組織の世界の扉を開けてみることにしましょう。

　天国の父と元気な母に捧ぐ

2015（平成 27）年 6 月吉日

　　　　　　　　　　　　　　　　　　　　　　　著者　松本　久良

もくじ

はじめに ･･････････････････････････ i

第1章 組織の原点 　1

1　組織とは何か･･････････････････････････ 2
2　テイラーとフェイヨルの組織論への貢献･････････････ 4
3　バーナードの組織論とその現代的意義････････････ 11
4　さまざまな組織と企業組織････････････････････ 20

第2章 経営組織論 〜2つのアプローチ方法と位置付け〜 　23

1　ミクロ・アプローチとマクロ・アプローチ････････････ 24
2　組織論と管理論･････････････････････････ 31

第3章 組織と人的資源 　39

1　経営資源としての人･･････････････････････ 40
2　雇用制度の変化とその影響････････････････････ 43
3　報酬制度の変化とその影響････････････････････ 50
4　成果主義の問題点････････････････････････ 54

第4章　モチベーションの理論　　61

1　動機づけという考え方の萌芽と内容理論 ········· 62
2　二要因理論の登場 ································ 68
3　動機づけの過程理論 ····························· 73
4　内発的動機づけ ·································· 81
5　内発的動機づけとモチベーション 3.0 ············ 93

第5章　リーダーシップの理論　　103

1　リーダーシップとは ····························· 104
2　リーダーシップ論の変遷 ························ 107
3　コンティンジェンシー理論の登場 ··············· 118
4　ポスト・コンティンジェンシー理論 ············· 131

第6章　マネジャー　　139

1　トップ・マネジメントの構造上の変化 ··········· 140
2　ミドル・マネジメントの役割の変化 ············· 147
3　リーダーのパワー ······························· 150
4　フォロワーシップ ······························· 160

第7章　組織と個人をつなぐ職場集団　　167

1　職場集団の役割 ………………………………………… *168*
2　オフィスの再活性化 …………………………………… *172*
3　IT時代の新しいオフィス像 …………………………… *179*
4　オフィスにおけるメンバーの多様化 ………………… *185*
5　個人を取り巻く職場環境の変化と自己変革 ………… *189*
6　オフィスのコミュニケーション ……………………… *193*

第8章　経営組織論のマクロ・アプローチ　　201

1　組織設計と組織変革 …………………………………… *202*
2　組織構造 ………………………………………………… *206*
3　組織形態 ………………………………………………… *212*
4　チーム型組織の背景とネットワーク組織 …………… *241*
5　組織形態と関連したその他の組織の形 ……………… *246*

第9章　組織構造に関する動向　　253

1　脱ピラミッドとフラット化 …………………………… *254*
2　トール型とフラット型の比較 ………………………… *258*
3　フラット型組織の問題点 ……………………………… *266*
4　有機的組織の構築へ向けて …………………………… *272*
5　組織の変革について …………………………………… *280*

第10章 組織と意思決定・文化　　*293*

1　意思決定のシステムとしての組織 ·································· *294*
2　組織意思決定のゴミ箱モデル ······································ *301*
3　組織と文化 ·· *309*
4　シンボリック・マネジャー ······································ *320*

第11章 これからの組織と理論　　*329*

1　組織と認識 ·· *330*
2　組織と学習 ·· *344*
3　管理者不在の組織 ·· *360*

おわりに ······················· *367*
引用文献・参考文献 ············ *369*
人名索引・事項索引 ············ *374*

第1章
組織の原点

本書では経営組織に関する理論と実践について学習することになりますが、まずはじめに組織とはどのようなものであるのかについて考えていきます。近代経営学は経営管理論から始まったと言えますが、そうしたことに思いをはせながら現代組織理論の礎となった理論を概観します。また、経営組織と周縁の組織との関係についても確認します。本章の目的は、組織の概略をイメージしていただき、以後の章で詳述する各テーマに関心を持っていただくことにあります。

1 組織とは何か

　組織とはいったい何なのでしょうか？　この問いにはさまざまな観点からの説明が可能であると思います。

　たとえば生物の世界では、個別の細胞が群れをなしたものが組織（tissue）であり、複数の組織が集合して個体に対して特定の機能を担うようになるとそれは器官（organ）となります。そして、さらに多様な器官が集合して人体のような個体、すなわち組織体（organization）が形成されるのです。また、織物の世界でも「織物組織」という言葉が存在します。これは織物を構成する経糸（たていと）と緯糸（よこいと）の交錯の状態を示す言葉です。さらに、この交錯の状態を視覚的に表した図を「織物組織図」または単に「組織図」と言います。

　このことは、私たちが考察の対象とする企業という組織に関する事柄と密接に関連していると感じられるはずです。まず、人体との関連での組織については、分かりやすく言えば、ロシアのマトリョーシカ人形のような入れ子状を連想させるはずです。つまり、人体という箱の中に複数の器官が入っていて、さらに各器官という箱の中に多数の細胞が入っているというイメージです。このことは企業に当てはめて考えると、企業という箱の中に複数の部門や部署が入っていて、さらに各部門や部署の中に多数の社員が入って働いているというイメージになります。

　専門的に言いますと、これはシステム性ということに関する問題であり、組織とはシステムであるということです。システムとは、それを構成する多数のサブシステムから成り立っており、さらにその各サブシステムには、互いに作用し合って影響を与えたり逆に影響を受けたりするという性質があります。

次に、織物との関連での組織についてですが、このことは企業に当てはめて考えると、企業も同じように経糸に相当するものと緯糸に相当するものとの組み合わせから成り立っているというイメージになります。後に詳述しますが（第8章）、経糸に相当するものは企業では「階層（化）」と言い、緯糸に相当するものは「部門（化）」と言います。簡単に表現しますと、複数の階層というさまざまな役職と、複数の部門というさまざまな仕事をする人々の集合体から企業は成り立っているのです。

日本で最初の近代的株式会社に類似した会社（商社）は、坂本龍馬が設立にかかわった長崎の亀山社中（1865-1868）であると言われています。亀山社中は1867年に海援隊と改称され、武器や軍艦を購入するなど外国との交易を行いました（ちなみに、海援隊は龍馬暗殺の数か月後に解散となります）。亀山とは地名で、亀山焼窯があった地でもあります。社中とは会社という意味であり、仲間とか結社という意味もあります。また、日本で最初の本格的株式会社は第一銀行（1873-1971）であると言われています（その前身は第一国立銀行であり、後の第一勧業銀行、現在のみずほ銀行です）。

世界で最初の会社と言われるのは、大阪市天王寺区にある創業が578年の建設会社金剛組です。578年とは飛鳥時代、第30代敏達天皇6年の時で、世界文化遺産法隆寺が建立される29年前のことです。この時に、聖徳太子が四天王寺建立のため百済より招いた3人の宮大工のうちの1人である金剛重光が創業した組織が元になっています（後に神社・仏閣を専門に建築する組織、今で言う建設会社になります）。また世界で最初の株式会社は1602年にアムステルダムに設立された植民地経営などを行うオランダ東インド会社であると言われています（1600年にすでに設立されていたイギリス東インド会社は、当初は株式会社の形態をとっていませんでした）。

このような観点から組織について考えることができますが、私たちが本書で探究する組織というものがどのようなものなのかについて、さらに考えてみることにしましょう。

2 テイラーとフェイヨルの組織論への貢献

(1) テイラーの理論

　経営学の世界で最も有名な人物の1人として、アメリカの機械技師フレデリック・テイラー（Frederick Winslow Taylor, 1856-1915　テーラーと表記されることもあります）がいます。テイラーは、管理とりわけ工場管理の能率向上のための実践理論を提供したことで知られており、「経営管理の父」とか「マネジメントの父」などと称されることがあります。また、彼が工場管理の問題を解決することを目指し独自の理論を提供したことが現代に続く近代経営学展開の礎石になったことから、管理を超えてより広く「近代経営学の父」と称されることもあります。

①課業管理

　後に彼の理論は総じてテイラーの「科学的管理法（scientific management）」と呼ばれることとなりますが、科学的管理法の特徴のひとつとしてまず課業管理というものがあります。現在と異なり19世紀後半は1日の作業内容、作業時間、作業量などの規定は大雑把であり、手を抜いてできるだけ楽をして賃金を得ようという怠業が組織的に目立つようになっていました。そこでテイラーはストップウオッチなどを用いて、あらゆる作業の量、時間、方法を標準化し（これは動作・時間研究とか要素動作別時間研究などと呼ばれます）、それをもとに1日の標準的な作業者の作業を「課業（task）」として設定し、従前のような仕事のあいまいさを排除しようとしました。今で言えば、ノルマを設定して課すということに近いですね。

課業管理にはもうひとつ重要な特徴があります。それは、動作・時間研究によって設定した課業をもとに、賃金についても不明瞭さを極力排除しようとしたことです。つまり、課業を作業者の賃金の評価基準としても利用しようとするものであり、課業を達成できた場合には成功報酬として、達成できなかった場合には不成功減収としてそれぞれ処遇しようというものです（これは「差別的出来高給」「率を異にする出来高払い制度」などと呼ばれます）。今で言えば、成果主義における評価基準の問題ということになりますね。

このようにテイラーは動作・時間研究を通して課業を設定し、さらにそれを基準にして賃金にもメスを入れたわけです。彼のブレない主義・主張は、主観的に決められていたり属人的であったりした作業や賃金について、科学的な手法・手続きによって客観性や納得性を取り込もうとしたことに見て取れます。これが「科学的管理法」と呼ばれるゆえんであり、まさに仕組みらしきものがなかった当時、工場管理の効率性を追求するアイディアをはじめて提示したという功績から「父」と称されているのです。

こうしたことは管理（論）とりわけ工場管理に対するテイラーの貢献ですが、もうひとつの大きな貢献についても見てみることにしましょう。それは組織（論）に対する貢献です。

②職能化

テイラーが課業管理と並んで主張したものに「職能化」という考え方があります。

職能化の第1のポイントは、計画と実施の分離です。本来、工場における管理は職長（foreman：フォアマン　熟練工である親方的な存在で、現在のミドル・マネジメントやロワー・マネジメントに相当する職位）が中心となって行われるはずでした。しかし実際には、職長が現場の実施にかかわる問題の解決に忙殺されていたり、それもまた職長の重要な責務であ

ると考えられたりしていました。さらに、現場の作業者が本来は職長がする仕事を行ったりすることもありました。しかしながら、そうした活動もさることながらもっと巨視的な視点から工場を鳥瞰（ちょうかん）する任に当たる者のよりいっそうの重要性をテイラーは認識していたのです。そして、計画部という部署を設置して、そうした活動に集中する組織としました。計画部はすべての管理的な業務を担い、作業者の実施的な活動と明確に区別されるべきであるとしたのです。現在で言うと、ライン職能（製品やサービスの産出に直接かかわる業務）に対するスタッフ職能（ライン職能がうまく機能するように支援する業務）や（戦略）企画室のようなものに相当する組織の必要性を訴えたことになります。

　職能化の第2のポイントとして職能別（または機能別）職長制度があげられます。計画と実施の分離が職長と作業者の間の役割に関する提言であるのに対して、職能別職長は職長間の役割に対する提言であると言えます。

　従来の職長は「万能型」と批判されていたように、各職長間であまり役割が明確にされておらず、重複するようなことがあったり、また1人の職長がさまざまな仕事をあたかも効率的にこなせるがごとく行っていたりという状況が見られました（まさにスーパーマンのように万能で、八面六臂（はちめんろっぴ）の大活躍ですね）。しかしながら、こうしたことは現実的ではなく、かえって非効率を招いているとテイラーは考えたのです。

　そこで職長の仕事を、①順序および手順係、②指図票係、③時間および原価係、④工場規律係、⑤準備係、⑥速度係、⑦検査係、⑧修繕係という8つの職能に細分化し、それぞれの担当を明確化しました。さらに、①〜④を担当する職長は計画部を代表する職長として、主に計画にかかわる職能に専門的に特化することになります。一方で、⑤〜⑧を担当する職長は工場長などと協力して、主に実施にかかわる職能に専門的に特化することになります。このような職長間の役割分化は、近年の日本における取締役の役割分化の仕組みである執行役員制の導入と関連していると言えます

(執行役員制については第5章で触れています)。

　職能化とは、職長と作業者の役割を明確に分離し、さらに職長間の役割も明確に分離するものであると言えます。つまり、いずれのケースでもあいまいさをできるだけ排除して仕事と役割を明確化しようとしたことが特徴です。現在から考えるとごく当たり前のことのように思われるかもしれませんが、当時としては大変ユニークな試みでした。そして、このことは、その後華々しく登場することになる複数の専門職能部門から形成される職能別組織（ファンクショナル組織、機能別組織、職能部門制組織などいくつかの呼称があります）、また従来のライン組織（ライン職能のみの組織または部長・課長・係長などといった階層的なくくりのみによる組織）に補佐役としてのスタッフ職能を援用して、より機能的な組織を目指したライン・アンド・スタッフ組織の考え方の原型になったと言われています（こうした組織の形態については第8章で詳述します）。

　こうしたことから分かるように、テイラーは独自の工場管理論を展開することによって管理論ならびに経営学の開祖として知られていますが、現在の組織論につながる事柄についても示唆に富んだ主張をしていたのです。

(2) フェイヨルの理論

　テイラーと同じように管理論の先駆けである同時代の人物として、フランスのアンリ・フェイヨル（Jule Henri Fayol, 1841-1925　ファヨール、フェイヨールなどと表記されることもあります）が知られています。

　フェイヨルはコマントリー・フルシャンボー・ドゥカズヴィル鉱山会社で1888年から1918年までの30年間にわたって同社のトップ・マネジメントとして采配を振るった優秀な経営者でした。彼は、企業の重要な活動として従来から認められてきた技術活動、商業活動、財務活動、保全活動、

会計活動に加えて、これらと同等に重要な活動として管理活動を加えなければならないと主張しました。そして、管理活動の重要性を主張する以上はそもそも管理活動とは何かということが明確になっていなければなりません。しかし当時は、いわゆる管理の一般的な定義というものは存在していませんでした。そこで彼は、あくまでもたたき台としてのものであり、完全な定義というわけではないとした上で管理活動というものの定義を試みたのです。つまり、「管理活動（マネジメント活動）とは、計画（予測）し、組織し、指揮（命令）し、調整し、統制（評価）することである（この一連の活動の流れはマネジメント・プロセスと呼ばれることがあります）」、と管理活動を簡単かつ明瞭に定義したのです。この定義は単純明快ゆえに現在でもしばしば用いられることがあります。また、さらにアレンジを加え、より簡略化して「計画（plan）、実施（do）、評価（see）」、いわゆる「プラン、ドゥー、シー（これはPDSサイクルと呼ばれることもあります）」という活動からなるものとして現在でもたびたび用いられることがあります。

　フェイヨルはこのように管理（マネジメント）という活動の重要性を訴えたわけですが、それは同時に管理という専門的な活動を行う管理者の必要性という問題を浮き彫りにしました。そして彼は、管理という仕事を任とする者を育てなければならないという観点から管理者教育の必要性を主張しましたが、それは具体的には「社会人として活躍する以前の学校教育の現場においても管理教育を取り入れるべきである」と提唱するものでした。

　フェイヨルの管理論の核をなすものとされているのが、14項目の管理の原則です。彼は、長年のトップ・マネジメントとしてのさまざまな活動から、普遍的に適用できると考えた14の管理原則を提唱しました。彼の経験則から導出されたこれらの原則は現在でも示唆に富むものとしてよく知られています。こうしたことから、テイラーの理論が「科学的管理法」と呼ばれるのに対して、フェイヨルの理論は「管理原則論」と呼ばれます。

以下に、現代風に若干のアレンジを施した上で、14の管理原則の骨子を示しておくことにしましょう。

1．分業の原則……分業を効率的に行うことによって専門化を促し生産性を高めよ。
2．権限の原則……権限についてはフォーマルな権限以外にもマネジャーの属人的な権威も含めて考えよ。また、権限には責任が付随するので、上に立つ者は必要ならば責任をとることを忘れてはならない。
3．規律の原則……組織の規律は上に立つ者の影響を受けるので、真摯なマネジャーを置くとともに規律を明確にしなくてはならない。
4．命令統一の原則……1人の部下は1人の上長からのみ指示や命令を受けるようにしなければならない（ワンマン・ワンボスの原則ともいう）。
5．指揮の統一の原則……計画やプロジェクトは、その責任者がただ1人明確に存在するようにしなければならない。
6．個人的利益の全般的利益への従属の原則（全般的利益優先の原則）……社員は、ある程度の自己犠牲をいとわずに、組織のために進んで貢献をするようにしなければならない。そのためにはマネジャー自らが良きお手本になるとともに、部下を公平かつきめ細かく指導しなくてはならない。
7．報奨の原則……報酬は公平に支払われなければならない。また成果以上の報酬を支払うのはかえってよくない。
8．集中の原則……集権化は組織にとって必要不可欠のものであるが、分権化もまた状況に応じて必要であるので、集権化は程度の問題であり、さらに企業の規模によっても異なる。
9．階層の原則……命令や情報は組織の各階層を下へそして上へと秩序だって下ったり上ったりしなくてはならない。また、この伝達は迅速になされなければならない。

10. 秩序の原則……各担当者への仕事の配分に関しては適材適所でなくてはならない。
11. 公平の原則……公正や公平といったことは組織にとってとても大切であるので、マネジャーはこれらを根付かせるよう努めなければならない。
12. 人員の安定の原則……社員は過度に流動化するよりも安定化・固定化させて、ある程度長期的に育てるべきである。
13. 創意の原則……社員が自ら計画し、それを実行する能力を養成することによって創意工夫の能力を身に付けるようバックアップすること。
14. 人員の団結の原則……団結力やチームワークは組織の肝である。そしてこれを促進するためにはコミュニケーションが必要であり、マネジャーはこのことに十分配慮しなければならない。

　これらの諸原則は管理のための原則ということではありますが、その多くが組織とはどのようにあるべきかということも語っているのです。ゆえにフェイヨルもテイラーと同様に、その管理に対する貢献から管理論のもう一方の雄として知られていますが、フェイヨルもまた、組織について後の道筋となる第一歩を記していたのです。

第 1 章　組織の原点

# バーナードの組織論と
その現代的意義

（1）バーナードの組織論

　1930年代になると、アメリカのニュージャージー・ベル電話会社社長を1927年から約20年の長きにわたり務めたチェスター・バーナード（Chester Irving Barnard,1886-1961）が"The Functions of the Executive (1938)"を著し、現在へとつながる経営組織論の礎を築くこととなりました。先に述べたように、フェイヨルは言わばたたき台として「管理とは何か」という定義を試みたわけですが、バーナードは「組織とは何か」という定義を行ったのです。バーナードによると、組織とは「2人以上の人々が意識して調整を行う、さまざまな活動や力からなるシステム」であるとされます。そして明快でムダのない表現ゆえに、この定義は現在でも頻繁に参照されるものとなっています。
　本章の冒頭で、組織体の隠喩（メタファー、たとえ）として「組織のシステム性」ということに言及しましたが、まさにバーナードの定義にはそのことが明示されています。さらに彼は、単なるシステムということにとどまらずに、メンバー間で協力して働くことによって個人ではなし得ないなにがしかを実現することに組織の元来の意味があるということを強く意識し、協働（cooperation）という概念を重視しました。よって彼の言う組織とは正確に言えば協働システム（cooperative system）ということになるのです。
　組織を組織たらしめる要素として、共通目的、貢献意欲、コミュニケーションの3つを取り上げ、それらを組織成立の要件としたのも彼の組織に

対する功績です。現在でも言及されることの多いこれら3要素ですが、実はバーナードによって提示されたものなのです。簡略化して言うと、通常組織は皆が達成すべきとみなす共有された目的を有しています。そして先の協働とも関連しますが、組織のメンバーは自己の欲求をある程度自制して組織のために貢献したいという意欲を持っていなくてはなりませんし、メンバー間で指示・命令や意志などといった情報を伝達することが不可欠だということです。また、バーナードが組織成立の要素のひとつとしたコミュニケーション(情報伝達)は、以後、組織を論じる際には最も重要なテーマのひとつとして認識されるようになり、現在でもそのような認識は一般的なものです。

また、バーナードの理論の中で組織均衡論と呼ばれるものがあります。それは文字通り、組織は内部的にも外部的にも均衡（バランス）を達成しなければならないということで、バーナードは「誘因」と「貢献」に着目しました。誘因（誘因効用）とは、企業側が組織のメンバーに提供するさまざまな労働に対する対価（たとえば賃金などを想定するとよいでしょう）のことです。一方、貢献（貢献効用）とは、組織メンバーの側が企業に提供するさまざまな貢献（たとえば労働力などを想定するとよいでしょう）のことです。

この誘因と貢献の関係が「誘因＜貢献」のような場合には、メンバーは自らの提供する貢献の方が過大になり、組織にとどまるメリットが小さくなるため組織を離れる可能性も出てきます。逆に、この関係が「誘因＞貢献」の場合には、メンバーは組織にとどまり、自らの持てる力を組織のために存分に発揮してくれることが期待できます。こうしたことから、組織は常に「誘因＞貢献」の状態を作り出し、企業とメンバーの均衡のとれた状態を創出することが重要であると考えます（現実には「誘因＝貢献」ということでも均衡は実現されるでしょうし、イコールの方がバランスというイメージが湧きやすいかもしれませんね。さらに日本の現状を鑑みると、「誘

因＜貢献」という状態もよく見られると思います。その極端な例がブラック企業と呼ばれるものと言えるでしょう)。

この誘因と貢献、とくに誘因に関してバーナードは「有効性」という概念を提示しています。有効性とは、組織が自らの組織目的を達成できる程度のことです。つまり、組織は誘因の原資（金銭的資源など）を組織目的の実現を通して獲得しなければならず、できるだけ多くの原資を獲得することが誘因と貢献の均衡に寄与することになるので、この有効性を高めることも重要だと考えます。

さらに、貢献に関してバーナードは「能率」という概念を提示しています。能率とは、メンバーが誘因に満足する程度のことです。たとえば賃金、昇進、職務内容、自分の役割などに多くのメンバーが満足を感じてくれることが望ましいので、この満足の程度を高めることもより多くの貢献を引き出すことができるという意味で誘因と貢献の均衡に寄与することになるのです。このようにバーナードは、有効性の程度を高めることで誘因が充実し、また能率の程度を高めることで貢献を充実させることが組織均衡すなわち誘因と貢献のバランスを実現することにつながると考えたのです。

(2) 現代的意義

ここで組織の要件をバーナードの3要素を前提にして、現在の組織に当てはめて考えてみることにしましょう。この3要素は先に述べたように、現在でも組織を考える際によく用いられるからです。同時に、組織は進化し当時の一般的な姿とは趣を異にしてもいますので、従来とは異なる変質にも留意して見てみることにしましょう。

①共通目的

組織には共通目的が存在するということ自体は、過去も現在も、未来も

基本的には変わらないでしょう。そして、企業組織の共通目的をひとつだけあげるとすると、利潤・利益の追求ということになるはずです（何が企業の目的かということは難しい問題ですし、現実には利潤・利益の追求が唯一無二の目的ではないと言えますが）。ここでは経営目的論を詳細に述べることはしませんが、過去の時代にさかのぼるほど利潤・利益の追求が企業の主目的になっていたことは確かですし、現在でも企業の存続と成長にとって利潤・利益は最も貢献してくれるものでしょう。

しかし近年になると、企業にとって重要な目的として台頭してくるものがあります。それは一言で言えば「社会性の追求」という目的です。これは決して日本に限った問題ではありませんが、とくに日本においては1980年代末のバブル経済末期頃から企業のそうしたことに対する意識が高まり、企業の社会的責任（CSR：corporate social responsibility）や社会貢献の必要性が強く問われるようになり、企業の中に独立した部署や部門として社会貢献部などが設置されるようになりました（第8章参照）。

そして、その傾向はさらに加速して現在に至っています。したがって、今では利潤・利益の追求（これを「社会性の追求」に対して、広い意味での「経済合理性の追求」と呼ぶことにしましょう）と同程度に社会性を追求することが企業に求められています。どんなに儲かっている大企業であっても、社会性の追求が不十分であれば社会から認められない時代になってきていますし、企業イメージもダウンしてしまうことが考えられる時代なのです。

つまり、共通目的の存在ということが組織の要素のひとつであること自体は変わらないとしても、その内容は時の経過とともに多様化し変質しているということです。そして現在では、経済合理性の追求、およびそれと矛盾する側面のある社会性の追求を同時に追求することが主な共通目的とされるのです。なぜならば、社会性の追求には通常はコストが伴うので、結果として、そうしたコストを回収できる仕組みを同時に構築しなければその両立はかなわないからです。

②貢献意欲

　組織には組織メンバーの貢献意欲が必要であるということ自体は、過去も、現在も、未来も基本的には変わらないでしょう。貢献意欲とは何かと言えば、単純化して考えると、やる気や忠誠心のことであると言えます。先に述べた「協働」や「貢献」という概念と極めて密接に関連しますが、ともに協力して働くということは程度の差こそあれ自己犠牲を伴うものです。つまり貢献意欲とは、ある程度の自己犠牲をいとわずに、組織のためにメンバーが自らのエネルギーや時間を提供することであると言えます。そしてこれこそがチームワーク、一体感、絆、ひいては組織力の源泉なのです。

　こうした貢献意欲が各メンバーの間に存在するということは当然のことと考えがちです。実際、程度の差こそあれ組織を問わず貢献意欲は存在しているはずですが、貢献意欲の源に関しては、とくに近年の日本企業においては変質していると言えます。年功序列賃金や終身雇用が常態化していた時代には、集団的意思決定とか集団主義といったことが日本企業の強さの秘密であり特徴でもありました。そして、それに裏打ちされた日本企業の組織力が、類いまれなる経済的発展を実現したとの言は、Japanese Management（日本的経営）の分析やエクセレント・カンパニー（超優良企業）研究（第10章参照）などにおいても広く認められてきたところです。つまり、終身雇用という雇用システムや年功序列という賃金システムがメンバーの貢献意欲の源泉になっていたのです。

　ところが1991（平成3）年2月のバブル経済崩壊後、従来の日本的経営の仕組みを多くの企業が「時代に合わなくなった」「競争原理が働かない」などの理由から、ある意味で自己否定するような動きが目立つようになりました。その後、現在に至るまで米国流経営手法などと呼ばれる仕組みが重宝されるようになり、終身雇用の崩壊、成果主義に基づく賃金システムの導入などが日本企業の間で急速に目立つようになりました。それに歩調を合わせるかのように、集団主義がやや影を潜め、代わって「個人主義

が目立つようになってきた」「メンバー間の協力意識やチームワーク、絆などといったものが弱くなってきた」との問題意識をよく耳にするようになっています。

　このようなことから、メンバーからの一定の貢献意欲が必要であることは不変なわけですが、その源泉が終身雇用・年功序列から成果主義へと変わっている、つまり成果主義や個人主義といった状況の下でも以前と変わらぬ、あるいはそれ以上の貢献意欲をメンバーから引き出さなければならないというように貢献意欲の源泉が変質していると言えるのです。

③コミュニケーション

　コミュニケーション（communication）とは情報伝達のことであると言えます。つまり情報（information）を伝えることと言えるのです。

　コミュニケーションの重要性についてはしばしば人体にたとえて説明されます。情報が血液で、それを伝達するルート（つまりコミュニケーション・ルート）が血管というわけです。人体には、動脈、静脈、毛細血管などさまざまな血管が頭のてっぺんからつま先まで張り巡らされていて、それらの中を血液がまんべんなく円滑に通過してはじめて健康体は維持されるのです。たとえば、コレステロールやストレスなど何かしらの原因で血管が詰まってしまうと心筋梗塞や脳梗塞などといった命を脅かす病に侵されるリスクが高まります。組織も同様に、何がしかの障害によって情報が組織の中を縦横に流れなくなると、大企業病などと呼ばれるいわゆるコミュニケーション病に侵され組織崩壊の序曲となることもあるのです。このように、コミュニケーションが組織にとって不可欠の要因であるということ自体は過去も、現在も、未来も基本的には変わらないでしょう。

　ところが、このコミュニケーションについても変質が生じています。つまりIT（information technology）化によって情報伝達（コミュニケーション）の手段がアナログからデジタルへと移行しているのです。この言わば

第 1 章　組織の原点

アナログ・コミュニケーションからデジタル・コミュニケーションへの移行は、広くは社会全体に大きな影響を及ぼすものですが、組織のコミュニケーションにも大きな影響を及ぼします。デジタル・コミュニケーションとは、メールやインターネットをはじめとするITを使用したコミュニケーション全般を、そしてアナログ・コミュニケーションとは、従来の会話や会議をはじめとする対面や直接的なコミュニケーション全般を指すものと考えてください。

近年、会社や職場においても「コミュニケーションが希薄になっている」などという声をよく耳にします。「飲みニケーションがなくなってきている」などということもよく言われます。また、同じフロアーで働く人にパソコンで連絡することも今では珍しくありません。いずれにしても正確に言えば、コミュニケーション自体がなくなっているのではなく、アナログ・コミュニケーションが減少しデジタル・コミュニケーションが増大していると言えるのです。このような流れは今後のIT化の進展とともにますます顕著になることも考えられます。

同じコミュニケーションでも、アナログしかなかった時代と、デジタルが主流になりつつあると言っても過言ではない時代のコミュニケーションとでは明らかに異なります。したがって、デジタル時代の新たなコミュニケーションの姿とはどのようなものなのかを考えるとともに、デジタル・コミュニケーションとアナログ・コミュニケーションとのバランスをとり、組織全体としてのコミュニケーションが希薄にならないようにするにはどのようにしたらよいのかといったことに留意しなければなりません。このように、組織にはコミュニケーションが不可欠であると言ってもその内容は大きく変質しているのです。

④活動

バーナードの組織の3要素に加えて、組織と呼ぶにふさわしい要件につ

いて考えてみましょう。組織とは、それぞれの組織の目的を達成するための手段であると言えます。決して組織を存続させることが組織の本来の目的ではないのです。そうした個々の組織が手段としてそれぞれの目的を達成することによってはじめて社会は機能するということから「組織とは社会的道具である」と言えるのです。

組織が手段として目的を達成するにはさまざまな活動が必要となります。つまり、組織とはさまざまな活動を行う「行為のシステム」なのですが、組織の活動とは管理活動（マネジメント活動）と作業活動とに大別することができます。前者は管理する活動で、主にマネジャーとしての上司の活動を指します。後者は管理される活動で、主に部下の活動であると言うことができます。そして、これらの活動が相互作用をしながらうまく回ることが必要となります。これらのこと（行為のシステムであり、2つの活動が相互作用をすること）が組織の第4の要件ということになります。

しかし、これについても年功序列・終身雇用の時代と異なり、我慢して組織にとどまることが普通というわけでもなくなり、上司と部下の確執が顕在化しやすくなるなど以前と状況は変わってきています。その結果、若手社員の早期退職などが多発するようになり、上司と部下の相互作用に問題が生じるなど、相互作用自体はなくならないにしても、その在りようは変質していると言えます。

⑤調整力

最後に第5の要件として、組織である以上何らかの調整力が存在しなければならないということがあげられます。組織とは秩序あるシステムであると言えるので、それを維持するためのさまざまな仕組みが必要なのです。何もなくても秩序が維持されるのであればそれに越したことはないでしょうが、実際にはそれでは無秩序になってしまう可能性が高いでしょう。たとえば、就業規則、標準実施手続き、マニュアル、社是、経営理念、経営

哲学、経営ビジョン、ミッション・ステートメント（企業の使命が明言されているもの）、社内教育・研修、あるいは組織構造、組織文化、経営戦略なども調整力と言えるのです。つまり、組織メンバーの考え方や行動を組織の活動がスムーズに進展するのに資するような方向へと誘う機能を果たすものが調整力と言えるのです。そして、この調整力がいい加減ではなく、より厳密に、そして精緻に構築されているほど良い組織であるということになります。

　こうした調整力が組織に不可欠であるということは不変ですが、最近ではこれについても少々変わってきているようです。というのは、最近では生き残るために、組織として柔軟な思考力、豊かな創造力、斬新な革新力などといった能力を備えるべきであると考える企業が多くなっているからです。そのためには、メンバーの思考や行動をあまり規定してしまうと逆効果なので、むしろ縛りを緩くして、できるだけ権限も委譲しつつ自由度を高めていくことが効果的だと考えるようになってきました。つまり、調整力の仕組みは維持しながらも必要最小限にとどめることが有効であると考える企業が多くなってきたということです。調整力についても、その中身が変質しているのがお分かりになったと思います。

4 さまざまな組織と企業組織

　こうした組織の要件は、企業という組織だけに限って当てはまるものではありません。たいていの組織には、共通目的、貢献意欲、コミュニケーション、活動、調整力が存在しています。したがって、こうした要件はあらゆる組織に共通したものと言えます。ただし、存在するということでは同じなのですが、組織によってその内容が明確に異なるものがあります。それは共通目的（以下、「目的」と表記）で、それぞれの組織にはそれぞれの目的が存在します。組織の違いはこの目的の違いであると言うことができます。

　教育組織には知性と人格を兼ね備えた学生の育成、医療組織には患者の治療や疾病の予防、軍事組織には自国の防衛と平和の希求、宗教組織には人間の肉体と魂の救済、政治組織には国民の安全と豊かな生活の実現、そして企業組織（business organization）には経済合理性と利潤・利益の追求、などといった目的がそれぞれあるでしょう。また、同じ企業組織であっても業種・業界が違えば目的は異なりますし、同じ業界内であっても目的の細部は異なるのです。そして組織が異なるということは、目的はより根本的に異なったものになるのです。企業組織とは経営組織論の考察の対象となる組織ではありますが、数ある組織の中のひとつにすぎないのです。

　経営組織論は、数ある組織の中でも主に企業組織を考察の対象としますし、そうした企業組織は社会において主役となる組織であり、非常に重要な役割を担っていると言えます。しかし、近年ではNPO（Non Profit Organization：非営利組織、非営利団体）やNGO（Non-Governmental Organizations：非政府組織）などといった利潤・利益の追求を主な目的と

はしない組織の活躍も目につくようになってきました。

　組織は経済的な観点から営利組織（profit organization）と非営利組織に大別することができます。企業組織は典型的な営利組織ですが、逆にNPOなどはその名の通り非営利組織なのです。こうした非営利組織の活動が注目されるようになった背景として、やはり企業の社会的責任や社会貢献の重要性が増してきたことが大きな要因としてあげられます。

　たとえば、NPOなどの組織が企業の行動をチェックし、企業が自己利益偏重に陥らないようにしたり、あるいは企業の不祥事を白日の下にさらすなどといったことも目の当たりにするようになりました。1990年代に、あるグローバルなスポーツ関連商品メーカーが東南アジアのある国の契約工場で現地の労働者を低賃金かつ過酷な労働条件で使用したとして問題になりましたが、これを暴いたのもNGO組織でした（その後、この企業は反省を踏まえた再発防止策として自らがNGO組織を共同で設立して対応したのですが、それは危機管理という意味では優れた対応であったと言えます）。

　こうしたことから分かるように、社会正義という視点がとくに重要な時代において、NPOやNGOは社会正義を外部の視点で追及するという役割を担っていると言えます。つまり、企業の内部でのチェックのみでは十分とは言えなくなってきている昨今、こうした組織が言わばコーポレート・ガバナンス（corporate governance：企業統治＝企業を監視したりチェックしたりすること）の機能を担うことによって企業のコンプライアンス（compliance：法令遵守）の実現を後押しする役目を担っていると言えるのです。このようなことを背景にして、近年では営利組織のみならず非営利組織の役割が増しているのです。

コラム　組織の持続的発展

　以前からゴーイング・コンサーン（going concern）という言葉がたびたび用いられてきました。これは継続体としての企業とか継続企業などの意味で用いられてきましたが、企業が適切な戦略を策定しそれをうまく実行することによって、環境に適応し共通目的を達成することで長期にわたって存続し続けているさまを表しています（ちなみに going はうまくいっている・継続中の・景気のよいなどの意味があり、concern は営業・事業体・企業などの意味があるので、うまくいっている企業とか景気のよい企業などと考えると継続体とか継続企業という意味がより理解できると思います）。

　しかしながら、近年では同様のことを意味するものとしてサスティナビリティ（sustainability）なる言葉をたびたび耳にするようになりました。そしてこれは企業の持続可能性とか、持続的発展などの意味で用いられています。巷間では、同じようなことを表現するに際して古い言葉が捨て去られ、新しい言葉によって同じ事柄により新鮮なイメージが与えられるということがよくありますが、このケースではイメージの一新ということだけでなくその意味するものが若干変質しています。もともとサスティナビリティとは人類社会の持続可能性を意味するものですが、近年ではそれが環境問題と結び付けられて考えられるようになり、環境との共存共栄によってはじめて人類社会の持続的な発展も可能となるということが強調されるようになりました。そしてこのことは、企業の世界もただ単に利潤・利益が実現できたならば継続あるいは持続が可能になるということではなく、責任や貢献といったことも実現できてはじめて継続あるいは持続が可能になる、という考え方がなされる契機となりました（企業の世界では環境配慮だけが責任や貢献というわけではありませんが）。つまり、サスティナビリティという言葉を用いることによって、利潤・利益＋環境との共生ということが企業の継続や持続の条件ということがより鮮明になるわけです。そしてこのことはまた、企業の目的というものは変質するということの証左にもなっているのです。

第2章
経営組織論
~2つのアプローチ方法と位置付け~

経営組織論が対象とする領域は広範に及びます。ゆえに組織について考察する際にミクロとマクロの2つに分けてアプローチすることが一般的です。本章ではまず、この2つのアプローチとその違いについて理解し、次章以降で論じられるミクロ・アプローチの概要を理解することにします。また、組織論と管理論は密接な関連があるので、両者の関係についても理解しておく必要があるでしょう。

1 ミクロ・アプローチとマクロ・アプローチ

(1) ミクロとマクロの相違

　本節では経営組織論に対するアプローチ（接近方法）について概観してみることにしましょう。経営学にもいろいろな専門科目（各論）がありますが、専門とは特定の事柄について深く探究することを意味します。言わば「狭く深く」ということですね。一方で、経営学入門や経営学総論のような科目は、特定の事柄について深く探究する専門科目とは異なり、さまざまな事柄についてその要点を学習するという一般科目（総論）ということになります。言わば「広く浅く」ということですね。

　経営組織論という分野ももちろん専門科目ですが、専門科目としてはかなり扱う領域が広範にわたるという特性があります。同じような特性を持つ科目として経営管理論や経営戦略論といった専門科目があります。いずれも歴史の長い経営学を代表する専門科目ですので、扱う領域が広くなるのもやむを得ないとも言えるでしょう。また、組織、管理、戦略はそれぞれが密接な関連性を有していて三位一体とも言える特徴があります。

　いずれにしても、経営組織論は扱う領域が広いので2つに大別して扱おうという考え方が以前からあります。しかし、適当に分けるということは考えられませんので、ある基準で分けられています。

　まず、経営組織論のマクロ・アプローチと呼ばれるものがあり、これは組織構造論とか組織理論などと称されることもあります。このアプローチは、組織を箱モノあるいはハードウェアのようなものととらえます。そして、この箱をどのようなものにすれば、箱の中に入って働くことになる組

織メンバーの能力を最大限に引き出すことができたり、組織を外部の環境に適応できるようにしたりすることができるのか、ということを中心に「良い組織とは何か」を探究していきます。

　次に、経営組織論のミクロ・アプローチと呼ばれるものがあり、これは組織行動論とか行動科学的アプローチなどと称されることもあります。ちなみに、組織行動とは組織が行動するということではなく、組織の中の個人の行動ということを意味します。このアプローチは、組織メンバーを組織の中に入って働く中身あるいはソフトウェアのようなものととらえます。そして、この中身としての個々の組織メンバーがどのようにすれば仕事に深く関与し、組織にとって真に必要とされる人材となり、このようなメンバーが多数を占める状態を作り出すことができるのか、ということを中心に「良い組織とは何か」ということを探究していきます。

　つまり、組織全体を箱モノとしてとらえ、組織の構造や形態といったことを軸に、いかにして良い箱を設計するかを考えるのがマクロ・アプローチであり、個人を箱に入って働く中身としてとらえ、動機づけやリーダーシップといったことを軸に、いかにして良いメンバーを創出するかを考えるのがミクロ・アプローチです。

　ここで注意しておかなければならないことが2つあります。まず、マクロとミクロに分けて考える場合にはそれぞれ別個に考察や研究がなされることになりますが、その場合でも元々はひとつの組織論ですから、どちらを欠いても組織論として不完全なものになってしまうということです。それゆえ完全に切り離して考えるというのも難しく、マクロを論じる際にもミクロに言及せざるを得なかったりミクロを論じる際にもマクロに言及せざるを得ないことがたびたびあるということです。もうひとつは、とくにミクロ・アプローチに関する視点のあり方です。個人を中心にして考えると言っても、あくまでも組織論のひとつのアプローチということから、常に組織の中の個人であるということや個人と組織の関係性に注意を払う必

要があります。この点をおろそかにすると、人事管理論や労務管理論、さらには人材開発論などといった個々人の管理やキャリア開発あるいは人事評価などのように、比較的組織との関連性が弱いものになってしまいます。したがって、個人単独ではなくて組織との関連ということに常に留意する必要があるのです。

　以後、本書でもこうした2分法に則って、それぞれのアプローチから組織について迫ってみたいと思います。まずはじめに、経営組織のミクロ・アプローチにかかわる事柄について見ていくことにしましょう。

(2) ミクロ・アプローチの概要

　先にミクロ・アプローチは、個々の組織メンバーは箱の中に入って働く中身やソフトウェアというイメージに基づき、組織メンバーを活性化することで良い組織の実現を探究するアプローチであると述べました。このことをより手短に述べると、ミクロ・アプローチとは「組織と個人のより良い関係のカタチ」について探究することであると言えます。

　ここで留意しなければならないことは、より良いということであって、最良の関係というものはないということです。また、何が良い関係かは状況によって異なるということ、そして昨今の日本企業を取り巻く環境は激変しているので組織のあり方も大きく変貌しているということです。たとえば、雇用や報酬のあり方ひとつとってみても以前とは大きく異なります。したがって、組織と個人の関係のあり方も以前とは大きく異なっており、新しい時代の「組織と個人のより良い関係」とはどのようなものなのかを日本企業は模索中であると言えるでしょう。つまり、たとえて言うなら、「このように変わりました」という過去形や現在完了形ならばまだしも、現在も変わりつつあり、どのようなものになるか不明の言わば現在進行形とも言える状況下にあるのです。こうしたことから、「組織と個人のより

良い関係の形」を探究するのはとくに難しい時期に直面していると言えます。しかし、こうした中にあっても、それを探究するのが組織論とりわけミクロ・アプローチの使命なので、立ち止まるわけにはいかないのです。

ミクロの観点からアプローチする際のキーワードとしては、モチベーション、マネジャー、リーダーシップ、コミュニケーション、職場集団などがあげられます。

メンバーのモチベーションをより高めることは組織のパフォーマンス（業績）の向上にとっても必要なことですし、本人にとってもキャリア（経歴）のアップや自己の満足感を得ることにもつながります。

マネジャーは、言わば個人と会社をつなぐ重要な役目を果たすので、マネジャーが有能で潤滑油として機能するかどうかは大変重要です。また、マネジャーがそうした潤滑油としての役割を果たすか否かは、マネジャーが適切なリーダーシップを発揮できるかどうかにかかっていると言っていいでしょう。そして、上司と部下の間での、同僚の間での、またオフィスの中など組織内でのコミュニケーションの充実は、あらゆる事を円滑に進めていく上で欠かせません。

職場集団とは、ここではオフィスのような比較的こぢんまりとした個人の集まりを考えていただければと思います。各組織メンバーはオフィスを通じて働くということが一般的なので、オフィスが働きやすいものになっているかなどといったことは極めて大切になります。

こうしたミクロ・アプローチを彩る重要な一連のキーワードは「組織プロセス（organizational process：組織過程）」と称されることがあります。

たとえば、モチベーション（動機づけ）がどのようにして組織と個人の関係に影響するかということについて簡単に考えてみましょう。簡潔な図を使って説明するのがよいと思いますので、次ページに示しておきましょう。

まず、組織と個人の関係に影響を与えるものとして報酬を想定します。

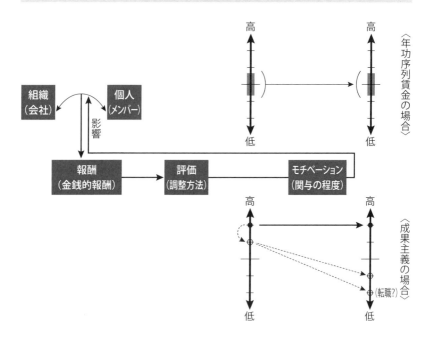

図表2-1 組織と個人の関係

　たとえば、報酬と言うと心の満足のような精神的な報酬もありますが、ここでは賃金のような金銭的な報酬を想定しています。

　次に、各メンバーの賃金をどのように決めるかと言うと、成果主義を念頭に置いた場合には、当人の仕事の結果（成果）を会社側が何らかの評価基準をもとに評価するということになります。つまり、この成果の評価を通して、メンバーを組織の一員として会社に適合するように調整することになります。そして、この調整の結果は一律ではないので、人によって、高い評価を受けて高い報酬を得ているケースと、低い評価を受けて低い報酬に甘んじているケースが考えられます。

　この評価結果は、組織と個人の関係に影響を及ぼします。なぜならば、評価結果はメンバーのモチベーションに影響を及ぼすからです。ここでも

評価の場合と同様に、高いモチベーションを維持している状態にある人のケースと、低いモチベーションしか保てない状態にある人のケースが考えられます。当然、このようなモチベーションの高低、ならびにモチベーションの上下動は、組織と個人の良好な関係にとって重要な要因となります。

では、さらにこうしたことを具体的に考えてみましょう。年功序列賃金の下では勤続年数に応じておおよその賃金が決まることになるので、前述のような成果に応じて上司などが評価を行い、その結果に応じて賃金にバラツキが生じるということはほとんどありません。したがって、評価の結果に大きな差が生じることはなく、一定の狭い範囲内に収まると言えるでしょう。そして、このことと連動して、モチベーションもその時々で高くなったり低くなったりを頻繁に繰り返すこともなく比較的安定していると言えるでしょう（図表2-1の■の部分を参照）。

一方で、成果主義の場合はどうでしょうか。2つの対照的なケースで考えてみましょう。

〈Aさんのケース〉

Aさんは、今回の仕事で良い結果を出せたという自信がありました。そして予想通り高い評価を得ることができました。その結果、「努力すれば結果が出て報われるのだな」と思うようになり、「来年は今年以上に頑張って結果を出そう」とモチベーションがいっそう高まり、再び結果を出すことができました（図表2-1の●の部分を参照）。

このケースは評価とモチベーションが連動して、ともに高い方に移行するという理想的な状態ですね。それと対照的なケースを見てみましょう。

〈Bさんのケース〉

Bさんは仕事を頑張って高い結果を出したと思っていました。評価についても高い評価を得られると確信していて、「良い評価を得てますます頑張るぞ」と思っていました。ところがどっこい、ふたを開けてみたら、思っていたのとは程遠い低い評価でした。その結果、モチベーションもかなり

下がってしまいました。そしてさらに、「頑張って努力を重ねても、うちの会社は認めてくれないのかな。それだったら自分の仕事をきっちりと正当に評価してくれる会社を見つけて転職しようかな」と考えるようになってしまいました（図表2-1の点線矢印および○の部分を参照）。

　この2つのケースは何を物語っているのでしょうか。図表2-1からも分かるように、年功序列賃金の下では評価（賃金）は安定してバラツキがほとんどないのでモチベーションも安定していて、結果として組織と個人の関係も比較的長期にわたって安定していると言えるでしょう。一方で成果主義の場合はどうかというと、評価はその都度変化するのがむしろ普通であるため、不安定でバラツキがあると言えます。それと連動してモチベーションも不安定になりがちで、その都度バラツキが出るので、結果として組織と個人の関係も不安定で流動的になりがちだと言えます。つまり、成果主義の場合の組織と個人の関係は、揺れ動く評価とモチベーションに左右される、言わばフラジールなもの（壊れやすいもの）と言えるでしょう。

　ここでは個人と組織の関係に対する影響ということを簡単に確認するために説明を簡略化しましたが、実際の企業での運用の場合は、もっとさまざまな要因がかかわってくるでしょう。また、年功序列賃金と成果主義の優劣を論じることが目的ではありませんが、これらの違いによる組織と個人の関係に対する影響の違いをまずは理解していただきたいと思います。

第2章　経営組織論

組織論と管理論

(1) 管理から組織へ～人間関係論の登場～

　次に、経営管理論と経営組織論の関係について考えてみましょう。第1章でも少々述べましたが、管理論は19世紀の終わり頃から20世紀の初頭にかけてスタートしました。それは急速に規模を拡大する工場での怠業や離職などによる能率の低下を改善し、効率的な工場を実現するということを主な使命としていました。そして、そのためのテクニックを編み出すという技法や技術論といった色彩の強いものでした。そして、この管理論こそが近代経営学の始まりとなったのです。

　第1章でテイラーの「科学的管理法」について、管理論の出発点になった考え方であると述べましたが、テイラーのムダを一切排除し合理性・効率性を追求することで能率的な工場を実現しようとする動きは、産業の合理化や能率増進運動など当時のアメリカ社会に広まりつつあった価値観と相まって科学的管理運動として周知の事実となっていきました。

　このようなアメリカ社会に浸透した思想の影響を受けつつ、さらに独自のアイディアをもとに、実際のビジネスにおいて合理的な工場運営の技法を完成させたのがヘンリー・フォード（Henry Ford, 1863-1947）でした。フォードは1903年にフォード自動車会社を設立し、5年後の1908年10月1日にはT型フォード（Model T）を発表し、低価格路線を打ち出して注目を集めました。そして彼は、5年後の1913年にはベルトコンベア・システム（移動組立法）を採用し、自動車の大量生産方式を確立しました。低コスト生産を実現し、さらなる低価格化を推し進めることによって、T

31

型＝安いというイメージを確立してモータリゼーション（自動車化、車社会化）時代の幕を開けたのでした。

　この結果、工場の様子も大きく変わりました。労働者は熟練労働者である必要はなくなり、代わって作業の分業化と専門化（ここでは仕事の専門性というよりは極めて細分化された状態のことを指します）が極限まで徹底した単純作業を繰り返すという作業方式に変わっていきました。そして作業者に、ベルトコンベアの前でルーチンな作業をベルトコンベアの速度に合わせて行わせ、監督者は、作業者が与えられた役割を果たしているかどうか、ベルトコンベアの流れは滞っていないかどうかといったことを管理することが主な責務となったのです。

　このようにして前近代的なその場しのぎの成り行き的な管理から脱却し、管理とりわけ工場管理のさまざまな仕組みや技法が生み出されていきました。また、第1章でフェイヨルの管理原則論に言及しましたが、そうした管理のための普遍的とみなされた原理・原則もさまざま生み出されました。日本でも、産業能率大学の創設者であり、日本の経営学の父とも言える上野陽一先生（1883-1957）が管理思想・管理技法のパイオニアとして知られています。先生の考え方は「能率道」と言われることがありますが、やはりテイラーと同様に一切のムダを排して能率や合理性を追求しようとしました。こうした基本的なスタンスは海を越えてテイラーと通底しています。経済的にも厳しい競走状況にある現在の日本企業においては、とくにムダをなくす試み、すなわち「ムダとり」がサバイバルの成否を分けるものとなっていますが、ここで今一度、ムダということをムリやムラという考え方とともに上野流に整理してみましょう。

・手段＜目的……目的が手段を上回っている状態で、ムリと呼ばれる
・手段＞目的……手段が目的を上回っている状態で、ムダと呼ばれる

　こうしたムリやムダのある状態がムラのある状態で、このムラのある状態が非能率的であるとされます。

目的が手段を上回っている状態を具体的に考えてみましょう。たとえば、趣味の一環としてパソコンでハイスペック（高性能）が必要となるゲームや動画編集を行うという目的に対して、使用できるパソコンが非常に安価なロースペックのノートパソコンという手段ではムリがありますよね。

一方で、手段が目的を上回っている状態とは、たとえば、パソコンを使用するけれどもインターネットやメール、文書作成といった極めて基本的なことにのみ使用するという目的なのに対して、手段としてハイスペックの高価なパソコンを購入しました。このこと自体決して悪いことではありませんが、基本的な作業のみしか行わないのであれば、いわゆる宝の持ち腐れでムダです。安価なものを購入して、浮いた分を他の物の購入に充てた方が有意義ですよね。

これらのいわゆるムラのある非能率的な状態に対して、ムラのない能率的な状態とは、パソコンで行おうとしている目的とその目的を達成するための手段としてのパソコンのスペック（値段と考えてもよいでしょう）が適合している状態のことなのです。すなわち、

・手段＝目的……目的と手段が一致している状態で、ムリもムダもない、すなわちムラのない能率的な状態

そして、この手段と目的が一致した能率的な状態を実現するための技法を追求するのが能率道なのです。

テイラーが活躍した黎明期の管理とは、とくに工場などを能率的にマネジメントするための技法およびその開発という側面が強いものでした。また、工場労働者が働く者の中心で（今で言う）ホワイトカラーは少数派でしたし、監督者から各個人に対して具体的かつ直接的に指示が与えられるのが一般的でした。

1920年代から30年代にかけて、後にこうした状況を変化させることになる研究が注目されました。それは主に電話機やその関連機器の開発と製造を行うアメリカの大企業ウェスタン・エレクトリック社のホーソン工

場（シカゴ）で1924～32年にかけて行われたホーソン実験（Hawthorne experimentsまたはHawthorne studies：ホーソン研究）と呼ばれるものです。この実験に参加し重要な役割を演じたのがハーバード大学の心理学研究者であるエルトン・メイヨー（George Elton Mayo,1880-1949）であり、メイヨーを中心としたホーソン実験での成果は「人間関係論（human relations）」として知られています。

　実験の当初は、照明などの作業環境や賃金・休憩・作業空間の温度などの作業条件に関する実験を行うことによって、こうした環境や条件と作業能率の因果関係を究明して工場現場の実践に役立てようということが主な狙いでした。ところが、そうした因果関係があまり明確にはならなかったケースもあり、1928～30年にかけて、延べ2万1126名にのぼる従業員に対して面接調査を実施しました。その結果、会社側が認めている作業班などの公式の集団以外に、作業者の間で独自に形成される「非公式集団（informal group）」の存在が明らかになりました。この非公式集団では、作業者間で次の取り決めが存在していて、それが生産性の高低に大きくかかわっているということがはじめて明らかになったのです。

・仕事に精を出し過ぎてはいけない（作業集団内で特定のある個人の仕事ぶりが突出すると、他がさぼっていると思われたり、会社側からさらなる仕事量を要求されたりする恐れがあるため）
・仕事を怠け過ぎてはいけない（たとえ個人が怠けても、作業集団全体の責任を追及される恐れがあるため）
・上長に告げ口してはいけない（作業者は結束しなければならないので、仲間内の不利になるようなことを上役に密告してはならない）
・偉ぶってはいけない（他者に対して偉そうにおせっかいすることは禁物である）

　また生産性向上の理由として、実験観察の対象となった作業集団のメンバーの「自分たちは実験に協力するために選ばれたメンバーなのだ」とい

う自覚と誇りが深くかかわっているということや、ある作業集団の生産性の高さが際立っていたことがあげられていましたが、そこでは作業集団のリーダーがメンバーに対してフレンドリーに接していることもあって、メンバーから信頼されていて、そうした良好な関係が生産性の向上に深くかかわっているということなどが、面接調査以外の出来事からも理解されていました。

　こうしたことから分かるように、科学的管理法が生産性や能率の追求のよりどころを作業の方法・時間・条件などを徹底して標準化することに見出したのに対して、人間関係論ではそのよりどころを作業集団のあり方やそこでの人間関係に見出したのです。人間関係論のこうした発見によって、単に個々の作業者を管理することから作業集団そのものの本質に注意と関心が向けられるようになり、さらにその視点が組織へと集まるようになったのです。それが1930年代のことで、その後、第1章で述べたバーナードによって組織についての考察が本格的に始まることになるのです。つまり管理論に続いて組織論が登場することになるのです。

(2) 組織と管理の関係

　科学的管理法と人間関係論は、生産性や能率の追求のためのアプローチの仕方こそ異なりますが、それぞれ近代管理論の出発点になった理論です。科学的管理法の思想は現在でもさまざまな領域でムダを排除する精神に受け継がれていますし、人間関係論の思想はその後1950年代以降にリーダーシップ論、動機づけ理論、コミュニケーションなどといったいわゆる行動科学的アプローチと呼ばれる領域を誕生させる端緒となりました。そして、この行動科学的アプローチが組織行動論すなわち経営組織のミクロ・アプローチへと展開することになるのです。したがって、経営組織のミクロ・アプローチということですが、実際には経営管理の要素を多分に含んでい

るのです。リーダーシップ、動機づけ、コミュニケーションなどは経営管理論においても重要なテーマであり、これらのテーマに関しては組織という視点からアプローチするのか、管理という視点からアプローチするのかの違いが両者を隔てる分岐点になっているのです。このように考えてみると、管理論と組織論とが混然一体となることがよくあったり、同じようなテーマを扱ったりすることが見受けられるのも理解できると思います。

　さらに、管理や組織とともに三位一体と考えられることがあるのが「戦略」です。管理は、工場の能率を改善する具体的な方法を期待されて誕生し、組織は、集団の持つどのような特性や、そこでのどのような人間関係が生産性の向上に資するのかを解明することを期待されて誕生しました。

　多くの事柄は何かしらの理由があって登場するのであって、何の理由もなく登場するということはあまりないでしょう。経営戦略論は経営管理論や経営組織論よりも遅れて20世紀の半ば頃に登場しますが、これにも理由があります。当時のアメリカでは経営環境が大きく変化していました。20世紀前半のアメリカは経済的に大きく成長しましたが、永久に成長し続けるということはあり得ませんし、そろそろ生き残れる企業とそうではない企業とが淘汰・選別される時期に入っていきました。日本でも、長らく続いた高度成長とそれに続くバブル経済がその崩壊によって終焉を迎え、その後現在に至るまで大企業と言えどもなくならないとは限らない時代になったと言われるようになりましたね。それでも何とか経営を破綻させずに継続させていかなければならないので、すでに戦の世界に存在する「戦略」という概念を、まさにサバイバルをかけた戦いが繰り広げられている企業間戦争に借用したのです。20世紀も半ばに差しかかろうとするこの時期に経営戦略として適用され始めたことに、その端緒を見出すことができます。

　経営戦略論は経営管理論ほど経営組織論との関連性は深くはないとも言えます（たとえばそれは、管理と組織に比べて、戦略と組織の間では同じ

ようなテーマが重なり合うことが少ないということからも理解できます)。しかし、戦略を策定するのも組織ですし、それを実行するのも組織です。さらに戦略・管理・組織は三位一体であると言われることがしばしばあるので、戦略論の登場についても少々言及しました。

第3章
組織と人的資源

　本章では、組織メンバーを中心として組織について考察していくことにしますが、はじめにそうした個人を取り巻く状況を雇用制度と報酬制度を中心に見ていくことにします。雇用や報酬といったものは組織と個人の関係を成立させる最も重要なものです。しかし近年の日本企業を取り巻く環境は激変し、それに伴って雇用や報酬の仕組みも様変わりしたため、それらにかかわる種々の問題が生じるようになりました。こうした変化を踏まえた上で組織と個人の関係について考えることが求められるようになっているので、読者の方々もご自身の置かれている状況に照らして考えてみてください。

 経営資源としての人

(1) 企業の経営資源

　企業組織を運営するためにはさまざまな資源が必要です。資源は4つに大きく分類され、企業の4大資源と言われるようになりました。いわゆるヒト・モノ・カネ・情報と言われるものがそれです。

　松下電器（現パナソニック）の創業者である松下幸之助（1894-1989）翁が「事業は人なり」と述べていたように、人的資源は本格的なIT時代を迎えたとは言え、依然としてなくてはならない資源です。土地・建物から製造設備やコンピューターに至るまで物的資源も不可欠ですし、新たな設備投資や資産運用、配当・給与など金銭的資源（財務的資源、資本的資源とも呼ばれることがあります）もまた必要です。そして、情報化、マルチ・メディア化、IT化と進化する中で、情報の持つ価値はますます高まっています。他の3つの資源が有形資源であるのに対して、この情報的資源は無形資源であり、企業や製品に対するブランド・イメージ、信用、技術、ノウハウなどといったものも含まれます。

　現在では4大資源として定着していますが、かつてはヒト・モノ・カネの三種の神器であり、1960～70年代にかけて発展中のコンピューターが企業経営にも導入され始め、これを機に情報というものが第4の資源としての市民権を得て現在に至っています。ちなみに、三種の神器とは天照大神が天孫降臨に際して与えたとされている鏡と剣と玉のことですね。それが1950年代に家電の三種の神器として、すなわちテレビ（白黒）・洗濯機・冷蔵庫を指すものとして用いられるようになりました。その後60年

代にはカラーテレビ (Color Television)、クーラー (Cooler)、自動車 (Car) が3Cとして新・三種の神器となりました。さらに2000年に入ると、デジタルカメラ、DVDレコーダー、薄型テレビがデジタル三種の神器と呼ばれるようになります。このように三種の神器とは至極大切なものの比喩としてしばしば用いられることがあります。

近年、再び資源として注目を集めているものを取り上げてみましょう。それは時間です。「はやいものが勝つ」と言われる現在の企業経営において、最重要課題のひとつにスピード経営（経営のスピードアップ）があります。これを実現するためには、唯一等しく与えられる時間というものをどう活かすかがカギとなってくるのです。こうしたことから、従来は情報的資源のひとつとみなされてきた時間が、時間的資源とまで言えるかは別として、大変重要な資源として意識され始めています。ただし、以前から"Time is money（時は金なり）"と言われ、これは「時間は金と同等の価値を持つ」という意味ですから、時間は金銭的資源のひとつであると考えることもできます。いずれにしても時間という資源が再び評価されているということです。

(2) 人的資源の扱いの変質

このように経営資源は企業のエンジンであり不可欠なものなのですが、現在ではとりわけヒトすなわち人的資源に関して非常に多くの変化を見出すことができます。たとえば、人的資源の扱いそのものの変質ということがあげられます。バブル崩壊以降、企業を取り巻く環境に厳しい状況が続く中で、さまざまなリストラが断行されてきました。また、近年では派遣切りなどが社会問題となるなど、人的資源の価値が低く見積もられる傾向があることは否めません。それはいわゆるヒトの（資源化ではなく）コスト化と言ってもよいでしょう。組織でキャリアを積み、知識を獲得している

人材までもコストと考えられてしまうのです。人的資源というよりは人的コストというように組織側の認識が変質してしまったという感が否めません。

　その一方で、こうした扱いはあまり良い結果をもたらさないであろうとの認識から、逆に人材を人財という漢字で表し、そうした認識を具現化しようとしている企業もあります。こうした温度差こそが人的資源というものの変質を如実に物語っているのではないでしょうか。

　さらに、契約社員や派遣社員などといった非正規雇用の活用促進に見て取れるように、人的資源＝正規雇用（正社員）という単純な図式から人的資源の細分化も進行しています。組織を構成するメンバーに関するこのような変化や変質は、組織と個人の関係に影響を及ぼす重要なファクターなので、この人的資源についてさらに考えてみることにしましょう。

第 3 章 組織と人的資源

 雇用制度の変化と
その影響

(1) 終身雇用という名の制度

　人的資源の問題を考えるにあたって雇用は重要なテーマのひとつであり、従来の日本企業に多く見られた雇用制度として終身雇用があります。日本的経営（japanese management）の三種の神器として年功序列、終身雇用、企業別組合があげられ、そのうちのひとつが終身雇用なのです。終身雇用は英語では lifetime commitment と言い、ただひとつの企業に所属し、人生のほとんどの時をその企業とかかわることと言えます。

　ここで企業別組合（または企業内組合）について少し触れておきましょう。日本の企業別組合に対して欧米の産業別組合が対照的なものとしてしばしば引き合いに出されますが、くしくもアメリカの GM（General Motors）の経営破綻（2009 年アメリカ合衆国連邦倒産法第 11 章の適用申請による国有化）という問題が両者の相違を浮き彫りにしました。すなわち、産業別組合としての全米自動車労働組合は、自動車産業に従事する非常に多くの労働者が組合員となるがゆえに企業側に対して大きな影響力を持っていますが、そのことが経営の危機に際してもスリム化やコスト削減の障害になったとも言われています。

　一方で、個々の企業内部に存在するがゆえに、こうした労使の対立図式が比較的弱いという特徴を持つのが日本の労働組合です。経営破綻（2010 年、会社更生法の適用申請）に追い込まれた日本の航空会社のケースでは、社内の組合が細分化されており、それぞれが自らの利害を主張し葛藤を引き起こしていたという実態も明らかになりました。このように日本の労働

組合は欧米とは一線を画するものですが、日本の労働組合は企業側と組合員との関係などに若干の変質はあるにしても基本的には大きく変わってはいません。そこで、年功序列と終身雇用に焦点を当てて考えたいと思います。

ひるがえって日本の終身雇用ですが、かなり以前から存在していたかのように思われますが、その歴史は比較的浅いものです。20世紀前後の時期は、日本の労働力の流動化の程度は極めて高かったのです。当時はまだ、働くということは工場などに作業者（いわゆるブルーカラー）として従事することが多く、現在のようなサラリーマンやオフィスワーカー（いわゆるホワイトカラー）が当然のように見受けられる時代ではありませんでした。

ちなみに、ビジネスマン（businessman）やサラリーマン（salaryman）という言い方はお馴染みのものですが、とくに女性を意味する場合にはビジネスウーマン（businesswoman）やOL（Office Lady）またはキャリアウーマン（carrier woman）などの言い方が用いられてきました。ところが昨今では、男女の区別はあまり意識する必要のない時代となったことからも、現在ではビジネスパーソン（businessperson）という表現が用いられるようになりました（しかし、これらはいずれも和製英語です）。そして、作業者たちが自らに対してより良い条件を提示してくれる所へ転々とすることもしばしば見られたのです。

しかし、熟練と化した労働者を手放すことは使用者側にもデメリットとなります。そのような場合には、ある程度の厚遇を約束し、長期の雇用関係を保障しようという動きもすでにありましたが、その後の第一次・第二次世界大戦という動乱期を経て日本は大きく変貌を遂げることになります。いわゆる戦後復興・高度成長期の到来です。この未曾有の経済発展は大量の労働を必要としたため、企業は労働力の確保が喫緊の課題となり、長期にわたって貢献可能な労働者を一斉に求め始めました。その結果、解雇は影を潜め、代わって法制度として厳格に規定されているというよりは慣習

化した制度という形で労働者との長期の雇用関係を結ぶ企業が一般化するようになりました。これが後に終身雇用と呼ばれる制度となるわけですが、この制度は労働力の囲い込みという側面から誕生したものと言えるのです。

さらに、経営者による従業員を解雇しないという強い決意の宣言も、こうしたことを加速する要因になりました。1929（昭和4）年の世界恐慌の煽りを受けて日本経済も打撃を受け、人員整理の嵐が吹き荒れました。他社が社員の解雇に走り出す中にあって、松下電気製作所（現パナソニック）の松下幸之助社長（当時）は、「従業員は1人も解雇してはならないし、給料も減らしてはならない」と通達する一方、休日返上でこの危機をみんなで乗り切ろうではないかと鼓舞しました。これが功を奏し、短期間で在庫を一掃することができたととともに、この出来事はその後の同社の家族主義経営の原点となったのです。

また、トヨタ自動車工業（現・トヨタ自動車）の豊田喜一郎（1894～1952）社長（当時）は戦後の経営危機に襲われた1950（昭和25）年に社長を辞任することになりますが、これは、従業員は解雇しないという哲学に反して、当時の諸事情に抗することができず、組合との約束も反故にせざるを得なかったことに対するけじめだと言われています。ちなみに豊田喜一郎社長のこうしたスタンスは、「家計が苦しいからといって家族を見捨てるということをしますか。それと同じで苦しいからといって家族である社員を解雇したくないのです」という旨の発言をしたことからもうかがい知ることができます。この時の辞任という出来事が、かえってその後の同社の家族主義経営をいっそう強固なものにしたとも言えるでしょう。

さらに、日本ビクターの高野鎮雄（1923-1992）VTR事業部長（当時）は「ミスターVHS」と呼ばれ、ビデオデッキの標準規格を巡るソニーとの戦いに勝利し、VHS（Video Home System 1976（昭和51）年発売）を世界標準規格へと導いた立役者です。そのプロセスにおいて、当時お荷物的な存在であったため、上層部からVTR事業部のメンバーを削減するよう迫

られていたのですが、事業部のメンバーを奮起させ、最終的には総員300人近いメンバーのうち1人もリストラをせずにVHSの開発を成功裏に導いたのでした。このような経営者のスタンスもまた、日本の終身雇用という制度の普及に対してシンボリックに作用したに違いありません。

(2) 近年の傾向

　こうして、わが国では終身雇用と呼ばれるものが半ば制度のように定着することになるのですが、バブル経済崩壊後の一連の変化の波の中で、日本的経営の特徴のひとつである終身雇用に対する考え方も変わっていきました。それがいわゆる終身雇用の崩壊と呼ばれる現象です。

　このような動きが加速した背景には雑多な要因が複雑に絡み合っていると思いますが、その理由としてよく聞かれるのが「競争原理の導入」という考え方です。すなわち、選ばれし者のみが組織の中に自らの居場所を確保できるということであると言っても過言ではないでしょう。先にあげた松下電器産業（現パナソニック）も1990年代の半ばに改革の一環として退職金前払い制度を導入しましたが、これは定年退職するかなり前から退職時に支払われるであろう金額を換算し、毎月の給与にその分を上乗せして支払われるというもので、いつでもスムースに辞められるような、言わば辞めやすいということを念頭に入れた制度であり、終身雇用を前提としていないことの表明でもあります。

　このような"脱"終身雇用の動きは何をもたらしたのでしょうか。仮に22歳の大学新卒者がある企業に就職したとすると、定年（60歳の場合）までのおおよそ38年間、入り口（就職）から出口（退職）まで当該企業の中の出口のないトンネルをまっしぐらに突き進むことになります。一方、終身雇用の崩壊とは、入り口から入ったはよいが、このトンネル内の（多くの）地点に非常口のような出入り口が設けられるというたとえが可能でしょ

（実際には非常口とは、そこから出て行くためのもので、入ることはないでしょうが、ここでは外部から新たなメンバーが入ってくることも想定しています）。すなわち、入り口から入った後に、途中の出入り口から自発的に出ることも、また強制的に出される（リストラなど）ことも、ともに起こるようになるのです。さらに、途中の出入り口から外部の新メンバーが入ってくることも今まで以上に多くなってくるでしょう。これらが意味するところを端的に表現すれば、それは終身雇用の下での人材の固定化に対して人材の流動化ということです。

　さらに、こうした傾向がもたらしたものを具体的に考えてみましょう。まず、ヘッドハンティングという業務を取り扱う企業が以前と比べて格段に増えたという事実があります。以前から技術者などに関してはそうしたことも見られなくはありませんでしたが、文系的な職務に関しては独自の知識を自社内で教育・育成するというのが一般的であり、ヘッドハントには向かない土壌であったと言えます。ところが、スペシャリストやプロフェッショナルな社員になることを目指して、より普遍的な能力の育成が推奨される中で、従前の状況は変質してきました。最近では、日本国内の他のライバル企業などに移るケースのみならず、日本の経済状況や日本企業の待遇の不備などを嫌って海外のライバル企業にヘッドハントされるケースも目立ってきており、技術やスキルの流失との関連で問題も指摘されています。

　また、若手社員の早期退職問題もしばしば取り上げられます。これも終身雇用というタガが外れる以前であれば、（我慢に我慢を重ねるということもあるでしょうが）よほどのことがない限り、その組織から退出するという選択肢が実行されることはありませんでした。ところが、気軽に退職できるようになった（トンネル内に出入り口が多数できた）ことや、また無理をして居残ったところで終身雇用時代とは違って将来メリットがあるとは考え難くなってきたということも影響しています。

さらに、自分の周囲を見渡した時、転職が珍しくなく頻繁になっていると感じられるようになると、「自分だけではない。いっぱいいるじゃないか」という社会心理的な現象が作用して、それにいっそう拍車がかかるという循環が生じるのです。

　一方で、こうしたトレンドとは対照的な動きも同時に考えてみることにしましょう。たとえば、定年を設けないといういわゆる「定年廃止」という取り組みがあります。また定年廃止とは別に、定年まで雇用し、さらにそれを越えても働けるまで働きたいというニーズに応える「定年延長」というものもあります。愛知県の西島株式会社（1924（大正13）年創業の機械メーカー）は、経営方針として「定年なし、学歴関係なし、技術に限界なし」を謳（うた）っていて、創業時から定年を設けていませんし、日本マクドナルドも2006（平成18）年に定年を廃止しました（2012年に定年制復活）。

　このような定年廃止とはまた異なり、終身雇用維持派とでも言うべき終身雇用へのこだわりを見せる企業もあります。東京江東区の前川製作所（1924年創業の産業用冷凍機メーカー）もとりわけ技術やスキルの伝承という観点から終身雇用の必要性を訴えています。そしてまた同社には、定年後も働きたい、働いてもらいたいという関係が継続する限り高齢になっても会社にとどまる社員も多く、結果として定年がないのと同じということになっています。

　定年廃止を明確に謳うケースにしても、終身雇用を堅持するケースにしても、どちらも雇用を安定させることが企業とメンバーの双方にとってプラスとなり、企業の業績にも貢献するものと確信して疑わないスタンスが見て取れます。実際、このようなスタンスは多くの企業の理想とするところのようです。1990年代の半ばから後半にかけて成果主義の導入などが相次ぎ、競争原理がもてはやされる中、あるアンケート調査によると年功序列制度から成果主義などへの移行は進めたいとする企業に比べ、終身雇用を見直したいとする企業はかなり少なかったのです。

これは「年功制は排除しつつも、終身雇用はできる限り維持したい」と考える企業が多いことを物語っています。つまり、年齢や勤続年数の高い者が何かにつけて優遇されるというのはとくに若手社員の反感も買うこともあるでしょうし今の時代には合わないと考える一方で、終身雇用が崩壊してしまうと過度の人材の流動化が生じ、それがチームワークや絆を危険にさらし、ややもすると組織にとって何より重要な凝集性（組織がひとつにまとまること）や組織力が脆弱になることを多くの企業が懸念していることの証左であると考えられるのです。しかしまた、年功制を排除して成果主義を導入することと終身雇用を維持することを同時に追求するには矛盾する点が多いのも事実です。

3 報酬制度の変化とその影響

（1）年功序列という名の制度

　雇用と報酬は不即不離の関係にあるとも言えますが、これまで主に雇用制度について述べてきましたので、次に報酬制度に焦点を当てて考えてみることにしましょう。

　人的資源の問題を考えるにあたって重要な次のテーマは報酬です。従来、日本の代表的な雇用制度が終身雇用であるように、代表的な報酬制度はと言えば年功序列です。これには年功序列賃金、年功序列制度、年功賃金、年功制などさまざまな呼称がありますが、ここでは簡単に「年功序列」と呼ぶことにします。ちなみに、英訳では seniority system とか seniority-based pay scale などとされます。

　そして終身雇用もそうでしたが、年功序列が制度として定着するのは主に戦後の復興期以降です。20 世紀に入ると、労働の移動を防ぐ施策として定期昇給を行う大企業などが現れますが、第二次大戦後の戦後復興期そして高度成長期へと日本経済がひた走る中でさらなる労働力の確保の必要性に迫られることになります。そこで、ひとつの企業にとどまることが収入・生活面からも得策だと働き手が思える仕組みが必要となったのです。ここで考え出されたのが、新卒の時は最も低いが以後勤続年数（年齢とほぼ同義で、年齢給とも呼ばれるゆえんです）が増すごとに漸増し続け、定年を迎える頃にはピークに達し、途中で下がるようなことはめったにない年功に準じた報酬制度です。

　この年功序列は、常識とされた人生モデル、すなわち結婚・マイカー・

子育て・マイホームという一連の流れにかなうようにも設計されていました（巧妙に設計されていたと同時に偶然の一致といった側面もあるでしょうが）。こうして、企業サイドの「従業員の安定供給」という狙いと従業員サイドの「生活の安定・向上」という思惑が一致したことも手伝って、ひとつの報酬制度として定着していくことになったのです。さらに、先に述べた終身雇用という制度と一体となって運用されることによって不即不離の関係を形成するとともに、終身雇用と年功序列は日本に特徴的な制度として位置付けられることとなりました。

　付言すれば、終身雇用も年功序列も日本だけの固有の制度とは言い切れない側面があります。たとえば、欧米企業でも離職率の極めて低い企業には、結果としての終身雇用に近いものとなる社員が存在する場合もあります。また、欧米企業でも勤続年数と賃金の上昇が全く無関係であるとは言い切れない場合もありますし、さらに公的な組織などでは年功序列に近い賃金体系が採用されていることもあるからです。つまり、欧米でも部分的には近似した制度が採用されるケースもなくはないのです。しかし、日本のようにそれが一般化するというのはまれであるということと、それを仕組みや制度として定着させることになったということは文化的背景に違いがあると言わざるを得ないでしょう。こうした意味で終身雇用も年功序列も、日本に特徴的な制度と言えるのです。

(2) 近年の傾向

　こうした報酬システムですが、バブル経済の崩壊とともに一変することになります。大企業では富士通が1993（平成5）年に本格的に導入したとされる成果主義（meritocracy）の台頭です。その後、企業を問わず導入が進み、ピーク時には大企業の8割近くが成果主義的なシステムを採用したと言われています。

しかし、一言で成果主義とくくられることが多いのですが、その実態は多様です。すなわち、同じ成果主義と呼ばれるものであっても、穏やかなものから過激なものまで、その程度はまちまちなのです。これは成果主義の格差の問題であって、一般的な特徴として導入当初は比較的小さな格差（たとえば高評価者と低評価者の賃金格差が50万円などといったように）からスタートし、やがて大きな格差へと増長するということがあります。また、年功賃金に成果に応じて変動する部分を若干加えるというミックス型もあります（これは日本型成果主義などと呼ばれ、広範に採用されています）。さらに、はじめは管理職から導入され、徐々に一般従業員へと適用範囲が広げられるという傾向もあります。

　成果主義の導入がその狙いとする競争原理をうまく引き出し、企業の成長と従業員の満足といった形で開花したケースとして東京江東区のミスミ（1963（昭和38）年創業の機械部品の企画・販売会社）の例があげられます。同社は個性的な経営スタイルの企業として知られていますが、格差の大きな成果主義を取り入れたことでも知られています。その他にも、比較的小規模で、従業員の年齢構成も若手が中心で、ITなど新興のビジネスを営む企業では成果主義の導入がプラスに作用していることもよくあります。

　報酬制度と雇用制度とは表裏一体の関係にあると言え、現実に年功序列という賃金制度は先に述べた終身雇用という雇用制度と一体となって機能し運営されてきたのです。キヤノンの御手洗冨士夫（1935-）氏は、20年以上にわたるキヤノンUSA時代に、米国流の合理的な経営手法の必要性と過酷なリストラのマイナス面、この双方をともに体感しました。こうした経験から、日本に戻ってからの社長時代に、能力・実力主義と家族主義的な経営とを両立することを目指して、いわゆる「実力終身雇用」という制度の積極的な推進役となったのです。

　こうしたキヤノンのような成果主義という名の報酬制度と終身雇用という名の雇用制度の共生を目指し「実力終身雇用」という制度を採用する企

業の例もあるのですが、成果主義の導入と終身雇用の維持とは両立するのが困難であるとの認識が一般的です。

　困難とされる理由はさまざま考えられます。たとえば、成果が未達のメンバーでも終身雇用で囲い込むということになれば、その成果主義は形骸化してしまいますし、逆に組織の文化を乱したり、他のメンバーに良い影響を及ぼさないような者もそれなりの成果を上げている限り、大手を振って跋扈（はっこ）することが許されるという理屈が成立してしまう、などといった理由が考えられます。

　このように新たな報酬制度には問題点が多いのも事実ですが、次に、そのうち主要なものについて考えてみることにしましょう。

# 成果主義の問題点

(1) 職務設計の問題

　第1に、職務設計（ジョブ・デザイン：job design）の問題があります。年功序列の場合には、個人に光が当たるというより集団志向であったため、仕事の成果も個人があげた成果よりも組織のみんなで成果を上げることに重点が置かれていました。また、勤続年数で決まる年功賃金のため、個人の成果が測定されることはまれなので何ら問題はありませんでした。ところが成果主義になると個人のあげた成果が測定・評価されるため、職務すなわち仕事も、その人が達成したものと他の人が達成したものとの違いを識別できるよう設計し直す必要が生じることになります。こうしたことから職務（仕事）の作り直しとしてのいわゆる職務再設計が不可欠となり、これが行われないと評価に際して何を評価したらよいのかという根本的な問題が顕在化してしまうことになります。

　そこで多くの場合、目標による管理（MBO：Management By Objectives）が用いられることになるのです。MBOとは、簡単に「目標管理」とも呼ばれ、従来の上司による直接的な管理と異なり、部下の自主性を重視した、より間接的な管理手法です。つまり、会社やマネジャーから提示される目標、または上司との話し合いによって、自らの意思も反映された目標が職務として設定され、その達成度合いが評価されるというわけです。

　さらに、個人の成果の測定というものは細か過ぎて困難であるとの判断から、数人から十数人程度の小集団を作り、そのチームがあげた成果を測定し、それを評価の対象としようという動きも見られます。これは個人で

はなく、みんなであげた成果を測定するという点では従来の方法と似た側面もありますが、評価対象としての小集団を明確に設定するという狙いにおいて似て非なるものであると言えます。また、小集団志向の組織形態としてチーム制またはチーム型組織というものが近年採用されているケースもあり（第8章参照）、これが成果主義の評価対象となっている場合もあります。

　このように職務の再設計に関連してチーム単位で成果を測定するということも、評価を行いやすくするとともにチームワークの維持や醸成に一役買うという効果があるのです。いずれにしても成果主義を導入する以上は、個人が行う仕事を明確にする必要があるということです。

(2) 評価基準の問題

　第2に、評価基準（an appraisal standard, a valuation basis）の問題があります。元来、ヒトがヒトを評価するという意味では、評価基準に万人を納得させることができる完全なものなど存在しないと言えます。とは言うものの、年功序列が一般的であった時代には、多くの組織メンバーを納得させるだけの客観性を備えた基準が存在していたのです。それは勤続年数です。年功すなわち年の功とは、長期勤続の功績を指し、メンバーの給与には勤続年数に応じたモデルとなる賃金が設定されています。すなわち、メンバーの給与はこの勤続年数に応じてほぼ自動的に決定されるということから、勤続年数そのものがいわゆる「客観的評価基準」として機能していたと言えます。ところが、年功序列を廃止し成果主義的な制度を採用することは、同時にこうした評価基準を捨て去ることにもなり、新たに（職務再設計とともに）客観的評価基準を再構築することが求められるのです。

　先にも述べたように、もともと人が人を評価するのですから客観性（合理的な評価）は限定されていますし、作成される評価基準も完全なものな

どないと言えます。ところが、成果主義とは評価次第で受け取る賃金が影響され変わってくるものなので、生活に直結する問題であり、安易に妥協できる類いのものではありません。そして現に、評価に対する不満が引き金となって従業員と組織の関係がかえって険悪なものになるということが問題となるケースも間々あります。こうしたことは組織のチームワークにかかわる一大事です。

こうした中で、企業は何とか多くのメンバーにとって納得がいくという意味で客観的な評価基準の策定に懸命なのですが、そうした評価基準にコンピテンシー・モデル（competency model）があります。competency（コンピテンシー）とは、competence（コンピタンス）と同義語であり、能力や適正といった意味です。

コンピテンシー・モデルは多くの企業で採用されたモデルであり、運用のされ方の詳細は企業によって若干異なりますが、その一般的な定義は「継続的に高い成果をあげることができる個人の思考または行動の特性」とされます。企業には優秀な社員と呼ばれる（みなされる）人々が存在するものです。そうしたメンバーの行動は、組織が期待する行動ととくに整合性があるがゆえに模範的なものとして評価されます。こうした行動にスポットを当て、さまざまなメンバーの優秀な行動について、それぞれの組織の流儀でまとめて編集し、それを一般的なメンバーの評価に活用しようというものです。すなわち、この場合の客観的とみなされる評価基準は、勤続年数や年功ではなく、いわゆる"できる社員"の行動であり、それにどれだけ近い行動がとれているかということが評価のポイントになるわけです。

(3) 評価システムの問題

第3に、評価システム（evaluation system）の問題があります。これは評価基準と連動した問題であると言えます。成果主義は評価のシステム（仕

組み・方法）も従来とは異なるものを要求します。年功序列の下ではそれ自体が評価基準となるため客観性が高いことは先にも述べましたが、それゆえに評価システムも上司が部下を評価するというオーソドックスなスタイルで問題はなかったのです。なぜならば年功が基準となるので、上司の評価者としての役割も相対的に小さいものであったため、部下を評価すると言っても実際には勤続年数が評価を代行していたからです。ところが、成果主義の下では上司の評価者としての役割が一変して増大し、適切に評価することが求められるようになります。さらに、今述べたように客観的な評価基準の構築も容易ではないため、客観的な評価のシステムがより必要となってきます。

評価を客観的に行うためのシステムのひとつとして「360度評価（全方位型人事評価）」があります。一般的な360度評価の仕組みを考えてみましょう。

図表3-1　360度評価

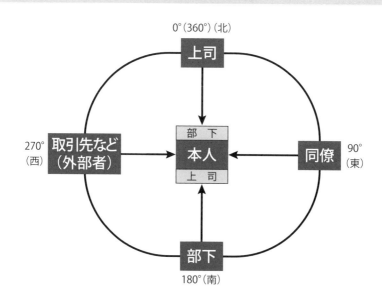

ここでは評価対象本人を、上司も部下もいて、営業職のように取引先との関係も存在する組織メンバーを前提としています。まず、0度（北）の位置には本人から見た上司がいますが、ここは従来からの上司が部下を評価する（上司に評価される）というものです。続いて90度（東）の位置には同僚がいますが、ここでは本人とポジション的には大差のない同僚に評価されるということが示されています。さらに180度（南）の位置には部下がいて、ここでは部下が上司を評価する（部下に評価される）のですが、これは近年、急速に評価の仕組みとして採用されてきた方法です。そして最後に270度（西）の位置ですが、ここは他の3者が内部者であるのに対して、たとえば取引先のような外部者がいます。内部の関係者だけではなく外部の関係者からどのように見られているのかも考慮に入れることによって、より客観的な評価をしようという狙いがあります。

　これが評価システムとしての360度評価の概要ですが、こうした仕組みの採用にはさらに次のような理由があります。

　先にも述べたように、成果主義には評価者としての上司・管理者という役割をより浮かび上がらせるという側面があります。したがって、従来の上司が部下を評価するという仕組みだけでは、上司次第で自らの報酬の内容が決まってしまうという不安が付きまとうことになるでしょう。そうしたリスクを分散させるためにも、上司以外の者も評価者にするという意味合いがあるのです。

　そして、360度評価の複雑性を避けるために、また企業の世界でも進展する民主化の流れの中で部下の相対的パワーが増大しているということから、とりわけ部下が上司を評価するという仕組みを導入するケースが目につくのが現状です。こうした傾向は、生徒が教師を評価する、患者が医師を評価するということが隆盛であることからも理解できるでしょう。

ドラッカーの『マネジメント』

　P.F. ドラッカー（Peter Ferdinand Drucker,1909-2005）は言わずと知れた現代経営学の巨星であり以前からとりわけ経営学の世界や実業界などでは特別な存在でした。とくにわが国ではドラッカーを信奉するビジネスリーダーやビジネスパーソンは極めて多いと言われてきました。そうした中、2009（平成21）年に岩崎夏海氏による『もし高校野球の女子マネージャーがドラッカーの『マネジメント』を読んだら』（ダイヤモンド社）が上梓され、それが『マネジメント』の要旨を平素に説明していることからブームとなり、それによって本家の『マネジメント』およびドラッカーもまた広く一般の人々に興味と関心をもって受け入れられるようになりました。第3章ではおもに人的資源と雇用および報酬制度について説明しましたが、ここでドラッカーの『マネジメント』を中心に彼の人に関する考え方をいま一度整理してみましょう（本書の他所でも個別に触れています）。

　第1に、経営資源の中で人的資源を最も重要視しています。その理由は、人的資源のみが組織のやり方次第でより質の高いものへと膨らませることが可能で、それによって他の組織より優位に立つことが可能となると考えているからです。逆に言うと、そのようなことでしか他の組織と差をつけることはできないというわけです。

　第2に、マネジャーの仕事のうち最も重要なものは「人を活かす」ということです。どんな人間も何かしら長所を持っているものです。短所に目を向けるのでなく長所を最大限に引き出し部下の持てる能力を最大限に発揮できるようにすることが何より重要なのです。

　第3に、人の上に立つマネジャーたる者の最も重要な資質は「真摯さ（integrity）」であるとします。能力など他の資質に多少問題があったとしてもそれほど問題とはならないが、真摯さに欠けるということは決して見逃すことはできず、そうした者がマネジャーになることは大問題だと主張するのです。

　第4に、心理学の手法などによって人心を操作しやる気にさせようとすることは人を馬鹿にしていることになるのでやるべきではないとします。

そのようなことはマネジャーは健全だが管理される者は不健全なので言わば上が下を常に治療する必要があると考えているとみなすこともできるというのです。

　ドラッカーのこうした人間観は高度成長期の日本企業が人という資源を適切に運用することで大成功を収めたことに感化された部分が大きいと言われています（ただしそれは単に人にやさしいという意味だけではなく、米国流の成果を出す（マネジャーからすると部下に成果をあげさせる）ことの重要性については徹底的に重視した上でのこととなります）。さらに付言すると、マクロ・アプローチに関する事柄として、現在のチーム型組織という柔軟な組織形態の原型になる考え方についてその重要性を早くから認識していたということ、さらに（『マネジメント』以外ですが）後の組織の形態としては指揮者をリーダーとして各メンバーが自律的に活動し緩やかにつながるオーケストラのような形態が普及するのではないかと予想していました。

　ドラッカーは人を大切にするというとくに日本企業などで従来から認められる価値観を尊重する一方で、大胆で革新的な主張も数々展開しました。さらに将来を的確に洞察する能力に長けた学者であるとともに、数知れない実践家にも大きな影響を与えた稀有な人物であったと言えるでしょう。

第4章
モチベーションの理論

　本章では、組織と個人の関係に大きな影響を与える組織メンバーの動機づけの問題について考えることにします。現在の企業で当たり前になっている社員の動機づけについての考え方の原型が出来上がったのは、意外なことにそれほど昔のことではありません。しかし、人のやる気にかかわる問題は昔から重要です。また、これまで述べたように個人を取り巻く状況に大きな変化が見られることからも分かるように、現在の日本においても動機づけにかかわる問題はこれまで以上に重要になっています。私たちすべてにとって関係のあるテーマなので概要を理解しておくことが必要でしょう。

# 動機づけという考え方の萌芽と内容理論

　本章では組織メンバーをやる気にさせるとはどのようなことかという、シンプルですが大変奥深い問題について考えてみることにしましょう。それは一言で言うと、モチベーション（motivation：動機づけ）について考えるということです。人は何に動機づけられるのかというテーマは古くて新しい、また明確な答えのない永遠のテーマであるとも言えるでしょう。

　モチベーションとともにしばしばセットで用いられる言葉にインセンティブ（incentive）がありますが、これは人をやる気にさせる要因、すなわち動機づけ要因という意味でビジネスなどでよく用いられます。動機づけの理論は主に、この動機づけ要因、すなわち何が人を動機づけるのかという要因を探究しようということが長い間メインテーマでしたし、現在でも重要なテーマであり続けています。この動機づけの要因を探究する立場はモチベーション論では「モチベーションの内容理論（content theory）」または「内容論」と呼ばれ、潮流のひとつとなっています。

　経営学の世界においても、先に述べたテイラーやフォードの時代から工場労働者を怠けることのないよういかにやる気にさせるか、あるいは（当時は工場労働者の離職率が大変高かったため）いかに辞めさせないようにするかなどについて考えられるようになっていました。たとえば以前は、まじめに働いて工場に貢献する人もそうでない人も同じような賃金を得ていましたが、テイラーは差別的な出来高給の導入の必要性を説きました。つまり、決められた課業（1日の標準作業量）を達成できた作業者には成功報酬として出来高を高い賃率で計算し、達成できなかった作業者には不成功減収として出来高を低い賃率で計算するというもので、これは「異率

出来高払賃金制度」と言われています。

　このテイラーの考え方を実際の企業に導入したのがフォードでした。フォード社では1914年に、それまでの約2倍の日当5ドルを支払う制度を導入しました。もちろん、すべての工場労働者がもらえるわけではなく、仕事も含めた一定の条件を満たした者に限られました。この制度は一見すると膨大なコストがかかってしまうように思われましたが、それは退職者を減らすことにもなり、退職者を見越して相当数の人員を確保しておく必要もなくなったため、むしろコストダウンにつながったと言われています。ここでは金銭が主要な動機づけ要因になっており、こうしたことから経営の世界での動機づけは始まったのでした。

　続いて先に述べた人間関係論では当初は作業効率を上げるための条件や環境が何かということを探究するのが実験目的でしたが、意外なことから作業効率を上げる要因として人間関係という要因が浮上することになったということは第1章で述べました。また、作業効率を上げるということは、それぞれの作業者がやる気にならないと実現されないとも言えます。したがって、人間関係論では作業者をよりやる気にさせる要因として、これまでの金銭や作業条件の改善というものに加えて、職場環境やそこでの人間関係というものに焦点が当てられるようになったと言えます。しかしながら、実際には動機づけの主な手法として、金銭的なものや労働条件にかかわるものが、その後も理論および実践の双方の世界で主流であり続けることになります。

　さて、時代的には人間関係論より少々後になってからのことですが、経営学の世界とは少々異なる心理学の世界で大きな出来事が起こりました（人間関係論は経営学とりわけ組織論の世界で論じられるのが定番ですが、実は心理学に関連した議論を多分に含んでいます）。アメリカの心理学者マズロー（Abraham Harold Maslow,1908-1970）が1943年に欲求階層説（または欲求段階説）を発表しました。

マズローは人間の欲求を次の5段階に分けました。
①食事や睡眠など生活する上で必要最低限のものを得たいという生理的欲求
②身体の安全や暮らしの安定などを得たいという安全の欲求
③社会に必要とされたい、他者に受け入れられたい・愛されたい、何かの集団や組織に所属したいという愛と所属の欲求
④他者に良いところを認められたい、尊敬されたい、自分でも自分のことを認められるようになりたいという尊厳の欲求
⑤自分の潜在能力をでき得る限り発揮したい、本来の自分のあるべき姿になりたいという自己実現（self-actualization）の欲求

　そして欲求は、①から⑤に向かって段階的に高次の欲求となり、より低次の欲求が満たされると一段ずつ段階的により高次の欲求を満たしたいという動機が立ち現れるとします。また、①から④の欲求は「欠乏欲求」と呼ばれます。これは、満たされていない（欠乏している）ので満たしたいと思う欲求で、やり方次第で満たすことができる欲求と位置付けられています。

　一方で、マズローが強調する⑤の自己実現の欲求は「成長欲求」と呼ばれます。これは、満たされていないので満たしたいと思う欲求ではなく、もともとほとんどの人間は完全には満たすことができない欲求と位置付けられています（こうした自己実現を成就するための高次の諸欲求を「メタ欲求」と呼ぶことがあります）。したがって、継続的に満たそうとし続ける必要がある高次の欲求で、この欲求を満たした者を自己実現者と言いますが、それはごく一部の人間に限られます（マズローは後年、さらに高次の第6の欲求として「自己超越：self-transcendence)」という考え方を提示しています）。

　マズローの理論をよりどころとし、さらにそれを精緻化しようと試みた人物にアメリカの心理学者アルダファー（Clayton Paul Alderfer,1940-2015)

がいます。アルダファーはマズローが5段階とした欲求の階層を、生存（Existence）、関係（Relatedness）、成長（Growth）、という3つの階層に区分し直しました。それゆえ彼の1972年に発表されたこの考え方は、3つの階層の頭文字をとって「ERG理論」と呼ばれます。彼がERG（生存・関係・成長）という3つの階層に区分したのは、マズローの5つの階層は他の階層と重なる部分があるということが主な理由です。とりわけ、安全の欲求は低次の生理的欲求および高次の愛と所属の欲求と、そして尊厳の欲求は低次の愛と所属の欲求および高次の自己実現の欲求とそれぞれ重なり合う部分があるからなのです。

　安全の欲求については、人の身体にかかわるもの、たとえば病気や事故といったものを回避したいという物質的なものと、組織の中で自分の居場所を確保したい、人間関係上のトラブルを回避したいなどの属人的・対人的なものがあります。そして、前者の物質的なものは生理的欲求と、後者の属人的なものは愛と所属の欲求とそれぞれ関係しています。それゆえに、これらの生理的・安全・愛と所属（うち安全と重なる部分）の各欲求をまとめて「生存の欲求（E）」としています。

　尊厳の欲求については、第三者から認められたい、尊敬されたいという属人的・対人的なものと、自分自身でも自らの優秀性を感じたいという自己認識的なものがあります。そして、前者の属人的・対人的なものは愛と所属の欲求と、後者の自己認識的なものは自己実現の欲求とそれぞれ関係しています。それゆえに、これらの愛と所属（うち尊厳と重なる部分）・尊厳・自己実現（うち尊厳と重なる部分）の各欲求をまとめて「関係の欲求（R）」としています。

　さらに、アルダファーは、関係の欲求の上位に最高次の欲求として「成長の欲求（G）」を置いています。

　下位の欲求の充足・満足は上位の欲求の充足・満足へと向かわせるということ（いわゆる階層性）、および最高次の欲求については、たとえある

程度満足したとしても完全に充足させることは難しく、より上位のレベルを目指して人を駆り立てるものであるということ、この点についてはアルダファーもマズローと同じスタンスであると言えます。しかし、欲求は必ずしも下位から上位へと階層的に発現するばかりではなく、異なるレベルの欲求が同時に発現することもあるということ、および上位レベルの欲求が満たされないと下位レベルの欲求を満たそうとする程度が高まること、この点についてはアルダファーならではの見解であると言えます。

　いずれにしても、マズローやアルダファーの功績は、人は何によって動機づけられるのかという動機づけの一般理論を確立したことです。そしてそれによって、以前から多くの人が感じていたであろう企業で働く個人の動機づけというテーマをはっきりと主張し、その後の動機づけ研究の道を切り開いたことが彼らの重要な貢献なのです。

　現在の日本では、年功序列賃金や終身雇用などが崩壊し、米国型の自己責任社会という側面が目立ち始めていると言えるでしょう（第3章参照）。それに伴って、一億総中流などと言われた時代から大きく変貌し、人員整理の嵐が吹き荒れ、正規雇用はエリートとなり、働く人の3人に1人くらいが非正規雇用になるなど雇用についても劇的に変わりつつあります。また犯罪、とくに凶悪犯罪の増加によって、私たち1人ひとりが巻き込まれる可能性が高まっていると言えるかもしれません。こうしたことは、生理的欲求や安全の欲求、そして生存の欲求など低次の欲求すら満たされないような状態が少なからず存在しているとも言えるでしょう。一方で自分を現状から飛躍させたい、成長させたいなどの高次の欲求も高まりを見せているのも事実です（本書の読者のみなさんの多くが、こうした理由から勉学に励んでいらっしゃるのだと思います）。このような視点に立って考えてみると、格差が広がるということは、充足したいと思う欲求にも差が生じてくるということでもあると言えるでしょう。

　このような心理学の世界における人間一般の動機づけに関する研究の隆

盛を背景にして、後に経営学においても企業で働く人々の動機づけに関する研究が本格的になされるようになりました。しかし、当初の研究は賃金や労働条件に関するものが多く、そうした要因を工夫すれば従業員の働く意欲に直結すると信じられていました。

2 二要因理論の登場

(1) 二要因理論とは

　その後、長きにわたるこうした考え方に一石を投じる研究結果が発表されました。1959年、アメリカの臨床心理学者フレデリック・ハーズバーグ（Frederick Herzberg,1923-2000　ハーツバーグと表記されることもあります）が二要因理論（動機づけ・衛生理論）を発表しました。ハーズバーグは技術者や会計士などに調査を実施し、理論のよりどころとしましたが、彼の二要因理論は人間一般のみならず、とくに働く人々の職場での動機づけを見据えているということが特徴です。

図表4-1　動機づけ要因と衛生要因

動機づけ要因 （満足要因）	達成、承認、仕事そのもの、責任、昇進、成長の可能性など
衛生要因 （不満足要因）	会社の政策と経営、監督技術、給与、対人関係、作業条件など

（F.ハーズバーグ『仕事と人間性』をもとに作表）

①動機づけ要因

　動機づけ要因（満足要因）とは、達成、承認、仕事そのもの、責任、昇進、成長の可能性などといった要因です。

　達成とは、苦労して山を登って山頂までたどり着いた時の感覚を想像してください。その時の達成感を再び味わうために、苦労してもまた登りた

いという気持ちに駆り立てられるかもしれませんね。

承認とは他者から認められることです。たとえば、いい仕事をして上司やまわりの仲間から称賛されたりすると、また頑張ろうという気持ちになりますよね。

仕事そのものとは、自分の仕事が楽しい、面白いと思えるか否かということです。しかし、何か人の役に立っていると前向きに考えることができれば仕事に意味を見出せるかもしれませんし、逆に、こんな仕事をしていて何になるのだろうと後ろ向きに考えてしまうと、さらにいっそう意味が見出せなくなるかもしれません。これはとても微妙で繊細な要因と言えます。

責任というのは、重要な仕事を担当している、周囲から契約をとることを期待されている、などということが強い責任感を感じさせ、それがやる気の源になるということです。

昇進とは、一般的にはたとえば課長だった人が部長に格上げされ、それに伴って給与や部下が増えることです。しかし、昇進がやる気の源ということは、単に給与や部下が増えるからだけではありません。昇進は気持ちの変化を引き起こします。それはいわゆる「ポスト（役職）が人をつくる」という効果で、図らずも昇進した人が以前と一変して、より積極的に働くのを目にした人も多いはずです。

成長の可能性とは文字通り、自分が成長したという実感を持てるかどうかということです。一年前の自分と比較して、営業スキルが何ら向上していないと感じてしまうとやる気もうせてしまうでしょう。それとは逆に、明らかに以前の自分と比べて能力が向上したと感じられれば、「よし、もっと頑張って、今以上に仕事のスキルを身に付けるぞ」と頑張れるのではないでしょうか。

②衛生要因

衛生要因（不満足要因）とは、会社の政策と経営、監督技術、給与、対

人関係、作業条件などといった要因です。

　会社の政策と経営とは、比較的明文化された会社側の経営方針や経営理念・哲学・ビジョンなどを指します。これらと自分の考えや価値観が齟齬を来すよりは共感できるものであった方が、嫌々ではなく、納得の上で頑張れるのではないでしょうか。

　監督技術とは、上司の監督のあり方が本人のやる気に影響を与えるということです。部下の心をつかみリードするのがうまい上司の下でなら、やる気も上がりますよね。

　給与とは文字通り、会社から受け取る労働の対価のことです。これはとても分かりやすいやる気の源で、古くから注目されてきた要因です。

　対人関係とは、諸関係の中でもとりわけ本人と上司や部下、そして同僚との関係のことです。昨今では、上司のみならず同僚や部下との関係のあり方が本人のやる気に以前にも増して影響を与えるようになっています。とくに、部下が以前と比べて発言力や自立性を獲得するようになっていることもあって、部下との関係が上司本人のやる気に影響を及ぼすようになっているということが近年の特徴です。ビジネスにおける上司と部下の関係とは多少異なりますが、教育組織において教師の休職や療養などが目につくようになっています。個人的な理由もあり、必ずしもすべてでないことは言うに及びませんが、これにはクラスの運営にあたって生徒が全く言うことを聞いてくれないなど、生徒と良好な関係が構築できないといった理由も多いようです。ビジネスでも同様のことが起こるケースが多くなっているようです。

　次に作業条件とは、仕事を遂行する上での物理的条件、仕事量、設備などを指します。現在では作業条件というよりも広義の労働条件と考えた方が適切ですが、それには有給休暇、交通費、住宅・食事等の各種手当などさまざまあります。いわゆる福利厚生を指すものととらえていただければ分かりやすいでしょう。こうした給与・賃金以外の福利厚生にかかわる諸

条件を現在では「フリンジ・ベネフィット（fringe benefit）」と言います。

(2) 二要因理論の意義

　次に、二要因理論の意義について考えてみることにします。ハーズバーグは、人をやる気にさせるには動機づけ要因（満足要因）を工夫して満たしてあげることが必要であるとし、衛生要因（不満足要因）については最低限満たすことができないと不満足を感じてしまうのでそれは避けなければならないが、必要以上に衛生要因を満たしたからといってやる気が高まるわけではないと結論付けました。

　ここで重要なことは、動機づけ要因に共通する特徴は、人の心理や精神など視認することができず定量化することのできない（定性的な）要因であるということ、そして衛生要因に共通する特徴は、金銭や条件など視認することができ定量化することもできる要因であるということです（会社の方針などは明文化されていることを前提に考えればよいのですが、人と人との関係については人の内面にかかわる事柄なので必ずしも明確にはなりません。ここでは関係が良好か否か、好きか嫌いかなど、単純に関係の良しあしというレベルで考えればよいでしょう）。

　ハーズバーグは、人を動機づけるのに有効であると長い間考えられてきた金銭や条件などを衛生要因、すなわちそれが満たされないと不満足感は高まってしまうが、それを満たしてもやる気にはつながらないものとしました。そして、それに代わって、従来ビジネスの世界ではそれほど強く意識されることのなかった心の満足感にかかわることこそが人をやる気にさせる動機づけ要因としたのでした。これは当時のモチベーション研究に一石を投じるものであり、多大なるインパクトを残しました。

　これ以降のモチベーション研究は、ハーズバーグが動機づけ要因とした心理的・精神的要因にいっそう注目が集まることとなり、従来からの金銭

や作業条件といった要因とともに動機づけを考える上で不可欠の要因となり、その地位を確固たるものとしました。現在では動機づけを考える際には、主に金銭的な要因と心理的な要因の双方をバランスよく考慮するということが当然のこととみなされていますが、そのきっかけは二要因理論にあると言っても過言ではありません。

　第3章でも述べたように、バブル経済崩壊後の1990年代の前半から現在に至るまで、多くの日本企業がこぞって成果主義に基づく賃金体系を導入してきました。このことは、ハーズバーグが言うところの衛生要因の代表である給与という金銭的な要因で組織メンバーを動機づけようということに他なりません。ひるがえって、年功序列賃金とは成果主義と同様に金銭的な動機づけ要因と言えるのでしょうか。

　確かに勤続年数に応じて賃金は下がることなく上がるということですから、それ自体金銭的な動機づけであると思えます。しかし、これは終身雇用制度と相まって、よほどの問題行動を起こしたりしなければ解雇されたり賃金を下げられたりすることはないので、むしろ安心して働けるとか仕事に打ち込めるなどといった安心感をもたらす精神的・心理的要因であると言えます。人は失ってはじめて失ったものの大切さに気づくなどと言われますが、現在の日本でそう感じている人も多いのではないでしょうか。

③ 動機づけの過程理論

(1) ブルームの期待理論

　ここでは、モチベーション論のもうひとつの潮流であるモチベーションの過程理論（process theory）または過程論と呼ばれるものについて概観してみます。内容理論が動機づけの要因について考察するのに対して、過程理論は、人はどのようにして動機づけられるのかという、まさに動機づけのプロセスを考察するものです。過程理論の代表的なものに期待理論（expectancy theory）があり、その代表的論者の1人にアメリカの心理学者ビクター・ブルーム（Victor H. Vroom, 1932-）がいます。

　1964年に発表されたブルーム理論によると、行為 i を遂行しようとする強さ F（Force）は、行為 i が結果 j をもたらす「期待」と結果 j の「誘意性」の積和によって決まるとされます。ここでの期待とは確率を指しており、また誘意性とはその結果に対して本人が抱く魅力度を指しています。Fとは、当該行為を行おうと動機づけられている程度のことなので、動機づけの程度は、期待する結果が生じる確率と、その結果の魅力度に規定されるということです。すなわち、

　　動機づけ＝期待×誘意性

ということになります。さらに、この（結果 j の）誘意性は、結果 j がさらなる次の結果 k をもたらすのにどれほど貢献するかということ（これを結果 j の結果 k を導く手段性または用具性と言います）と結果 k の誘意性とで決まるとされます。手段性とは、仕事にこれまで以上に熱心に取り組むという行為が、契約件数などの具体的な成果や結果を出すということに

つながり、さらにそれによって具体的な賃金のアップという結果がもたらされる、というようなことを考えるとよいでしょう。

このようにブルームの期待理論は動機づけ（Motivation）について、誘意性（Valence）、手段性（または用具性：Instrumentality）、期待（Expectancy）という3つの要素で論じているためVIE理論と呼ばれることもあります。すなわち、

動機づけ（M）＝期待（Eij）×手段性（Ijk）×誘意性（Vk）

ということになります。ここでは、Eij＝行為iが結果jをもたらす確率、Ijk＝結果jの結果kをもたらす手段性、Vk＝結果kの魅力度、と簡単に考えておきましょう。

たとえば、期待度も高く誘意性の程度も高いとしても、手段性に問題があれば全体としての動機づけの程度は弱いものとなってしまうでしょう。また、一生懸命に仕事に取り組めば成果を出せる可能性も高く、報酬にも魅力を感じていたとしても、たとえ結果を出しても評価の際にそれが報酬に反映されそうもないと予想される場合には動機づけの程度も弱いものとなってしまうようなケースもこれに相当するでしょう。さらに、手段性ということを除いて、よりシンプルに考えたとしても、誘意性が高くても期待が低い場合（結果のもたらすものには魅力を感じても、その結果をもたらせそうもない場合）、また逆に期待が高くても誘意性が低い場合（結果を比較的容易に出せそうだとしても、その結果がもたらすものには魅力を感じない場合）などは動機づけの程度が低くなってしまうことが考えられるでしょう。

過程理論は内容理論と異なり、何が（What）と言うよりは、むしろどのように（How）動機づけられるのかということに着目しますが、さらに期待理論では自らのある行為がある結果をもたらすであろうと主観的に考える確率によって動機づけの程度が決まるということに主眼を置いています。さらに、それだけではなく誘意性および手段性という要素も動機づけの程

度に影響を及ぼすと考え、これらの3要素の組み合わせで動機づけを考えようというものです。

(2) ポーター＝ローラーの期待理論

この過程理論のプロセスという側面がさらに強調される代表的理論としては、ブルーム理論をより精緻化したアメリカの経営学者レイマン・ポーター（Lyman W. Porter）とエドワード・ローラーⅢ世（Edward Emmet Lawler, Ⅲ ,1938-）が1968年に発表した期待理論があげられます。この理論には動機づけのプロセスを図を用いて視覚的に理解できるという特徴があります。以下で図を援用しながら確認してみましょう。

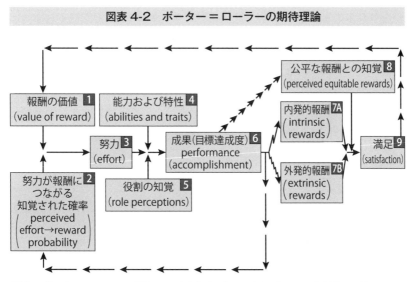

図表4-2　ポーター＝ローラーの期待理論

出典：ポーター＝ローラー "*Managerial Attitudes and Performance*" 165ページ

まずはじめに、③努力の大きさ（モチベーションの程度）は、①報酬の価値と、②努力が報酬をもたらすであろう（E：Effort → R：Reward）と

知覚された確率（期待に相当する主観的価値に導かれる確率と考えてください）によって決まるとされます。この点はブルームの「動機づけ＝期待×誘意性」の考え方と類似しており、ブルーム理論と通底しているのが分かります。

　ポーター＝ローラー理論はさらに続きます。こうした努力によって⑥成果が導かれるわけですが、その成果は、その人の④能力および特性と、⑤役割の知覚によって影響を受けるとされます。当然ながら能力は個人差があるもので、業務をいかに処理できるかは能力次第で異なります。また、自らに期待されている役割を適切に理解していることも必要で、そこを履き違えていたり誤って認識したりしているようなことがあれば、せっかくの努力も空回りして徒労に終わるということにもなりかねません。そして、そのような場合には、通常上司がアドバイスしたり指導したりということがなされることになります。

　次に、努力の結果もたらされた成果が評価というプロセスを経て報酬へと変換されるわけですが（その際に成果が芳しくないなどの場合はマイナスの報酬もあるのが現実ですが）、その報酬は⑦Ａ内発的報酬と⑦Ｂ外発的報酬に大別されています。外発的報酬とは金銭など物質的な報酬を指します。一方、内発的報酬とは、たとえば成果が認められて物品がもらえるわけではないが、表彰されて仲間内で彼は仕事ができると認められることで心の満足が得られるなど心理的な報酬を指します。

　ここで若干の注意が必要となります。とくに外発的な報酬については成果が報酬へとダイレクトに結び付くとは限りません。ポーター＝ローラーはアメリカの経営システムを前提にして論じていますが、日本に特有の事情を鑑みると、日本企業の場合は成果主義賃金を導入する企業が増えたとは言え、すべての企業で採用されているわけではありません。そしてこれは日米に共通したことですが、たとえ成果主義が採用されている場合でも間に評価というプロセスを経ることになりますので、成果ととりわけ外発

的報酬とはスムーズに結び付くとは限りません。外発的報酬と比べるとそれほど齟齬はない場合が多いのですが、内発的報酬の場合もそうした齟齬やズレがないわけではありません。たとえば、上司が褒め上手とは限りませんし、部下や同僚があなたの仕事ぶりを必ずしも評価してくれるとは限らないからです。

　現実にはこのような問題がありますが、仕事の成果に対する報酬が納得いくものであれば、⑨満足を感じることになります（もちろん、逆に不満足を感じることもあるわけです）。そして、この満足度を規定するものが、⑧公平な報酬との知覚ということになるわけです。ここで、公平であると本人が知覚するのは、獲得した報酬に対する努力の割合が他者のそれと同じ程度であるとみなす場合です。他者と比較して自らの割合の方が高い場合（他者よりも少ない努力で、同じかまたは多くの報酬を得ている場合など）、また自らの割合の方が低い場合（他者よりも努力しているにもかかわらず、同じかまたは少ない報酬しか得られていない場合など）は公平とはみなせないということになります。

　公平性についてのこのような考え方は経済学の流れを汲むもので、「公平（または公正）理論（equity theory）」と言い、自他の均衡ということが意識されています。しかし日常的な感覚からすると、とりわけ前者の場合（他者よりも少ない努力で多くの報酬を得ている）にはそれはむしろ好ましいということになりますね。このように、達成した成果（およびその評価）が、結果としての報酬が公平か否かの知覚に影響を与えるということが⑥から⑧へ向かう矢印で示されています。

　そして最後にフィードバック（後方へ向かう矢印）ということを考えなくてはなりません。図表4-2では2つのフィードバックが想定されています。まず、⑥と⑦Ａ⑦Ｂとの間から②へと向かう矢印のフィードバックについてですが、これはどれほどの努力をすればどれほどの成果を導くことができ、さらにその結果としてどれほどの報酬を得ることができるのか

（この成果が報酬を導くという件はブルームの手段性を想起します）ということについての経験知を得ることによって、それが以後の努力が報酬をもたらすであろうと知覚された確率に影響を及ぼすということです。

次に⑨から①へと向かう矢印のフィードバックについてですが、これは得られた報酬によって感じることができた今回の満足の程度が、当人が見出す以後の報酬の価値に影響を及ぼすということです。そして、このようにして更新された①および②が以後の③努力の大きさを規定するということを図表4-2は示しています。さらに、ビジネスでの動機づけとは、こうした一連のプロセスを繰り返すことであるということをポーター＝ローラーの期待理論は示しているのです。

（3）期待理論の特徴と３つの前提

このように過程理論は、人を動機づける要因を探るというよりは、むしろ、人はどのようにして動機づけられるのかというプロセスの探求に主眼が置かれているのです。いずれにしても、動機づけということを考えるに際して内容理論の視点も過程理論の視点もともに重要であるということは確かなことですが、さらに動機づけの問題を考察するにあたって重要な視点として内発的動機づけの理論というものがあります。

期待理論は非常に分析的で合理性に富んだ精緻な理論であるという特徴を備えています。しかし一方で期待理論は次のようなことを前提としています。

第１に、人は経済的な要因、すなわち金銭的な要因によって動機づけられるものであるという考え方を基本的なスタンスにしています。人は金銭的要因によって動機づけられ、なおかつそうした自らの利益を常に最大化しようとして行動する合理的な存在であると仮定する人間像は「経済人（economic man）モデル」と呼ばれ、主に経済学において当然と仮定され

る人間観です。確かに図表4-2の中の⑦Aでも内発的な報酬ということに言及していますが、あくまでも人を動機づける主な要因は外発的な報酬とりわけ金銭的な報酬であって、内発的な報酬は副次的な要因とみなされ、ほとんど重要視されてはいないと言えます。

第2に、想定される結果をもたらすであろう確率（ブルームの言う「期待」とポーター＝ローラーの言う「主観的価値」）が正確かつ完全に事前に計算でき、自分にとっての報酬の持つ魅力（ブルームの言う「誘意性」とポーター＝ローラーの言う「報酬の価値」）も正確かつ完全に把握できる、という前提に立っています。こうした考え方の根底にあるのは意思決定の合理モデル（第10章参照）が想定する決定のプロセスです。そしてそれは次のようなプロセスを想定します。
①解決すべき課題・問題や達成すべき目標を明確に設定できる
②それらを解決・達成すると思われる代替案（選択肢のことで、オルターナティブ：alternative とも言う）をすべて設計することができる
③各代替案がもたらすであろう結果を正確に予測できる
④それらの結果を課題や目標に照らして正確に優先順位（プライオリティー：priority）付けすることができる
⑤その中から最も優先順位の高い代替案を選択することが可能である

このような完璧な意思決定プロセス（完全な情報によって状況を正確に認知でき、それに基づいて完璧な決定ができることを指します）による確率の計算と魅力度の測定というのも期待理論の特徴です。

第3に、第3章で日本企業と成果主義の現状について述べましたが、期待理論では成果主義の賃金体系を前提としています。そしてさらに、成果は適切な評価のプロセスを経て適切な報酬へと導かれるということを前提としています。ところが、当時の日本企業では年功序列賃金が一般的であったため期待理論の前提自体が成立しにくいこともあって、こと日本においては、期待理論はアメリカほどは注目を浴びなかったという感は否めませ

ん。また、実際にはアメリカの企業と言えども成果と報酬が期待理論が想定するほど明確には連動していなかったり、さらに企業の内部においても、営業のようにかなり明確に成果と報酬が連動する職能・機能（function）もあれば、広報や物流などどちらかと言えば両者の連動を見出すのが容易ではない職能もあるでしょう。加えて、多くの人の助けや協力の結果として成果が導出されたため、成果を完全にある特定の人物に帰するのが難しいということもあるでしょう。

4 内発的動機づけ

(1) 内発的動機づけ理論の登場

　このような問題はあるものの、期待理論は動機づけのプロセスに光を当てた精緻な理論として広く耳目を集めることとなりました。動機づけの理論も、動機づけ要因や欲求に光を当てた内容理論から過程理論へと広がりを見せる中で、さらに新たな理論が提唱され注目を集めることとなりました。それは「内発的動機づけ（intrinsic motivation）の理論」と呼ばれ、アメリカの心理学者エドワード・デシ（Edward L.Deci, 1942-）によって1975年に発表されました。

　先に述べたように、ハーズバーグはそれまで人を動機づける有効な手段として常識とされていた金銭などの物的な要因を衛生要因と呼び、これが低過ぎると不満足感が高まるが、積極的に動機づける効果はないと主張しました。それに代わって、その人の気持ちに直接訴えかけるような心理的な要因こそが動機づけ要因として人をやる気にさせるのにより積極的な効果があることを主に調査によって導きました。また、期待理論も精巧な理論ではありますが、外発的な報酬に重点が置かれ、完全な合理性を前提にしているということもすでに述べました。

　内発的動機づけの理論とは、その名が示しているように金銭などの外発的な報酬（要因と考えてもよいでしょう）にではなく、ハーズバーグが動機づけ要因とするところの心理的・精神的な要因、すなわち内発的な報酬（要因）に着目しています。その意味では、デシの功績は期待理論の前提に限界を見出し、より現実的な人々の動機づけに切り込んだということ、

およびハーズバーグが調査から導き出した動機づけ要因の新しい展開の可能性に対して理論的裏付けを提供したことと言えます。

　デシは1971年に発表した論文で、1969年に行ったユニークな実験を紹介しています。

　被験者の大学生をAとBの2つのグループに分け、ソマ・パズル（Soma Puzzle：立体パズルで動物などを組み立てて遊ぶツール）を1時間行ってもらい、途中に8分間の休憩を挟みます。この休憩時間にどのような行動を見せるかが重要で、それを観察しました。1日目は両グループとも報酬を与えませんでした。そして両グループとも休憩時間の半分くらい（3分半から4分くらい）をパズルに費やしました。2日目はAグループにのみ報酬として金銭が支払われました。そしてBグループは1日目と同様に休憩時間の半分くらいをパズルに費やしましたが、Aグループは半分以上の時間（5分くらい）を費やしました。3日目は1日目と同様に、両グループとも報酬を与えませんでした。するとBグループは、1日目、2日目とほぼ同じように半分くらいの時間をパズルに費やしましたが、Aグループの方は2日目よりも約2分くらい（1日目よりも1分くらい）費やす時間が減ってしまいました。

　このことは何を意味しているのでしょうか。1日目は両グループとも報酬とは無縁の世界で、休憩時間にも楽しくパズルをしていました。ところが、Aグループは2日目に金銭的な報酬をもらってしまいましたが、3日目はもらえなかったためかえってモチベーションが下がってしまい、もらえないと分かると休憩時間にまでパズルをする意味が見出せなくなったのです。

　つまり、当初はお金とは関係なく楽しんでやっていたのが、金銭的報酬が介在してからはそれがモチベーションに（マイナスに）影響してしまうようになったのです。せっかく内発的に動機づけられている状態を外発的な報酬が介在することで、かえってモチベーションを下げてしまいダメにしてしまうことを「アンダーマイニング（undermining）効果」と呼びます。

そして、デシのソマ・パズル実験の観察結果は、これまで常識とされてきた「報酬を与えればモチベーションは上がり、それがさらに良い結果を生む」という考え方を覆し、「金銭的な報酬はかえって人のモチベーションを低下させる」という考え方への転換を促すものとなったのです。ハーズバーグは「金銭的な報酬を含む衛生要因は積極的な動機づけ要因とはならない」と述べましたが、デシに代表される内発的動機づけの理論ではむしろマイナスの影響があるとさえ考えられているのです。

たとえば、趣味でやっていたことが仕事になってしまうと「やらなければならない」といった義務の意識が強くなり、当初の「楽しんでやる」という感覚が失われるということを耳にしたり経験したりしたことがあると思います。仕事になると当然、仕事に対する対価として金銭的報酬を受け取ることになるでしょうし、その結果、個人は報酬を介して（今では仕事となった）当初の作業をすることになるのです。

ある有名な守備に定評のあるプロ野球選手が引退に際して、「好きで始めた野球なんだけど、プロに入った途端に野球が仕事になったので、以来僕は野球を楽しむなんてできなくなった」というようなことを回顧的に語っていたのを思い出します。もちろん、この場合はやる気がなくなってしまったというようなことではなくて、むしろ緊張感のある、身が引き締まる日々を送れたというようなポジティブな思いを吐露したのだと思います。

スポーツ選手などがよく「○○を楽しんでやりたい」などと言うのをよく耳にしますが、これは仕事ということや国民の期待などということを半ば強引にでも忘れ、初心に帰って純粋な気持ちで○○をすることこそ結果を出すことにつながると考えているということの表れなのでしょう。仕事ですし、生活もあるので報酬を受け取るのはごく普通のことですが、ビジネスにおいても仕事を楽しむという原点に立ち返ることの重要性を、デシの主張は現代の私たちにも問いかけているのです。

デシは、このように人を動機づけるに際して、内発性すなわち外から与えられるものによってではなく自分の気持ちに自ら火をつけ、モチベーションを高めるプロセスに着目し、そしてそれには人間の持つ次の2つの欲求が深くかかわっていると言います。
① 有能さ（competence）の欲求……自らが有能であることを自分自身でも感じたいし、他者からも有能であることを認められたいという欲求
② 自己決定（self-determination）の欲求……自分自身にかかわることは自らが決定したいという欲求
　したがって、端的に言えば、これらの欲求を満たすことが人を動機づける近道であるということになります。それでは次に、これらがどのようなことを意味しているのか、実践的な側面も交えて具体的に考えてみましょう。

(2) 有能さの欲求と褒めること

　はじめに有能さの欲求について考察してみましょう。誰しも、自分はどうしようもなく無能な人間だとは思いたくはありませんし、他者からも自分のことを無能だとは思われたくはないはずです。仮にそのようなことになれば、モチベーションが下がるのは当然ですね。タレントの世界などではおバカキャラなるものが存在するようですが、これは有能ではないということをむしろ逆手にとって、それが可愛いとか親しみが湧くといった視聴者の共感につながるということを狙ったものでしょう。これはあくまでも人気商売の世界での現象であって、ビジネスの世界で無能であるということは、場合によってはリストラの憂き目にあってしまうということになりかねません。よってビジネスの世界では有能であるということは重要なことですし、その人の組織での浮沈にかかわることと言っても過言ではありません。

第4章 モチベーションの理論

　有能さに対する欲求は、こうしたことからもとても大切であると言えるのですが、それを満たす（満たしてあげる）ためにはどのようなことが必要なのでしょうか。この問いに対する唯一の正解が存在するわけではありませんが、とくに実践的な観点から重要なのは"褒める"ということです。

　人は褒められることによって自らの有能さを実感することができ、それによってモチベーションも高まるものです。この褒める（褒められる）ということは、理論的な観点からは「外から与えられるもの」という意味で外在的な報酬であるとみなされることがあります。しかし、先に「実践的な観点から」と述べたのは、実際のビジネスの現場というものは、そこで（褒められないからといって影響はない）各自の好きな趣味が行われるのではなく、組織の中で（褒めたり褒められたりしてモチベーションを高めながら）職務や仕事が行われるということなので、（褒めることなど必要のない）完全なる内発性というものを前提に動機づけを考えることは難しいという現実的な理由からです。したがって、ここでは褒める（褒められる）ということを外から与えられる報酬ととらえるのではなく、「金銭などが提供されるわけではないが、それによって人の心を燃え上がらせるもの」として、広義の内在的な報酬であるととらえることにします。

　ひるがえって、ここで述べている内発的動機づけということが強く意識されているからということではないにしても、日本のビジネスの現場では褒めるということが昨今ブームとなっていると言えるでしょう。その理由はさまざま考えられますが、バブルの崩壊後からとくに顕著となった成果主義のような金銭的な報酬による動機づけに対する反動や、さらには人と人とのつながりや職場でのコミュニケーションの希薄化といったことが大いに影響していると思われます。

　昔からいわゆる褒め上手と言われる人がいて、みなさんもそのような人たちと出会ったことがあると思います（たとえば先生や上司といった人たちの中で）。そういう人たちから言われた何気ない褒め言葉によって、や

る気が沸々と湧いてきたという経験を誰もが持っているのではないでしょうか。しかし、いつしか成果に見合った高い報酬を支払えば必然的にやる気が高まるといった安直な空気が社会に漂ったり、また会社や職場などでもITによるコミュニケーションが怒涛のように普及する一方で、組織メンバー間での忌憚のない会話や意思の疎通などが影を潜めるようになってきました。そうした中で、金銭的なものによってではなく、相手の気持ちに訴えかけて、とりわけ有能であることを認めて意識を変えてやることによってやる気を喚起しようと考える企業が目立つようになってきたということだと思います。

　とくに若手社員に対しては、以前のように叱って育てるということが難しくなっていることから、褒めて育てることへの転換という現実も影響していると思います。さらに終身雇用制についても維持する企業が減少していますし、そうしたことと呼応するかのように若手社員の側も転職することが一般化してきているという現実も影響していると思います。「やってみせ、言って聞かせて、させてみて、ほめてやらねば、人は動かじ」という山本五十六連合艦隊司令長官の有名な言葉が時代を超えてよみがえってくるようですね。

(3) 有能さの欲求を満たす取り組み

　生徒を徹底的に褒めて伸ばすということから"褒めちぎる教習所"として知られる南部自動車学校（三重県）、「褒めあいかーど」を活用して従業員同士が積極的に褒め合うことによって接客向上につなげていこうとする三越伊勢丹ホールディングスのグループ企業のエムアイカード（東京都）など、多くの企業で褒める試みが実践されるようになっています。また、東京ディズニーリゾートではファイブスタープログラムの一環として、管理者（上司）がゲスト（来園者）に対して素晴らしい対応をしているキャス

ト（従業員）を見つけるとファイブスターカードなるものを手渡して本人の優秀さをたたえるという試みを以前から行っています。（依頼先企業の）社員のモチベーションの向上ということに特化したコンサルティング会社であるリンクアンドモチベーション（東京都）が当月にそれぞれのメンバーが一番頑張っていたと思う他のメンバーに対して星型のカードを渡す星の授与式なるセレモニーを社内で毎月行うという例も同様の試みと言えるでしょう。

　また、IT時代のユニークな例としては、お試しサイトのトラコレを運営するシンクスマイル（東京都）の「CIMOS」があります。これはたとえばスピードバッジやカイゼンバッジなどといった20種類のバッジの中から、対象となる相手の行動に対応した種類のバッジを他のメンバーにWEB上で贈るというシステムです。ここでユニークな点は、IT関連の会社ということもあってWEBを活用していることです。通常褒めるというと相手を前にしてじかに褒めるということを連想しますが、これだととくにデジタル時代の若手社員には敷居が高く感じられますし、WEB上からですと気軽に行えるという特性をうまくとらえたITを活用した技法と言えます。そして、"褒める‐褒められる"という相互作用をより分かりやすく見える化する、つまり"褒めるの見える化"ということが意識されたシステムであり、それゆえに客観性が不可欠な人事評価の際のひとつの材料にも使われています。

　同様の仕組みとしてヤマト運輸が2008（平成20）年度から行っている「満足ポイント制度」があります。これは本人が同僚や会社から受けた評価をポイントに変換して、それを「満足BANK」と呼ばれるものにためていき、累積したポイント数に応じてダイヤモンド・金・銀・胴のバッジが贈られるというシステムです。ポイントの贈与についてはシンクスマイルと同様にWEBが活用されますが、最終的には4種類の現物のバッジが贈られるという仕組みになっています。このように企業によってさまざまな工夫が

なされていますが、多くの企業が褒めるということの重要性を認識している現状が浮き彫りになっています。

　これらはモチベーションを高めるユニークな良い仕組みですが、他の者からそうしたものをもらうこと自体が目的化してしまうと報酬が外在化してしまい、外発的な動機づけと化してしまう懸念があります。また、褒めるという行為についてもあまり頻繁になり過ぎたり、「褒めよう」が社をあげてのおすすめキャンペーンのようになってしまうと効果が薄れてくるかもしれません。口下手で人をあまり褒めない人に褒められたりすると感動することもありますよね。要は、あくまでも自然体で、ということでしょうか。

（4）自己決定の欲求と任せること

　次に、自己決定の欲求について考えてみましょう。自分の仕事にかかわることについて、上司や会社からすでに決定されたものとして与えられ、その通りに進めていくよりも、むしろ自分が行うことなので自分が決めたい、少なくとも自分にも決める余地を残しておいてほしい、と多くの人が思うのではないでしょうか。もちろん個人差はありますし、中には、やることを決めてくれて細部まで指示してくれた方がありがたいという人もいるでしょう（実際に、こちらの方が楽という側面も否定できないケースもあります）。また、自分で決めると言っても100%自分で決められるのか、30%くらいなのかといった程度の問題という側面もあります。

　しかし、戦後復興期や高度成長期ならいざ知らず、成熟した現代社会では、他人に指図されるよりは自由裁量の余地をより多く欲しいという人たちが多数派を占めるものと思われます。こうしたことからも自己決定の欲求はとても大切であると言えるのですが、それを満たす（満たしてあげる）ためにはどのようなことが必要なのでしょうか。この問いに対する唯一の

正解が存在するわけではありませんが、とくに実践的な観点から重要なポイントとしては"任せる"ということです。

「任せなければ人は育たない」などとよく言われます。この任せるということについて具体的に考えてみることにしましょう。

たとえば、ある上司（管理者や先輩でも可）が新人の部下に、今後のためにもオフィスの整理と掃除をしてほしいと思い、やってもらおうとしています。その際、上司は、現在15時30分なので16時までの30分くらいで終わらせてほしいと思っていましたし、それくらいで終わるだろうと考えていましたが、「○○さん、16時までに終わらせてね」とはあえて言いませんでした。それに代わって、「○○さん、今15時30分だけど、何時までに終わるかな」と尋ねることにしました。すると○○さんは「16時までに終わらせるようにします」と言ってくれました。そして彼はきちんと16時少し前までに、しかも予想していたよりもきれいに整理整頓してくれていました。

至極普通の、どこにでもあるエピソードのようですが、上司が「16時までに終わらせてね」と言ってしまうのとはかなり違ってきますね。「16時までに終わらせてね」だと、すでに時間が決められていてやらされ感が強いのですが、「今15時30分だけど、何時までに終わるかな」と尋ねれば、自分で時間を決めたという意識が生まれ、その結果、自分が決めた16時までに何としてもきっちりと終わらせようという意欲が高まることが期待できます。こうした日常の何気ないやり取りの中に内発的動機づけのヒントが隠されていることに気づいていただけたでしょうか。

(5) 自己決定の欲求を満たす取り組み

上記はエピソードであり、上司の言わばマネジメント技法にかかわることと言えます。次に、自己決定の欲求を満たす企業の制度的側面について

考えてみましょう。

　企業によって呼称はさまざまですが、たとえば社内FA（フリーエージェント）制度という言葉に代表されるような仕組みがしばしば話題になっています。これはその名の通り、野球の制度を参考にした仕組みです。日本の現在のFA制度は1993（平成5）年に導入されましたが、8シーズン以上選手として登録された後FA権を取得でき、必要とあらばFA権を行使（FA宣言）して本人が希望する他球団との契約を締結することも可能となる制度です（平成30年10月時点）。この本人が球団を選択できるということに着目して、企業でも球団ならぬ働く部署や仕事などを本人が希望するものを選び、場合によっては途中で変更できるという仕組みのことを指します。

　たとえば、転職サポート企業大手のリクルートエージェント（東京都）が実施している「オープンドア制度」があります。これは年に2回、希望する他の部署への異動のチャンスが与えられる社内転職の制度です。また、機械部品の企画・販売を手がけるミスミ（東京都）が実施している「がらがらポン」は、チーム制で働く社員が所属するチームを異動できるチーム再編成の仕組みです。

　これらの制度は自己決定の欲求にかかわる仕組みです。とくに日本の場合、最低限の適材適所ということは企業サイドあるいは管理者サイドの視点から考慮されることはあっても、上の者が社員や部下の所属部署や職務を決定して、下の者は多少自分に合わなかったり問題があったとしても我慢して上の決定に従うというのが基本スタンスでした。ところが、状況が変化し、人材の流動化などから若手社員の流失防止に対処することが求められるようになりました。さらにモチベーションという観点からも、その人に合わなかったり疑問を感じるような仕事をさせていても企業と社員の双方のためにならないので、より柔軟な仕組みを構築する必要に迫られるようになってきました。

今でこそ採用する企業も珍しくなくなってきましたが、このような仕組みを最初に取り入れたのはソニー（SONY）だと言われています。共同創業者で当時の副社長であった盛田昭夫（1921-1999）氏は社員が現在の職務や職場にやりがいを見出せない場合などに、他の職務や職場に異動可能な制度である「社内募集制度」を導入しました。それは1966（昭和41）年5月のことでした。現在の上司には知られずに異動先の希望が出せ、認められれば異動することができるというこの制度は今日でも運用され続けており、さらに現在では国境を越えた公募異動制度「グローバル・ジョブ・ポスティング」へと進化しています。

ソニーの前身である東京通信工業の創業者井深大（1908-1997）氏が1946（昭和21）年に起草した設立趣意書の会社設立の目的の最初に「真面目ナル技術者ノ技能ヲ最高度ニ発揮セシムベキ自由闊達ニシテ愉快ナル理想工場ノ建設」という有名な一節があります。働く場は楽しくなければならないというソニーの精神が「社内募集制度」には宿っているのではないでしょうか。そして、たとえ自分に合わなくても我慢してやるのが常識であった当時ですが、自分がやりがいを感じられる仕事であってはじめてモチベーションも高まるのであって、多少の手間がかかっても自己の選択の余地を残し、変えるべきは変えるというのが会社と社員の双方のためになると考えたのです。

このような実践の取り組みは自己決定の欲求とどのように関連しているのでしょうか。自分の仕事（職務）を決める（選ぶ）余地を与えて希望が通ったならば、何か困難に直面したり多少辛いことがあっても頑張ってくれることが期待できます。なぜなら、自分が選んだ仕事であるという意識が高まることで、一方的に決められて行っている仕事よりもやる気が起こりやすくなるからです。これを別の言葉で言うと、「当事者意識が芽生えている」あるいは「第三者的な立場ではなく巻き込まれている」（これは「巻き込み」とか「引き込み」（involvement または engagement）と呼ばれることがあ

ります）と言うこともできます。

　成果主義などで目標設定に際してメンバーを（上司との話し合いで目標を決めるなど）設定にかかわらせることがありますが、これなども同じような意味合いがあることは先のオフィスの整理と掃除の時間を相手に決めさせるという例からも分かります。こうした点で、決定を（すべてではないにしても）その人に任せるということは、自己決定の欲求を満たしてあげるということにつながるのです。

　自己決定の欲求を満たすということに関して一言付け加えると、何か"重要な場"に参加することを認めることも重要だと思います。重要な場とは、スーパーの店舗会議など何かを決める場であることが多いので、そうした場に、決定に加わらないにしても参加させてあげるということで同様の効果が期待できます。たとえば、陳列商品の決定や総菜の開発などといった決定の場にパートやアルバイトの方に参加してもらって、お客様に近い主婦の目線から意見を述べてもらい参考にしたり、即効性のある意見はすぐに取り入れるということを考えてみましょう。こうした場合、パートやアルバイトと言えども意見を聞いてくれたり会議に参加させてくれたという思いから、「これからはいっそうお客様の言動を注意深く観察して、気がついたことがあれば、お店の売上アップのためにどんどん伝えていこう」などとモチベーションがアップすることが期待できるのではないでしょうか。

第4章　モチベーションの理論

5 内発的動機づけとモチベーション3.0

(1) モチベーション 3.0 とは

　これまで概観してきたように、働く人々に関連したモチベーションの理論は 20 世紀の半ば以降 1980 年代前半にかけて大きな進展を見たと言えます。その結果、組織メンバーの動機づけに関しては、金銭や労働条件など具体的なモノをインセンティブとしてやる気にさせるか（外発的動機づけ）、またはモノ以外の要因によってメンバーの気持ちに変化を喚起し自発的にやる気になってもらうか（内発的動機づけ）、という 2 つに大別されるようになり、現在でもそれはあらゆる動機づけの基本的なスタンスになっています。そして現実的には、どちらか一方の要因による動機づけといった 2 分法によってではなく、それらをうまく融合させて組織メンバーを動機づけるという考え方が一般的であると言えます。また、先にも述べたように、1990 年代前半以降の日本企業での動機づけの実態と言えば、成果主義の広がりと呼応する形で外発的な動機づけの側面が顕著になっています。

　こうした中、近年「モチベーション 3.0」という動機づけについての考え方が注目を集めています。これはアル・ゴア（Albert Arnold "Al" Gore,Jr.,1948-）元副大統領の首席スピーチライターを務めるなど異色の経歴を持つアメリカの作家ダニエル・ピンク（Daniel H.Pink,1964-）氏が、*DRIVE*：*The Surprising Truth About What Motivates Us* において提唱した概念です。原著のタイトルの直訳「動因：何が私たちを動機づけるのかということについての驚くべき真実」からも分かるように、この著作には動因（人を行動へと突き動かす要因）すなわち動機づけ要因についての

これまでの常識を覆すという意図が読み取れます。いかにも物書きらしいIT風の訴求力のあるネーミングだと思いますが、モチベーション3.0があるということはモチベーション2.0やモチベーション1.0もあると考えるのが普通だと思います。

「モチベーション1.0」とは生物的・生理的な動因で、寝食や生存に対する欲求に基づくものです。「モチベーション2.0」とは、成功に対する報酬や失敗に対する罰則などといった外部から与えられる動因です。「モチベーション3.0」とは、2.0とは対照的な動因で、金銭など外部から与えられるもので動機づけられるのではなく、本人の内面から湧き出る自発的な動因です。その行為自体が楽しい、人や社会の役に立ちたい、ワクワクドキドキ感が感じられる、などといったことから生じるやる気のことです。

このように、やる気の源を3つのレベルに分けて考え、それぞれのレベルでのモチベーションについて言及するとともに、それぞれのレベルをコンピューターのOSにたとえ、とりわけバージョン2.0からバージョン3.0への移行を促しているところにピンク理論のユニークさが見て取れます。

それと同時に彼の理論は、先に述べたF.ハーズバーグの二要因理論、そしてE.デシの内発的動機づけの理論、これらの理論とまさに軌を一にしたものであると言えます。つまり、金銭などによる動機づけ（2.0）は現代ではあまり効果は期待できず、そうした従来から常識とされてきた動機づけ要因から脱却して人々の心に訴えかけるような精神的な要因（3.0）に重点を置くということです。同時に、外部から与えられる要因によってモチベーションが喚起されるということよりも、気持ちに火が付き意識が変わることで内面から湧き出してくる自発的・内発的なモチベーションが喚起される（3.0）ということに重点を置いているのです。

ピンクは「成果主義など金銭に基づく動機づけは、働く人々の創造性にとってかえってマイナスである」と主張します。こうした主張の裏付けとしてデシの「金銭を与えると、人はかえってやる気を失うこともある」と

いう主張が影響を与えていると思われます。ピンクも第4節で紹介したデシのソマパズルの実験を取り上げていますが、さらにこの創造性の欠如ということに関連してユニークな実験を紹介しています。それは次のようなものです。

　木製の壁とその横にテーブルがあり、被験者はロウソク、箱に入った画びょう、マッチを渡され、ロウソクに火を付けてもそのロウが下の机に垂れないようにロウソクを壁に付けるよう要求されます。多くの人は画びょうでロウソクを壁に固定しようとしたり、ロウソクの下部を溶かして壁にくっつけようとしたりしますが、うまくいきません。しかし、しばらくすると、画びょうを箱から出して、その箱を画びょうを使って壁に固定してロウソク台とし、その上にロウソクを置いて火を付ければロウは箱の中にとどまり机の上には垂れないと、多くの人が気づくようになります。

　これはドイツの心理学者カール・ドゥンカー（Karl Duncker,1903-1940）が1930年代に考案した「ロウソクの問題（candle problem）」という実験で（彼の死後1945年に紹介され広く知られるようになります）、はじめは多くの者が「この箱は画びょうを入れるためのものだ」と信じて疑いませんが、これは「機能の固着（functional fixedness）」と呼ばれます。そしてアメリカの心理学者サム・グラックスバーグ（Sam Glucksberg,1933-）は1962年に、さらにこの実験をアレンジし、2つのグループにこのロウソクの問題を解いてもらうのですが、一方のグループ（インセンティブのないグループ）には「平均的な所要時間をつかみたいので時間を計る」と告げ、もう一方のグループ（インセンティブのあるグループ）には「参加者全体の上位25%以内なら5ドル、最も早かった者には20ドルを与えるので時間を計る」と告げます。結果は、インセンティブのあるグループの方がインセンティブのないグループよりも平均して3分半遅くなってしまいました。多くの人が、お金という報酬をもらえた方が早いと思うかもしれませんが、それとは反対の結果となったのです。

このグラックスバーグの実験は、画びょうとマッチを箱の中に入れておくケースと箱から出しておくケースについても試みられました。その結果、箱から出しておくケースではインセンティブのあるグループの方が早くロウソクの問題を解いてしまいました（箱がローソク台になることがよりはっきりするため）。この結果は何を物語っているのでしょうか。それは、金銭のような外から与えられる外在的な動機づけ要因は、ルーチン・ワーク（日常的な業務）や問題解決型のタスクの促進要因とはなり得ますが、創造力を要するタスクにとってはむしろ阻害要因になってしまうということを示しているのです。この事実は現在でも当てはまるとされています。

(2) モチベーション3.0を実現するためのポイント

　内発的動機づけのポイントとして、有能さの欲求および自己決定の欲求をそれぞれ満足させるということを先にあげましたが、ピンクの言うモチベーション3.0を実現するためには何が必要なのでしょうか。ピンクはそのためのヒントとして、①自律性（autonomy）、②マスタリー（mastery：熟達）、③目的（purpose）をあげています。

①自律性

　自律性とは文字通り、自律した個人として自由に仕事ができる環境が重要であるということです。一言で言えば、やらされている感じではなく、自らやっている感じを持てるかどうかということです。つまり、実際には組織人でありながらも自律した個人として行動できるということが担保されなければならないのです。そのためには、管理すればするほど事態は改善されるという常識から、極端に言えば、可能な限り管理しないようにすることへとパラダイム・シフト（常識の転換）を実現することが必要だとも言えます。さらにこの自律性を担保するということは、具体的には4つ

のT、すなわち課題（Task：ここでは職務設計など）、時間（Time）、手法（Technique：ここでは仕事のやり方）、チーム（Team：ここでは、働く単位であるチームなどに自由と権限が与えられているといったこと）のそれぞれにおいて自律性が確保されなければならないということです（チームについては第8章第3節にあげたチーム型組織が参考になります）。

②マスタリー

　マスタリーとは熟達ということですが、和語にする際に若干苦心するタイプの術語だと思います。分かりやすく言うと、プロ意識であるとかスペシャリスト志向といったような意味です。つまり、*指示待ち人間*ということでは自律ということと相反してしまいますので、そうではなく価値を見出せることに対して自ら積極的にかかわってそれを成し遂げたり、より極めたいという、言わば*向上心を持ったその道の達人*を理想とするということです。なぜかと言えば、流れに身を任せて成り行き次第というようなスタンスでは自発的なモチベーションはあまり期待できないからです。やはり積極的・自発的にかかわっていこうという意識があるとないとでは大違いなのです（マスタリーについては第11章第2節の「学習する組織とその条件」の「自己マスタリー」が参考になります）。

③目的

　目的は自律性とマスタリーにも影響を与え、動機づけにとって極めて重要な要素です。個人にとっても会社にとっても利益や儲けは重要な目的ではありますが、それはモチベーション2.0の中心的な目的であって、3.0では個人的な利益にかかわることよりもむしろ社会や世の中といったものを見据えた、より視野の広い大きな目的を射程に入れるべきだとしています。

　さらに、この目的に関して、目標（Goals）、言葉（Words）、指針（Policies）

の3つが重要なポイントになります。ここで言う目標とは、企業が設定する具体的な目標のことですが（目標という言葉を使っていますが、目的と同義と考えて差し支えありません）、それは利潤・利益の最大化・極大化ではなく、目的の最大化すなわち利益そのものを目指すのでもなく、その先にある組織本来の目的を達成することを目指すべきであるということです（決して利益を否定しているのではなく、本来の目的を達成すれば利益もついてくるというスタンスです）。

そして、その目的の中身とは、当該組織が提供する製品やサービスによって世の中に恩恵をもたらしたり、さらに社会的責任や社会貢献などにかかわる高邁（こうまい）なものが理想とされます。と言うのも、企業がどのような目的（目標）を設定するかによって個人は影響を受けるので、自社の利益を優先した目的を設定するとそれが組織メンバーの目的にもなり、そうした目的を達成することがモチベーションの源泉になってしまうからです（こうしたことは2.0の典型的な特徴です）。

さらに、ここで言う言葉とは、どんなに高邁な目標を設定したとしても、それがメンバーに伝わって理解されなければ始まらないので、とりわけ組織のトップなどが自らの言葉でさまざまに語り、目標を組織に浸透させなければならないということです。このようにメンバーに対して分かりやすく訴え語りかけることで、組織目標を理解し受け入れたメンバーは俄然（がぜん）やる気を高めてくれることが期待できるのです。

最後に指針についてですが、良き目標を設定し、それを周知徹底させることができたとしても、そうした目標が実現できるとは限りません。つまり、ポリシー・理念・哲学といった類いのものがなくては目標の実現はおぼつかないということです。組織として、背骨になるようなもの、つまり、ガイドラインや羅針盤の機能を果たすような信念があってはじめて、メンバーは設定された目標が単なる標語や建前ではなく組織の使命なのだと（いわゆる組織の本気度を）理解し、それがひいてはメンバーの動機づけ

をよりいっそう確固たるものにすることに資するのです。

　このようにピンクはモチベーション3.0を実現するにあたって留意すべきものとして、自律性（と4つのT）、マスタリー、目的（とそれに関連した3項目）をあげていますが、それらは各個人が常に心得ていて努力を怠ってはならないという性質のものです。そして、メンバーが活動するための適切なフィールド作りとして組織サイドが整備しなければならないという性質のものでもあります。したがって、組織とメンバーの円滑な相互作用がなければ実現は難しいと言えるでしょう。

(3) モチベーションの前提となる考え方

　さらに、ピンクはモチベーションについての基本的な前提になる考え方に言及していますが、その際、明瞭簡潔を重視して2つのタイプに大別するという手法を取り入れています。そして、そうした手法の有効性を確認するために、アメリカの心臓医であったメイヤー・フリードマン（Meyer Friedman,1910-2001）が同僚のレイ・ローゼンマン（Ray h. Rosenman）とともに行った心臓疾患と性格との関連性についての2つのタイプ別分類を取り上げています。

　タイプAと名付けられた行動パターンは攻撃的で、野心家であり、競争心が強く、せっかちなどの特徴があり、同じような環境下に置かれていても、こうした特徴を有していない人と比べると、より心臓疾患にかかりやすいとされました。タイプBはこれとは対照的に非攻撃的で、マイペース、冷静沈着などの特徴があり、タイプAに比べて罹患率は半分ほどに減るということを見出しました。この心臓疾患と性格との関連性についての2つのタイプ分けが登場したのは1950年代でしたが、複雑な事象をシンプルかつ分かりやすく説明する手段として多くの人々にとって有用なツール

となりました。

またピンクは、アメリカの経営学者ダグラス・マグレガー（Douglas Murray McGregor, 1906-1964）の人間観（部下観とも言えます）の2分類であるX理論・Y理論を取り上げています。

X理論に基づいた人間観とは一言で言うと、「多くの従業員はもともと働くのが嫌いで仕事をしたくないと思っているので、厳しい管理や強制が不可欠である」、という部下に対する見方のことです。Y理論に基づいた人間観とは一言で言うと、「人間は本来努力を惜しまないもので、やりがいを感じる仕事であれば進んで創意工夫を凝らすので、厳しい管理や脅かしはかえってマイナスに作用する」、という部下に対する見方のことです。

このようにマグレガーは、それまでのX理論に基づく人間観に加えて、新たにY理論に基づく人間観を提示したわけですが、この新たなアイディアは組織や管理に対する考え方に新たな道を開くものとなりました（詳細については第5章第2節を参照してください）。

ピンクはフリードマンやマグレガーの明快かつ有効な2分類を模して（このことはピンク自身も認めています）、モチベーションについての基本的な前提になる考え方を同様にシンプルなアルファベットを用いて2分しています。ピンクのそれは、タイプXとタイプIという分類です。Xはextrinsic（外発的）のxから、Iはintrinsic（内発的）のiからそれぞれ命名しました（ピンクは、Xについてはマグレガーに敬意を表す意もあると述べています）。

さて、ここでXとIそれぞれにピンクがどのような意味を込めているかがお分かりいただけるのではないでしょうか。そうです、タイプXは外発的動機づけを含意しているのでモチベーション2.0の、タイプIは内発的動機づけを含意しているのでモチベーション3.0の前提となる行動様式をそれぞれ表しています。そしてタイプXの行動を次のように説明しています。

「内部からの欲求というより外部からの欲求によってエネルギーを得る。活動から自然と生じる満足感ではなく、むしろ、その活動から得られる外的な報酬と結びついている」(ダニエル・ピンク『モチベーション3.0』116ページ)

一方、タイプIの行動は次のように説明しています。

「外部からの欲求よりも内部からの欲求をエネルギーの源とする。活動によって得られる外的な報酬よりも、むしろ活動そのものから生じる満足感と結びついている」(ダニエル・ピンク『モチベーション3.0』116ページ)

ダニエル・ピンクの「モチベーション3.0」の理論は昨今、日本をはじめ世界のビジネス界を席巻しましたが、その理論の根底には本章で説明したフレデリック・ハーズバーグの二要因理論およびエドワード・デシの内発的動機づけの理論といった動機づけの転換点となった理論が存在しています。そしてまた(第5章第2節および第4節で触れていますが、コーチングの理論とも通底している)ダグラス・マグレガーのX理論・Y理論というリーダーシップの転換点となった理論が大きく横たわっているのです。換言すれば、そうした伝統的な理論は現在においてもその新鮮さと有効性を保ち続けているということの証左でもあるのです。

また、二要因理論でも若干述べたように、バブル崩壊後の日本では成果主義の導入が進み、むしろ金銭などの外在的な要因による外発的動機づけが目立つようになってきています。したがって、ピンクの提唱するモチベーション3.0に2.0からアップグレードされてきたというよりは現実にはモチベーション2.0のままである(あるいは3.0から2.0へダウングレードしてしまった)というのが日本のビジネス界の現状なのではないでしょうか。ただしピンクも述べていますが、決して金銭的報酬や成果主義が悪であるということではありませんし、2.0を駆逐してしまえばよいということでもありません。やはり理想としては内発的動機づけやモチベーション3.0

を重視しつつも、うまいあんばいで動機づけを考えていくということが重要なのです。

第5章
リーダーシップの理論

本章では、組織と個人の関係に大きな影響を与えるマネジャーのリーダーシップの問題について考えることにします。リーダーシップは企業のみならず組織の古くから続く重要なテーマですが、ここではその理論と変遷について考察します。そしてリーダーシップは実践的なテーマでもあるので、その理論的な枠組みを理解することで実践に応用できる能力を養っていただきたいと思います。また近年では企業を取り巻くさまざまな変化を反映してか、リーダーシップのあり方も変わってきているので、そうした点についても留意することが必要になっています。

1 リーダーシップとは

　本章ではリーダーシップについて、組織との関連で考えてみることにしましょう。リーダーシップという言葉は多くの人が日常的に耳にすると思いますし、さまざまな場面で用いられます。たとえば、総理大臣のリーダーシップ、スポーツチームの監督のリーダーシップ、サークル活動の責任者たる部長のリーダーシップ、教室での学級委員（長）のリーダーシップなどといったように。たいていの組織は、階層という上位の者と下位の者からなる上下関係によって成立しているため、組織によって細かい違いはあるものの、人を率いて動かす必要があるという点では共通しています。したがって、日常のあらゆる組織でリーダーシップということが問題になるわけです。

　上記のようにリーダーシップの問題は大変広範なテーマですが、ここでは組織とりわけ企業におけるリーダーシップを中心に考えることにしましょう。経営学やビジネスの領域においてリーダーシップは最も活発な議論が展開されているテーマのひとつです。書店や図書館などでは経営戦略についての書物やリーダーシップについての書物はとりわけ数が多いと感じていると思います。経営者に関する書物はその多くがリーダーシップに関するものだと言えます。それだけ熱い議論がなされているリーダーシップというテーマですが、リーダーシップとは何かということに関してさまざまなアプローチがなされています。

　たとえば、高名な経営学者ドラッカー（Peter Ferdinand Drucker, 1909-2005）はリーダーシップについて次のように述べています。

　『組織の使命を考え抜き、それを目に見える形で明確に定義し、確立す

ることである』(P.F. ドラッカー『プロフェッショナルの条件』185 ページ)

また、リーダーシップ論の大家コッター（John Paul Kotter,1947-）によると、「リーダーシップが目指すのは、そもそも組織をよりよくするための変革、とりわけ大変革を推進することである」(J.P. コッター『リーダーシップ論』21 ページ) とされます。

さらに、神戸大学の組織行動論・リーダーシップ論研究者の金井壽宏 (1954-) 教授はコーチング（本章第 4 節 (2) を参照）の観点から近年の傾向を次のように読み取っています。

「フォロワー 1 人 1 人が自分で自分をリードしている気持ちにさせてくれるようなリーダーシップの方が、全員経営や集団自主管理にはいいという考えさえある」(金井壽宏『コーチング・リーダーシップ』1 ページ)

それぞれトップ志向、変革志向、フォロワー（部下）志向という特徴を持ったリーダーシップに対する見方であると言えますし、このようにリーダーシップに対するアプローチの仕方はさまざまです。しかしながら、本書では「リーダーシップとは、フォロワーの考え方や行動様式に影響を及ぼし、成果をあげさせるための一連の活動プロセスである」と、より普遍的かつシンプルに定義しておくことにしましょう。

また、人数にかかわらず 1 人でも部下がいて、その人を適切に導いているというような状況はリーダーシップが発揮されているとみなすことができます。さらに、そのこととも関連しますが、リーダーシップにはトップ・マネジャーが発揮するいわゆるトップのリーダーシップばかりではなく、ミドルのリーダーシップ、ロワーのリーダーシップも存在します。よって、リーダーシップと言った場合にトップに限定することなく広義に考えることにします。

先に経営組織のミクロ・アプローチでは、組織を構成する各個人に焦点を当て、組織と個人の関係性という観点から組織を眺めるという旨のことを述べました。こうしたことを念頭に置いて考えると、とくに大多数の一

般の組織メンバーは日常的にトップと直接対峙(たいじ)して働くというよりは、課長や係長などといったミドルやロワークラスのマネジャーとともに仕事を進めたり管理されたりするのが一般的ですから、ミクロ・アプローチではマクロ・アプローチ以上にミドルやロワー・マネジメントのリーダーシップが重要になるとも言えます。

第 5 章　リーダーシップの理論

② リーダーシップ論の変遷

(1) リーダーシップの特性論

①特性論の端緒は偉人論

　まずはじめに、リーダーシップについての考え方の変遷を概観したいと思います。リーダーシップという概念の萌芽としては特性論（または特性理論：trait theory）があげられます。特性論は古くから20世紀の前半まで長らく続いたリーダーについての考え方で、人の上に立って導いていくことができるという特性は選ばれし限られた人物だけが生まれつき持つことができるもので、市井の人には備わっておらず、後天的に会得することもできない代物とされました。できることと言えば、せいぜい優れたリーダーシップを発揮した人物に共通する行動様式を見出したり、それを単に模倣したりすることくらいだと考えられていました。

　ドラッカーのリーダーシップについての考えは特性論には基づいていませんが、リーダーにとって最も重要な資質は仕事の優秀さでもなければ管理のうまさでもなく、それは"真摯さ（integrity）"であると述べています。そしてこの資質は後天的に学習することはできず、リーダーは生来身に付けていなければならない資質であるとしています。真摯さが欠如したリーダーは組織にとって害となるというのが、ドラッカーが自身の理論の中でもとくに強調する大事なポイントであると言えます。

　イギリスの歴史家トーマス・カーライル（Thomas Carlyle,1795-1881）は、世界の歴史は偉人の歴史そのものであると考え、リーダーたるべき人物の生来の性質に着目したことから彼の考えは偉人論（great man theory）と

も呼ばれます。これがリーダーシップの特性論の端緒とされ、特性論が偉人論とも呼ばれるゆえんとなっています。また、ほぼ同時期に、カーライルと親交のあったアメリカの思想家ラルフ・ワルド・エマーソン（Ralph Waldo Emerson,1803-1882）は、ナポレオンやシェークスピアなどの賢人の長所と短所を冷静に分析し、彼の考え方も偉人論（Representative Men）として知られるようになりました。このようにしてリーダーシップの特性論の視座は広く知られるようになっていきました。

②リーダーの必要性

ひるがえって、19世紀後半のアメリカ社会では生産技術の進歩や流通機構の整備などによって産業化がいっそう進展し、大量生産・大量消費社会を実現し工業立国の地位を築き上げ、大規模企業が数多く出来るようになっていました。そして、20世紀に入ってからも経済発展を続け、世界の工場として経済大国の地位を不動のものにするとともに、企業という存在が社会の中で中心的な役割を果たすようになっていきます。こうした状況の中で、政治や軍事におけるリーダーの必要性とともに経済においてもさまざまな有能なリーダーが立ち現れてくるようになりました。同時に、経済的な発展を続ける中で、ますますそのような経済のリーダーが嘱望されるようになっていきました。それはすなわち企業の世界でたくさんの有能なリーダーが輩出されることが期待されたということであり、またその必要性があったということに他なりません。

③所有と経営の分離

さらにこの時代には、企業の形態にも変化が生じていたことを見落とすべきではありません。初期の企業では、企業を所有するいわゆる資本家が企業経営にも携わっていることが多く見られました。それは所有と経営の一致（未分離）の状態で、所有者＝経営者ということです。しかしながら、

企業が大規模化する過程で株式会社化が進むとともに、さらなる設備投資などを行って事業をいっそう拡大する必要性などから、大企業などでは膨大な株式を発行し、証券市場などにも多量の株式が流通するようになっていきます。その結果、株式の分散化が進み、とりわけ大企業では資本家や大株主であっても完全に企業を所有したり、過半数を超えて株式を所有するなど経営に圧倒的な影響を及ぼすだけの株式を所有することなどが難しくなっていきました。

　こうしたことを背景に、資本家や所有者に代わって、専ら企業の経営のみを委嘱された専門経営者（現代風に俗っぽく言えばサラリーマン経営者）と呼ばれる人々が登場することになりました。こうした動向も、生来リーダーの特性を備えた企業の所有者であり経営者である企業のトップという考え方から、生まれつきの能力というよりはさまざまな経験や努力によって後天的に獲得した企業経営の能力を備えたリーダーとしての企業経営者たるトップという考え方へと変質を後押しする要因となったのです。

　そしてまた、このような所有と経営の分離は、アメリカのトップ・マネジメントが株主を代表するという側面を持ち、他のトップ・マネジメント（オフィサー）の仕事ぶりをチェックしたり全社的な観点から経営を行うディレクター（director）と呼ばれる取締役の層と、ディレクターから任命され会社の実質的な経営活動や事業活動を行うオフィサー（officer）と呼ばれる層とに分かれ、この２層から成り立っているということと関連があります。

　従来の日本のトップ・マネジメントは未分離でしたが、1997（平成9）年にソニーが執行役員制を導入して以来、多くの日本企業で採用されるようになりました。これはアメリカのトップ・マネジメントの考え方に近いもので、会社を全社的な観点から切り盛りする従来の取締役に加えて、社内の各事業の責任者として執行役員を設けて、会社全体を俯瞰（ふかん）するトップと各事業に注力するトップとに役割を分離しようというのが狙いで

す。仕組み自体はアメリカのそれと似ていますが、株主（stockholder または shareholder）というものに対する考え方や位置付けが異なっていたり、日本の執行役員は取締役である場合（取締役が執行役員を兼務するケース）とそうでない場合（この場合は取締役でもないし、トップの一員としての法的根拠もありません）があるので全く同じものとは言えません（執行役員制は企業の独自の取り組みですが、（指名委員会等設置会社という制度を採用している企業では）取締役ではないが会社法でトップの一員すなわち役員であるとみなされる（執行役員とは別物の）執行役という役職を置く企業もあります。執行役員制は日本独自の仕組みで、アメリカでのオフィサーは執行役と同質のものです）。

④特性論の衰退

　このような時代背景も後押しして、20世紀も半ばを迎える少し前くらいになると、リーダーシップの特性論の考え方に疑問が持たれるようになり、徐々に下火になっていきます。つまり、とりわけ企業の世界では、成長する過程で工場労働者が中心の姿から、いわゆるホワイトカラーが新たな主役として登場し重要な地位を占めるような姿へと変貌する中で、トップのみならず有能なミドルやロワーレベルのマネジャーが必要となりより多くのそうしたリーダーを育成しなければならなくなりました（ちなみに、ドラッカーは、主に肉体を使って働くという働き方から知識を使って働くという働き方へ中心がシフトするありさまを「ナレッジ・ワーカー（knowledge worker：知識労働者）の時代」と呼びました）。そのためには特性論に基づいた考え方から脱却し、新たな考え方に則って明日のリーダーを育成することが必要となったのです。

　アメリカで現在につながるリーダーシップ研究が本格的に緒につくのもこの20世紀半ばの時期で、それは特性論が影を潜めるのと軌を一にしています。19世紀の後半頃から20世紀の前半頃までは、社会全体も企業の

世界もまだまだ封建的な特徴を色濃く残している時代でした。つまり、従業員や部下にどのようにして会社や上司の望む方向に動いてもらうかということに頭を悩ますことはそれほど必要とされず、従業員や部下は会社とその意向を受けた上司の指示・命令通りに行動するものだというのが言わば常識だったわけです。したがってリーダーの資質を持った限られた者が、会社を切り盛りしたり、部下を指示・命令にうまく従わせればそれでよかったのです。その意味においては、リーダーシップ（の発揮）という言葉がマッチしていた時代というよりは、むしろとりわけ企業の世界では管理という言葉のみで説明がついてしまう時代であったとも言えるでしょう。そして、その管理手法も、たとえばベルトコンベアの前で流れる部品を決められた手順とスピードでムラなく組み付けられるよう目を光らせるなどといったように、機械的管理と呼ばれる厳しい統制による管理を行うことが一般的でした。

(2) リーダーシップの行動論

①リッカートのマネジメント・システム論

ところが、社会全体にも言えることだと思いますが、時代が進むにつれて民主化が進展するというのが常であり、当時の世の中の流れもそうでした。企業の世界においても徐々に「考えずに、言われた通り手と足を動かせ」という管理から、「どのようにしたら部下や社員に適切な行動をとってもらえるか」という管理にシフトし、民主的な管理手法が必要な時代になっていきました。

ミシガン大学社会調査研究所所長のレンシス・リッカート（Rensis Likert,1903-1981）は、1950年代にマネジメントのシステムを、システム1：独善的専制型（Exploitative Authoritative）、システム2：温情的専制型（Benevolent Authoritative）、システム3：相談型（Consultative System）、

システム4：集団参画型（Participative System）の4つに分類しました。このリッカートのマネジメント・システム論は「システム4の理論」とも呼ばれています。リッカートは調査に基づき、システム1から4へと進むにつれて、より民主的なリーダーシップとなり、従業員を参画させるべしとするシステム4のリーダーシップ・スタイルを採用している企業がより高い業績をあげていると結論付けています。

このようなリッカートの理論は、当時の"脱"特性論、そしてまた機械的管理から有機的管理（機械的管理の対極で、権限委譲や参画を意識したもの）への移行という時代背景にかなったものであったことから、本格的な新しいリーダーシップ研究の幕開けとして画期的なものとなりました。そしてリッカートは、そうした研究の泰斗とみなされるようになり、またミシガン大学もリーダーシップ研究の本丸と目されるようになりました。

その後のリーダーシップ研究は、特性論に基づいた個別のリーダーの性質の違いに焦点を当てるということではなく、リーダーシップにかかわる具体的な行動や、さらにリーダーシップとそれが発揮される状況との関係に焦点が当てられることになります。

現在では、誰でも努力次第でリーダーになれるという考え方が普通になっていますが、特別な能力を持った人しかリーダーになれないと近年まで考えられていたり、リーダーシップという概念が本格的にスポットを浴びたのも近年になってからのことだということは、現在の私たちにとっては意外なことと感じられるかもしれませんね。

②リーダーシップの4分類

リーダーシップにかかわる具体的な行動に焦点を当て、「リーダーとはつくられるもの」との認識の下、優秀なリーダーの行動とそうではないリーダーの行動とを比較・対照することによってリーダーシップの本質を理解しようとする研究について考えてみましょう。そうした研究は特性論に対

してリーダーシップの行動論（または行動理論、behavioral theory）と呼ばれます。

　行動論の特徴としては、リーダーの行動を比較するにあたって縦軸と横軸を用いたいわゆる4分類が用いられることが多いということです。そして、縦軸と横軸にどのような変数を用いるかは研究者によってさまざまですが、それは微妙な違いであり、似たような特質を持つものが多いと言えます。簡潔に言うと、縦軸は、部下の心理面を配慮することを中心にリードするか否かにかかわる軸で「人間軸（対人関係に関連した軸）」、横軸は、仕事を中心にリードするか否かにかかわる軸で「仕事軸（課題に関連した軸）」、とそれぞれ考えることができます。

　たとえば、リッカートらのミシガン大学の研究では縦軸には従業員を中心にした監督を、横軸には職務を中心にした監督をとりました。また、ミシガン大学と並んで初期のリーダーシップ研究に寄与したオハイオ州立大学の研究では、縦軸に配慮（部下を思いやること）、横軸に構造づくり（仕事を設計すること）をとっています。さらに、わが国におけるリーダーシップ研究の先駆けで当時九州大学の三隅二不二（みすみじゅうじ（じふじ）、1924-2002）教授は縦軸を集団維持能力（Maintenance function）、横軸を業績達成能力（Performance function）としました（三隅理論は、それぞれのPとMをとって「PM理論」と呼ばれます）。

　いずれにしても、縦軸すなわち人間にかかわる軸の高低と、横軸すなわち仕事にかかわる軸の高低によって4分類を形成することができます。それによって4つのリーダーシップのスタイルが浮かび上がってきます。それは次のようなものです。

Ⅰ．高仕事-低人間のリーダーシップ・スタイル（仕事中心で、人間中心ではないスタイル）
Ⅱ．高仕事-高人間のリーダーシップ・スタイル（仕事中心でもあり、人間中心でもあるスタイル）

Ⅲ．低仕事-高人間のリーダーシップ・スタイル（人間中心で、仕事中心ではないスタイル）

Ⅳ．低仕事-低人間のリーダーシップ・スタイル（仕事中心でも人間中心でもないスタイル）

これを図示すると次のようになります。

図表5-1　リーダーシップの4分類

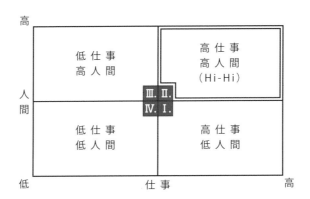

　話は変わりますが、経営学において、かつて20世紀の半ばを過ぎたくらいまで中心となっていた概念があります。それはワン・ベスト・ウェイというものです。ワン・ベスト・ウェイ（one best way）とは、唯一最善の方法（すなわち、ただひとつの最も良いやり方）と訳すことができますが、経営には最善のやり方があって、それをさまざまな研究やアプローチによって探究することが経営学の目的であるとされていました。このことをリーダーシップに当てはめてみると、あらゆる部下を統率するのに有効なリーダーシップのスタイルが存在するはずなので、それを探究することがリーダーシップ研究であるということになります。そして、先の4つのリーダーシップ・スタイルで言えば、Ⅱの高仕事-高人間型のリーダーシップ・スタイル（これはHi-Hi（高い-高い）タイプと呼ばれることがあります）

が最も理想的なスタイルであるとされ、その他のスタイルはあまり有効なものとは考えられませんでした。

確かに、仕事面でも細かい指導をし、人間面でも細やかな配慮を怠らないリーダーはどんな部下にも通用するということは理解に難くはありません。初期のリーダーシップ研究はワン・ベスト・ウェイの考えの下に高仕事-高人間のスタイルに有効性を見出し、そこを掘り下げることで有効なリーダー行動とはどのようなものかを探究することにエネルギーが傾けられたのでした。

③マグレガーのX理論・Y理論

リーダーシップ研究が緒についてしばらくが過ぎ、行動論が全盛のちょうどその頃、ユニークな研究が発表され注目を集めました。マサチューセッツ工科大学の経営学者ダグラス・マグレガー（Douglas Murray McGregor,1906-1964）は、1960年に"*The Human Side of Enterprise*（『企業の人間的側面』）"を上梓しました。そこで彼はX理論・Y理論（Theory X and Theory Y）と呼ばれる人間観（具体的には社員観・部下観と言えます）を提示しました。彼は、マネジャーが部下に対してどのようなやり方で接し管理するかを規定するものとは、マネジャーの部下に対する見方に由来し、それに影響を受けると考えました。

X理論の人間観では、普通の人は仕事が好きではないので、できれば避けようとするものだとの前提に立ち、それゆえ一生懸命働くように上からコントロールされたり強制されたりする必要があるとします。そして、指図される方を好み、責任を嫌い、野心も持たず、何にも増して安定と安全を求めるものと考えます。一方、Y理論の人間観では、仕事で努力したり心と体を使うといったことは、休息をとったり好きなことをしたりすることと何ら変わらないことであるとの前提に立ちます。そして、厳しい統制や罰則は人を動かす唯一のやり方ではなく、人は組織の目的を自分のもの

ととらえるならば自ら進んで動き、仕事に満足するなら組織に自ら積極的にかかわっていこうとすると考えます。また、多くの人は問題解決にあたって創意工夫を凝らすこともやぶさかではないとするものと考えます。

　こうした考え方との関連で想起されるのが人間観としての性善説および性悪説だと思います。性善説は中国戦国時代の儒学者孟子(もうし)（Meng-zi, 紀元前372頃-289頃）の思想であり、端的に言えば、人間は生まれながらにして善であるという思想です。その対立思想である性悪説は中国戦国時代末期の儒学者荀子(じゅんし)（Xun-zi, 紀元前313頃-238頃）の思想であり、端的に言えば、人間は生まれながらにして悪であるという思想です。これらはどちらが正しくてどちらが間違っているという類いのものではありませんが、人としては性善説に肩入れしたくなるかもしれませんね。いずれにしてもX理論・Y理論は性善説・性悪説ほど壮大な人間観ではなく部下観と言えるものですが、両者は根っこの所では通じており、連関させて考えることは意味のあることだと思います。

　つまりマグレガーは、有効なリーダーシップを発揮することを望むならば、リーダーシップそのものについて考える以前に、マネジャーは自分の部下に対する見方について熟考する必要があるということを主張したのです。低次の欲求の満足がおぼつかない者に対してはY理論よりもX理論の前提が有効な場合もあると考えていたことからも分かるように、マグレガーはX理論が悪でY理論が善であると完全に断定しているわけではありません。とは言っても、彼の理論が従来のX理論に基づく部下観からY理論に基づく部下観へと変えてこそ有効なリーダーシップの発揮が見込めると主張しているものととらえなかった人はあまりいなかったはずです。しかし、著書のタイトルにあるように企業の人間的側面を重視するならばY理論の前提が有効ですが、企業の機械的・効率的側面を重視するならばX理論の前提が有効な場合もあるということなのです。また、性悪説に立ったとしても、その後の努力によって善へと変わることが重要であるように、

X理論からY理論の前提に立てるようリーダーシップによって変えることが（上司の部下観が変わることとともに）重要なのです。

　それはさておき、マグレガーのX理論・Y理論は、従来の上司の視点からのみ考えるリーダーシップ論に加えて部下の視点から考えるリーダーシップ論の先駆けとなった理論であると言えます。そして、20世紀前半に常識とされた厳しいタイプのリーダー像から、部下本位の比較的穏やかなタイプのリーダー像へとその中心がシフトする契機となった理論であるとも言えるのです。

　X理論・Y理論に関連したその後の展開について一言申し添えると、マグレガー自身もポストY理論としてZ理論なるものを考えていたようですが、志半ばでこの世を去ってしまいました。その後、日系三世の経営学者ウイリアム・オオウチ（William G. Ouchi,1943-）は1981年に"*Theory Z: How American Business Can Meet the Japanese Challenge*（『セオリーZ―日本に学び、日本を超える』）"を上梓しました。オオウチの言うセオリーZ（Z理論）とは、優れた日本企業はX理論とY理論のどちらかに偏ることなく、それぞれの利点をうまく利用して双方のバランスをとり、結果として効率性とメンバーの高いモチベーションを実現しているとして、それらを融合した理論のことを意味していました。そして、とくに優秀な米国企業はそうした日本企業と同様のことを実現しているとして、日本企業と競争し勝つためには、X理論・Y理論を超えたその先にあるZ理論の考え方に立脚する必要があると主張しました。

3 コンティンジェンシー理論の登場

(1) コンティンジェンシーとは

　20世紀も半ばを過ぎ1960年代頃になるとリーダーシップの考え方を大きく変える理論が打ち出されます。それがコンティンジェンシー理論の登場なのです。コンティンジェンシーとは聞き慣れない言葉だと思いますが、これは基本的な考え方がワン・ベスト・ウェイと対照をなすものです。

　コンティンジェンシー（contingency）という名詞には、「偶然性」とか「不測の事態」といった意味がありますし、また"a contingency plan"は「非常事態に対する対応策」という意味があります。さらに、"be contingent on（またはupon）～"という形容詞を含むイディオム（慣用句）で、「～に依存して」「～を条件にして」などの意味もあります。いずれにしても、予期せぬことも含めてさまざまなことに対応できること、条件や状況次第で行動や対応は変わってくること、というようなことを意味するものです。

　こうしたことからコンティンジェンシー理論は経営学の世界では、日本語で条件適応理論、状況適応理論、環境適応理論などと称されます。コンティンジェンシーという概念は経営のさまざまな分野で用いられることがありますが、ここではリーダーシップのコンティンジェンシーというテーマに限定して論じることにしましょう。

　先に行動アプローチは、ワン・ベスト・ウェイの考え方の下に、Ⅱの高仕事 - 高人間のHi-Hiタイプが唯一理想のリーダーシップ・スタイルと考えられたと述べましたが、そこでは部下という条件・環境は一律であるとみなされたわけです。しかしながら、現代的観点からするとごくごく当た

り前のことかもしれませんが、実際には部下のタイプというのは部下の数だけ存在すると言えるくらいバラエティーに富んでいるはずです。このことを勘案して、どのような部下にも通用する唯一最善のリーダーシップ・スタイルなどは存在せず、部下のタイプが異なれば有効なリーダーシップ・スタイルも変わる、と考えるように変質していったのが1960年代くらいからのことです。

(2) コンティンジェンシー・アプローチ

　ここで、コンティンジェンシー・アプローチの出現について概観してみましょう。

　まず、イギリスのエジンバラ大学の社会学者バーンズ（Tom Burns, 1913-2001）と、同じくイギリスの心理学者でありコンサルタントのストーカー（George Macpherson Stalker,1925-）は、当時としては新しい産業であったエレクトロニクス産業に参入した20社について調査・研究を試み、1961年に共著 "*The Management of Innovation*" を上梓しました。それによると、エレクトロニクス産業という技術など環境の変化が激しく不確実性の高い環境下で成功するためには、組織の構造や管理は柔軟性があり適応力に富んだいわゆる有機的システム（organic system）（システム＝組織）が有効で、それに対して従来型のビジネスを展開する環境は比較的安定しており不確実性も低いことから、そうした環境下では組織の構造や管理は上層からのコントロールが徹底し手続きなども精緻に構築されたいわゆる機械的システム（mechanistic system）が有効であるとされました。

　その後同じくイギリスの組織論・社会学研究者であるウッドワード（Joan Woodward,1916-1971）は、当時新興工業地帯であったイングランドのエセックス州南部地区の企業100社を調査し、1965年に "*Industrial Organization：Theory and Practice*（『新しい企業組織』）" を発表しました。

彼女の研究の目的は組織と技術（生産）システムの関係を究明することでしたが、生産システムを①個別受注生産システム（unit based）、②量産システム（mass based）、③自動連続装置生産システム（continuous based）の3つに分類しました。①は少なからず熟練を要し、画一化された汎用(はんよう)製品ではない小ロット生産（lot＝生産管理上の最小製造数単位）、②は自動車や家電の組み立て生産のような流れ作業などを伴う大ロット大量生産、③は化学工場や現代のビール工場などファクトリー・オートメーション（Factory Automation：FA）のような自動制御装置など省力化を特徴とする生産をそれぞれ意味しますが、結論として、①および③では有機的組織が、②では機械的組織がそれぞれ高いパフォーマンスを達成するとされました。

　このようにコンティンジェンシー・アプローチは1950年代から60年代にかけてのイギリスで芽吹いたと言ってよいでしょう。こうした流れを受けて経営学の本場アメリカでも理論研究が盛んになります。ハーバード大学の組織論研究者ローレンス（Paul Roger Lawrence,1922-2011）とローシュ（Jay William Lorsch,1932-）は1967年に共著 "*Organization and Environment：Managing Differentiation and Integration*（『組織の条件適応理論』）" を上梓しますが、この中でコンティンジェンシーという用語が使用され、コンティンジェンシー・アプローチは広く知られることとなり、見事に開花することになります。

　ローレンスとローシュは、①コンテナ（容器）産業（環境の変化が緩慢）、②食品産業（環境の変化が中くらい）、③プラスティック産業（環境の変化が激しい）の3つの産業とそれに属する企業を分析しました。そして、①多様性・変動性が低い環境、②多様性・変動性が中くらいの環境、③多様性・変動性が高い環境へと環境条件が移行するにつれて、組織も「統合」から「分化」へとその構造の特徴を異にするということ、および③の環境下に身を置き成果をあげている組織は「分化」の側面ばかりに偏ることなく「統合」の側面も活用することで両側面をうまく使い分けていることを

見出しました。ここで言う「分化 (differentiation)」とは、組織内の部門の細分化の程度および各部門の自律性の程度が高いということ、一方「統合 (integration)」とは、その程度が低い状態を意味していると考えてください。

ローレンスとローシュの原著のタイトルをほぼそのまま和訳すると「組織と環境〜分化と統合のマネジメント〜」ということになります。このことからも分かるように、彼らは「組織は置かれた環境条件に応じて、分化と統合をうまく使い分けることによって環境に適応することが重要である」と主張したということが理解できます。

これまでコンティンジェンシーの理論展開の流れを概観してきましたが、この理論は、もともとは組織が置かれた外部環境の条件に応じて、主に組織の構造面を柔軟に変えることによって環境に適応していくことの重要性を訴えるものでした。それがリーダーシップの領域にも用いられるようになり、先に述べたように部下という環境の変化に応じて上司のリーダーシップ・スタイルを柔軟に使い分けていくことにもこの概念が適用されるようになったのです。

(3) 2つの代表的な理論

①フィードラーのコンティンジェンシー理論

次に、リーダーシップの世界でのコンティンジェンシー・アプローチの代表的な論者の理論について概観することにしましょう。

ワシントン大学の心理学者フィードラー (Fred Edward Fiedler,1922-2017) は、1967年に"*A Theory of Leadership Effectiveness*（『新しい管理者像の探求』）"を出版しましたが、その中で後にフィードラーのコンティンジェンシー・モデルとして有名になる考え方を提示しました。

まず、フィードラーはこのモデルでLPC (Least Preferred Co-worker：一緒に仕事をする上で最も好ましくない人物) スコアというものを用いま

すが、これは実際に部下を持つリーダーにこれまでの経験を振り返ってもらい、LPCだと思う人物をピックアップしてもらいます。さらにその理由について、たとえば、

　フレンドリーでない（unfriendly）1-2-3-4-5-6-7-8 フレンドリーだ（friendly）
　協力的でない（uncooperative）1-2-3-4-5-6-7-8 協力的だ（cooperative）

というように複数の項目について、それぞれ1～8のスコアを選んでいきます。その結果、LPCスコアの合計が高い-LPCスコアの合計が低いという違いが生じます。ここでフィードラーはLPCスコアが高いリーダーは人間関係志向（human relations orientation）が強いリーダーシップ・スタイルで、一方LPCスコアが低いリーダーはタスク（課題）志向（task orientation）が強いリーダーシップ・スタイルであるとしました。その理由は、最も好ましくない人物をピックアップしつつもスコアが高いということは、その人物について好意的な側面も認めており、人間関係を重視している側面がうかがえるからです。一方、スコアが低いということは、その人物をさらに否定する傾向がうかがえるためです（1側はネガティブな回答（たとえばフレンドリーでない）、8側はポジティブな回答（たとえばフレンドリーだ）という形式になっています）。

　次にフィードラーは、このモデルで「状況好意性（situational favorableness）」として次の3つの状況を設定しています。

①リーダーとメンバーの関係（leader-member relations）……互いの信頼と尊敬の程度
　良い（good）―あまり良くない（poor）
②タスク（課題、仕事）構造（task structure）……タスクが明確で体系化されている程度
　構造化されている（structured）―構造化されていない（unstructured）
③リーダーの地位の相対的パワー（leader's position power）……リーダーの職位のパワーの程度

強い（strong）—弱い（weak）

そして、これらの組み合わせから次の8つの状況（octant）が想定されます。

1．良い—構造化されている—強い
2．良い—構造化されている—弱い
3．良い—構造化されていない—強い
4．良い—構造化されていない—弱い
5．あまり良くない—構造化されている—強い
6．あまり良くない—構造化されている—弱い
7．あまり良くない—構造化されていない—強い
8．あまり良くない—構造化されていない—弱い

このLPCスコアと状況好意性から導かれる8つの状況をリーダーシップの成果との関連で簡略化してまとめたものが図表5-2になります。

図表5-2　フィードラーのコンティンジェンシー・モデル

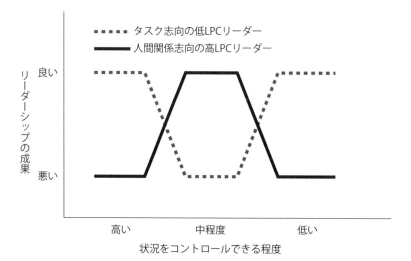

出典：フィードラー＝ガルシア "*New Approaches to Effective Leadership*" 83ページ

図表5-2の横軸の「状況をコントロールできる程度」が「高い」の左端には状況1.が、「状況をコントロールできる程度」が「低い」の右端には状況8.がそれぞれ対応しています。そして、リーダーとメンバーの関係も良く、状況をコントロールできる程度が高い場合（たとえば状況1.2.3.など）、反対に状況をコントロールできる程度が低い場合（たとえば状況6.7.8.など）には、LPCスコアの低い、すなわちタスク（課題）志向が強いタイプのリーダーがリーダーシップを発揮して良い成果をもたらすということになります。一方、状況をコントロールできる程度が中程度の場合（たとえば状況4.5.など）には、LPCスコアの高い、すなわち人間関係志向が強いタイプのリーダーがリーダーシップを発揮して良い成果をもたらすということになります（ここでは簡略化のため、状況6.を低LPCのリーダーシップが有効であるとしましたが、高LPCのリーダーシップが有効である状況との境界の状況でもあり、どちらのリーダーシップが有効であるかを断定するのが難しい状況も含まれています）。

　以上を簡潔に要約すると、状況をコントロールできる程度が高い（または低い）という両極の状況ほどタスク志向のリーダーシップ・スタイルが有効で、その中間的な状況においては人間関係志向のリーダーシップ・スタイルが有効であるということになります。こうしたことから、2つのスタイルのうちどちらか一方が普遍的なスタイルであるということではなく、有効なスタイルは状況次第で変わってくるということになるのです。

②ハーシー＝ブランチャードのＳＬ理論

　引き続き代表的な理論を概観してみることにしましょう。アメリカの経営学者ハーシー（Paul H.Hersey,1931-2012）とブランチャード（Kenneth Hartley Blanchard,1939-）は、1969年に共著"*Management of Organizational Behavior-Utilizing Human Resources*（『入門から応用へ　行動科学の展開』）"を発表しました。彼らのリーダーシップ論の理論的支

柱はコンティンジェンシー理論ですが、SL 理論（Situational Leadership Theory：状況適応型リーダーシップ理論）として広く知られています。

彼らはフィードラーの状況好意性の概念を精緻化するとともに、先に考察したミシガン研究やオハイオ研究などの初期のワン・ベスト・ウェイを前提としたリーダーシップ研究からコンティンジェンシーを前提としたリーダーシップ研究への転換を決定付けました。その骨子は次のようなものです。

図表 5-3　ハーシー＝ブランチャードの SL 理論

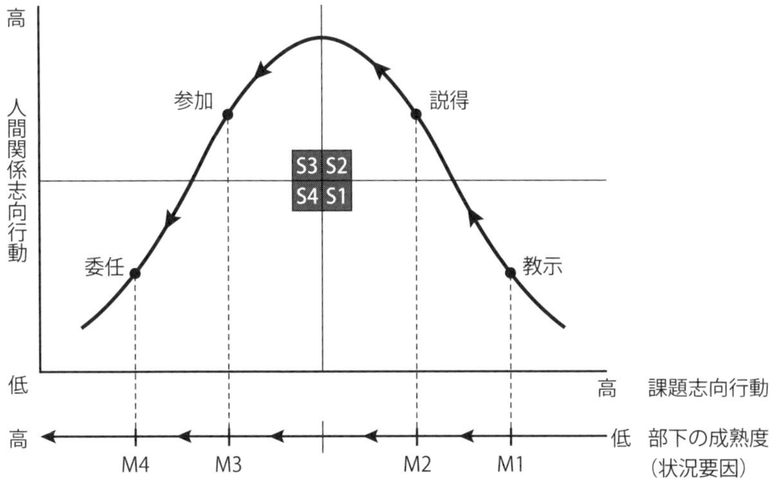

（ハーシー＝ブランチャード『入門から応用へ　行動科学の展開』1978、2000をもとに作図）

横軸には課題志向行動（task behavior）を、縦軸には人間関係志向行動（relationship behavior）を採用し、（横軸は指示的行動（directive behavior）、縦軸は支援的行動（supportive behavior）と考えても可）、それぞれ高いか低いかに2分して次のように4分類を試みました。

スタイル1（S1）：高い課題志向（指示的）行動、低い人間関係志向（支援的）

行動

スタイル2（S2）：高い課題志向（指示的）行動、高い人間関係志向（支援的）行動

スタイル3（S3）：低い課題志向（指示的）行動、高い人間関係志向（支援的）行動

スタイル4（S4）：低い課題志向（指示的）行動、低い人間関係志向（支援的）行動

そして、それぞれ次のようにネーミングしました。

S1：教示（telling）タイプのリーダーシップ……上からのコミュニケーションが主で、個々の役割を明確にし、課題を事細かに設定する

S2：説得（selling）タイプのリーダーシップ……事細かな指示はするが、双方向のコミュニケーションや個々人をサポートすることが意識される

S3：参加・参画（participating）タイプのリーダーシップ……課題の達成方法に関しては部下と一緒になって決めたり部下との関係を重視する一方で、課題の設定そのものについてはあまり口出ししない

S4：委任（delegating）タイプのリーダーシップ……部下に決定を丸投げするわけではないがプロセスにはあまり介入せず、代わりに責任を与え、部下の行動をモニターすることが主な役割となる

お気づきのことと思いますが、ワン・ベスト・ウェイの考え方に基づくとS2が唯一最善のリーダーシップ行動ということでしたね。ここまではさらにネーミングを施したという以外はワン・ベスト・ウェイとほぼ同じで変わらないのではということになってしまいます。引き続き考えてみることにしましょう。

彼らはさらに、状況要因（状況変数）として「部下の成熟度（maturity levels）」という概念を用いています。それは次のような4段階のレベルで

考察されています。

M1：最も成熟度が低い者で、職務に必要なスキルを持たず、責任感にも欠けている

M2：責任感に欠け、まだ初心者の域は出ないが、課題に取り組む姿勢は前向きである

M3：場数も踏み、課題もこなせるようにはなっているが、まだ自信に欠け、責任感もいまひとつである

M4：最も成熟度が高い者で、さらに経験も積んで自信を生み、課題のみならず責任についても自ら引き受けようとする

この状況要因がコンティンジェンシー理論の要で、先に述べたワン・ベスト・ウェイでは仕事面も人間面もともに高い注意を払う、いわゆるHi-Hi（高い-高い）タイプが唯一最善のリーダーシップであるとされましたが、ここではそれとは対照的に、有効なリーダーシップ・スタイルは部下の成熟度に応じて変わるものであるとされることが理解できます。変化する環境に適応するため、組織自体も変わらざるを得ないのと同様に、管理者や上司もさまざまなタイプの部下（あるいは変化する成熟度）に応じてそのリーダーシップ・スタイルを柔軟に変化させることが肝要なのだという考え方です。

コンティンジェンシーの考え方は、永久不変のものなどは存在しないという諸行無常、あるいは古代ギリシアの哲学者ヘラクレイトスの「万物は流転する（パンタ・レイ）」といった思想と通底しています。上司からすると、部下という存在は適応すべき環境であるという考え方もできますし、部下のタイプは1つしかない（部下の成熟度は一定で変わらない）という前提も非現実的でさまざまなタイプの部下が存在する（部下の成熟度は変わる）、さらに言えば部下の数だけタイプがあるとも言えると思います。

ハーシーとブランチャードは、仕事軸と人間軸による4類型に加えて部下の成熟度という状況要因を導入することによって、有効なリーダー

シップ・スタイルは成熟度が M1 → M2 → M3 → M4 と変化するにつれて、S1 → S2 → S3 → S4 と変化していくものだということを主張したのです。たとえば、3年B組金八先生のリーダーシップ・スタイルは生徒の勉強面と生活指導面の両方に力を注ぐ、いわゆる熱血先生というイメージを持たれる方が多いと思いますが、それ自体は素晴らしいことであり、教師のかがみと言えるでしょう。しかし、成績優秀で自発的な学習意欲に満ちた生徒や、人から細かいことを言われたりチェックされたりするのが好きではない生徒などさまざまなケースが存在する場合には、そうしたタイプにはあまり受け入れられないということも起こり得ないことではありません。とくに多様化した現在の教育現場では個別対応の重要性が指摘されています。また、本書で主に前提としているのは学生ということではなく、より成熟したビジネスパーソンとしての部下ということですので、このような考え方はより重要になってきます。

(4) コンティンジェンシー理論と現在の日本企業

　組織に関するコンティンジェンシー理論ももちろん重要なのですが、ここではミクロ・アプローチに言及しているのでリーダーシップのコンティンジェンシー理論を中心に考えたいと思います。そして、このコンティンジェンシー理論が産声を上げてから時間は経過していますが、コンティンジェンシー理論は今現在の日本のビジネスの世界に再度必要な考え方なのだと思います。いや今こそ必要な理論なのだと思います。というのは、リーダーシップ周縁の諸事象とりわけ上司と部下の関係などは、以前と比べ大きく変質しているからです。変質の要因としては以下のものが考えられます。

・雇用制度の変化（終身雇用制の衰退）
・報酬制度の変化（年功賃金から成果給へ）

・部下の個性化
・転職の増加
・部下の相対的パワーの増大（部下が上司を評価するなど）
・組織メンバーの多様化（非正規社員、女性、外国人など）
・意識的にユニークで個性的な人材を採用し、多様性を確保しようとする傾向（脱金太郎飴）

　このような変化によって、上司のリーダーシップ・スタイルに部下が無条件に従う、合わせるといった従来型の関係の維持が困難になっており、部下という環境のタイプの違いに応じてリーダーシップ・スタイルを適応させることによって良好な関係を構築することも必要になってきています。その際、コンティンジェンシー理論はそうした適応のありようをうまく説明しており、またその実践にも多くのヒントを提供してくれるのです。

　部下に合わせると言うと、媚びる、へつらうという印象を伴うかもしれませんが、そのように考えるのではなく、それも上司に問われる新たな環境適応の形であるととらえていただきたいのです。環境は常に変化し、それに応じて価値観も変える必要に迫られるものです。

　たとえば教育組織（educational organization）で考えてみましょう。中学校を想定しても、性格は明朗活発で思いやりもあるが、勉強の方は集中力に欠け成績も下位の生徒には、とにかく勉強について学力向上を目指す教示型が理想です。勉強の方が平均的なレベルの生徒の場合には、学力のさらなる向上を目指すためにも一方的に厳しく教えることをやや抑えつつ、本人とコミュニケーションをとり、よく話を聞きながら進めていく説得型が理想です。

　さらに、成績が上位で自ら進んで勉強に取り組むようになりつつある生徒の場合には、本人のやり方を尊重するようにし、むしろ面談を多くするなどして根を詰めないよう相談に乗ってあげたりして一緒になって協力して進めていく参加型が理想です。

クラスでトップの成績で、学年でもトップクラスに入れるほどの学力を持ち、自信も生まれ成熟度が最も高い生徒の場合には、たとえば県下でも有数の進学校に合格するなどといった明確な目標の下、むしろ自分流のやり方を確立していたりすることもあるので、あまり口出ししないようにし、本人のやり方に任せる委任型が理想です。

　このように教師が生徒の成熟度に応じてリーダーシップのスタイルを変えるということは、生徒に媚びへつらうという次元のものではなく、むしろ当然で自然なことです。要は、生徒や部下の能力を引き出すということが教師や上司のリーダーとしての根源的な役割であるということを再認識すればよいのです。学生時代を思い出してください。良い先生とは生徒の学力だけでなく性格などにも応じてごく自然にやり方を変えて対応していたのではないでしょうか（職場の上司についても同様のことが言えると思います）。その際、コンティンジェンシーなどの知識は関係なく、変える必要性を本能的に理解していたのでしょう。コンティンジェンシー理論のインパクトは、本家本元であるアメリカで大きかったのは理解できます。それに対して、日本ではそれほど大きなインパクトをもって迎えられなかったとも言えます。その理由として、日本ではこのように「必要に応じて柔軟に変える」ということが、何か特別なことというよりは、ごく自然な営みであると考える土壌があったということが考えられます。

　企業の世界でも今後ますますビジネスパーソンとしての部下の個性化・多様化が進展していくことが予想されます。そこで、やや誇張して言えば、部下1人ひとりに合わせたオーダーメイド志向のリーダーシップ、さらに部下に応じてたくさんの引き出しを使い分けるといったイメージのカメレオン型のリーダーシップ・スタイルのようなものまで必要とされているとも言えるでしょう。

第 5 章　リーダーシップの理論

④ ポスト・コンティンジェンシー理論

（1）ポスト・コンティンジェンシー理論の登場

　これまでコンティンジェンシー理論の概要を俯瞰してきました。そして、現在の日本における上司と部下の変質しつつある関係を考察する際に有効な理論であると述べました。しかしながら、どのようなものでも長所や利点ばかりしかないというものは存在しないと言えるでしょう。コンティンジェンシーとて例外ではありません。

　最も代表的な検討課題としては、その適応性を過剰に重視するスタンスがあげられます。コンティンジェンシーに一貫して見られるのは、変化する環境に自ら適応するという姿勢です。組織であれば自ら外部環境に適応する、リーダーシップに関しては上司が部下に適応するということです。このような姿勢やスタンスは、環境の先与性・所与性ということを前提としています。つまり、環境とは組織より上位の存在であるので、それに影響を及ぼすことなどできず、したがって組織は専ら環境とその変化に合わせることによって存続していく他はないという前提です。

　さらに、組織やリーダーの姿勢に対して、積極的・能動的というよりはむしろ消極的・受動的というイメージを与えるということも否定できません。そして何よりも、組織やリーダーは環境や部下に影響を与えて自らの望む方向や理想とする形へとそれらを誘導したり、新たな状況を創り出したりすることは不可能なのであろうかという疑念も生じると思います。環境は常に組織の主人であって、組織が環境の主人となることは一時も許されないのでしょうか。

131

このような観点からのアプローチが1970年代の後半くらいからお目見えするようになり、それをポスト（post：後期）・コンティンジェンシーとかネオ（neo：新たな）・コンティンジェンシーと称することがあります（ポスト（ネオ）・コンティンジェンシーとは、「コンティンジェンシー後の新たな展開」という広い意味ですが、ここでは、その中でも中心となる「適応から創造へ」という側面に焦点を当てて説明しています）。

　アメリカの戦略および組織の研究者マイルズ（Raymond E.Miles）とスノー（Charles Curtis Snow）は、1978年に共著 "*Organizational Strategy, Structure, and Process*（『戦略型経営〜戦略選択の実践シナリオ〜』）" を発表します。彼らもまた、組織（企業）の環境適応の重要性を指摘しつつ、経営者は主に、①企業者的問題、②技術的問題、③管理的問題という3つの事柄との関連で環境との関係について考える必要があると指摘します。

　企業者的問題とは、自社の現在の製品や市場の選択にかかわる問題で、多角化や撤退などに関する選択の問題です。技術的問題とは、自社の生産・製造技術や流通・物流技術などに関する選択の問題です（現代はIT技術が生産や流通という特定の職能だけでなくマーケティング・人事・財務など経営のあらゆる側面に入り込んでいるので、経営者の技術的問題にかかわる選択もより広範にわたるものとなっていると言えます）。管理的問題とは自社の将来のドメイン（domain：事業領域）のあるべき姿に関する選択の問題で、場合によっては斬新な領域に打って出るなどイノベーション（変革・革新）について考えることなども含まれます。また、管理的問題には、こうした自社の将来に関する選択の問題（事前的側面）と、さらに現行の組織構造や管理機構について最適なものを選択するということにかかわる問題（事後的側面）という2つの側面があります。

　いずれにしても、マイルズとスノーによれば、組織とは主に経営者がこれら3つの問題に対処するということを繰り返しながら環境に適応していくものということになります。それと同時に彼らは、これらの問題に適応

的に対処する方法に関して、組織による違いを次の4つの型（タイプ）に分類できると考えました。

① 受身型（reactor）……トップ・マネジャーは環境の変化や不確実性に気づいてはいるが手をこまねいていて、有効な手立てが打てない。この手のタイプの組織は、組織の戦略と構造が矛盾を来しているため、環境が待ったなしにそうすることを迫るまで何ら修正を行えないことが多々ある。

② 防衛型（defender）……このタイプの組織は事業領域が狭いのが特徴である。ここでのトップは組織が扱う限定的な領域での専門性には長けているものの、自社の狭いドメインから飛び出して新たなチャンスを見出そうとはしない傾向が強い。

③ 分析型（analyzer）……このタイプは安定した環境下にある事業と不安定な環境下にある事業という2つの異なる領域を扱っている。安定した領域では、フォーマルな構造と過程を用いてルーティン的かつ効率的に行動し、不安定な領域ではトップ・マネジャーは新しいアイディアはないかとライバル企業を凝視し、最も有望なアイディアを素早く採用する。

④ 探索型（prospector）……このタイプは市場にチャンスはないかと絶えず探索し、生起しつつある環境のトレンドに早いうちに反応することで日頃から実験を試みる。よって、この手の組織はライバルたちが環境の変化や不確実性に反応するしかないのに対して、それらを創り出してしまうといったことがよくある。

これらの4つのタイプの中で、マイルズとスノーのユニークな主張は探索型に見て取れます。他の3つのタイプはスタンスこそ違いますが、すべて環境適応型であると言えます。探索型は、企業や経営者は環境に対して主体的に影響を及ぼすことはできないという考えから脱却して、やり方次第では環境に積極的に影響を及ぼし変えることは可能である、つまり組織は主体的・積極的に環境を創造し得るということを主張したのです。管理

的問題の内の事前的側面は来るべき未来の事柄についての決定という性質上から、適応もさることながら積極的に仕掛けていくなどの創造的側面が重要性を増すので、そのような場合には探索型が有効なタイプとなり得るのです。

このようにしてポスト（ネオ）・コンティンジェンシーの時代の幕が開きました（注意しなければならないことは、決して適応に意味がないとか必要ないということではなく、創造もやり方次第では可能であり、それが有効なこともあるので、両側面を考慮するのが賢明だということです）。

ひるがえって、本章はミクロ・アプローチが中心となる章なので、こうした動向がリーダーシップのコンティンジェンシーとどのような関連があるのかを考えてみることにしましょう。

これまで見てきたように、組織については（ポスト・コンティンジェンシーの登場によって）適応に加えて創造という道も開かれましたが、リーダーシップについても同様のことが言えるかというとそういうことではないと思います。というのは、リーダーシップにおける創造的な側面とは、適応的な側面と対照的にとらえるならば、リーダーが自らのパーソナリティーに最も合っていて得意なリーダーシップのスタイルを部下に対して発揮して、そのようなスタイルに部下の方を（半ば強引にでも）適合させるということになってしまいます。このようなやり方は一般的に言って時代をさかのぼるほどよく見られるやり方であったと言えます。テイラーやフォードの時代には至極一般的な光景であったわけですし、リッカートが言うところの独善的専制型とか温情的専制型などがこれに相当すると言えます（厳密に言えば、この時代にはリーダーシップという概念は定着していなかったわけですが）。

ということは、組織に関するポスト・コンティンジェンシーと同様の考え方をすると、リーダーシップに関しては完全に時代と逆行してしまうということになってしまいます。そして現に、リーダーシップについてはコ

ンティンジェンシー後の展開として(適応から創造へという意味での)ポスト・コンティンジェンシーというような考え方はされませんでした。リーダーシップの場合には、その後の展開としてコンティンジェンシー的な考え方をさらに進化させていったのです。

(2) コンティンジェンシーとコーチング

　引き続いて具体的に考えてみましょう。先ほどコンティンジェンシー理論は上司と部下との関係が変質しつつある日本では非常に得るところが多いと述べましたが、実際にはその後コンティンジェンシー理論が再度注目を集めたり意識的に実際のオフィスなどで適用されたかと言えばそうはなりませんでした。代わって、日本では1990年代の後半からコーチング(coaching)の理論が脚光を浴びるようになり、以後、企業などでこぞって採用する動きが見られるようになりました。

　1995年(日本支部は2008年)に設立された国際コーチ連盟(ICF：International Coach Federation)の定義によると、コーチングとは、「思考を刺激し続ける創造的なプロセスを通して、クライアントが自身の可能性を公私において最大化させるように、コーチとクライアントのパートナー関係を築くことである」とされています。ここで言われているクライアントとはコーチから指導を受ける者(たいていは部下を持つ管理者)のことを指していますが、定義では、コーチと協力してクライアントが部下を効果的にリードする方法を獲得できるようにするといったことがうたわれています。つまり、上司と部下のより良い関係の構築を実現し、効果的なリーダーシップが発揮できるようにするためのコミュニケーション技法を学ぶことがコーチングの主な目的であると言うことができます。

　このようにコーチングとは、クライアントとしての管理者・上司を対象とした人材育成法・人材開発法なのですが、その中身は上司サイドが部下

に対処・対応するための効果的な方法について考えることなので、まさにリーダーシップ論そのものであり、とりわけ実践ということを強く意識したリーダーシップの方法論であると言えるのです（コーチングでも、スポーツ・コーチングの場合は「選手」となりますが、ここではビジネス・コーチング（またはマネジメント・コーチング）を前提としていますので「部下」という言い方をしています）。

コーチ（coach）の語源については、箱型で屋根と扉のついた4輪の馬車のことを意味していました（その後アメリカでは乗合バスのこともコーチと言うようになりましたが、東急バスにも東急コーチと呼ばれる路線・車両があります）。つまり、ある目的地へ向けて人（乗客）を運ぶ（導く）という意味から、受験などの目的達成へ向けて学生を個別に指導する者という意味に派生し、さらに学生にスポーツを教える指導者という意味にも転じていきました。その後もプロ・スポーツの世界やビジネス・マネジメントの分野などでも用いられるようになり、1980年代になるとアメリカでコーチングに関する考え方が多方面で注目されるようになりました。

日本でコーチングが注目されるようになった背景には、上司が部下と良好な関係を構築することが難しくなってきたということがあります。その原因のうち代表的なものを第3節で7つほど列挙しましたね。こうしたことから、日本では関係改善を求めてコーチングの考え方に白羽の矢が立ったのだと言えます。

コーチングの手法は究極的には使う人の数だけやり方があると言えるくらい多種多様で、今ではさまざまな論者がさまざまな技法を提示していますが、次のようなものが代表的なポイントの一部です。

・部下は答えを持っているはずだと信じて、答えを押し付けるのではなく、部下から答えを引き出すことを考える（脱ティーチング：教えるから考えさせるへ）
・部下を追い込むのではなく、失敗の原因を部下自身に問う（詰問から質

問へ)
・部下の話に真摯に耳を傾け、決して遮るようなことはしない
・部下が自ら問題と向き合い、学び、そして解決するという動機づけの姿勢を作り出す

　このようなコーチングのポイントは枚挙にいとまがないと言えます。しかしながら、コーチング理論の根底にある考え方は、①部下を信じること、②双方向のコミュニケーションに基づくこと、③部下1人ひとりに個別に向き合い対応すること、という3点に簡約できます。

　とくに③についてはコンティンジェンシーの考え方そのものであり、コーチングで用いられる言葉ではテーラーメイド（tailor-made：あつらえ向きの）に相当します。これは言うまでもなく、部下1人ひとりの性質を見極め、それに合わせて対応すべきということですが、先に言及したコンティンジェンシーでの教示、説得、参加、委任というタイプ分けと同様に、コーチングでもたとえば部下について分析タイプ、支援タイプ、統制タイプ、積極推進タイプなどに分類して、それぞれに対応することの必要性を論じることもあります。

　また、①の「部下を信じること」については、先に述べたマグレガーのX理論・Y理論のうちY理論の考え方そのものであると言えます。もともと部下はやる気も能力もないし自分のことしか考えないので、厳しくチェックしたり、上司や管理者から指示や命令をしたりしなければならないというような部下観（X理論）であれば、どんなにコーチングの指導を受け、テキストを読み、技法を習得したとしても有効なリーダーシップは発揮できない（部下はついてこない）ということになるのは目に見えているというのがコーチングのスタンスです。また、期待した行動を部下がとってくれないような場合には、それは部下に問題があるのではなく上司自身のリーダーシップに問題があることを認識しなければならないというのもコーチングの教えのひとつです。

こうした考え方は、もはやＹ理論以上に部下本位のものであると言えます。また、部下もモチベーションが高く有能な者ばかりとは限りませんし、すべての責任を上司の側に負わせるのはいかがなものかといったような考え方も実際の現場にはあるでしょう。いずれにしても、現在の日本において活況を呈するコーチング理論には、コンティンジェンシーやＹ理論のエッセンスが含まれているということに留意することは意味があることなのです。

第6章
マネジャー

　トップ・マネジャーは企業を外部環境に適応させ会社を維持・発展させることが責務ですが、ミドル・マネジャーやロワー・マネジャーは職場のマネジメントを通じて個人を管理・監督し、組織と個人の関係を円滑に保つ潤滑油の役割を果たすことが期待されていると言えます。本章ではこうしたマネジャーについて、マネジャーのパワーなどを中心に考察することにします。

1 トップ・マネジメントの構造上の変化

(1) マネジャーとは

　本章では前章に引き続き、リーダーシップを発揮する主体としてのマネジャーとそれに付随するいくつかの事柄について考えてみることにしましょう。まずはじめに基本的なことから確認していきましょう。

　マネジャーとは経営管理者、管理者、経営者などさまざまに訳されることがありますが、最近では日常の多くのものがカタカナでそのまま使われることも多いので、とくに和語で表記しなくてもよいでしょう。またここでは会社の経営者ということだけでなく「部下が1人でもいて、リーダーとしての役割が期待されている者」と広く定義しておきましょう。

　また、発音と表記について一言述べますと、わが国では（たとえば芸能人のマネージャーとか野球部のマネージャーなどといったように）マネージャーとかマネージメントと表記されることが一般的ですが、英語の発音では manager［mǽnidʒə(r)］そして management［mǽnidʒmənt］とそれぞれ第一音節にアクセントがあるため、カタカナでもマネジャーそしてマネジメントのように音を伸ばさないのが正確な表記です。「もしドラ」のタイトルは『もし高校野球の女子マネージャーがドラッカーの『マネジメント』を読んだら』で和洋折衷ですね。

　マネジャーは一般的に、トップ（top）・マネジャー（上級管理者層）、ミドル（middle）・マネジャー（中間管理者層）、ロワー（lower）・マネジャー（下級管理者層）に分類されます。また、トップ・マネジメント、ミドル・マネジメント、ロワー・マネジメントなどと表現されることもありますが、

この場合のマネジメントとは、あるクラスのマネジャーの階層そのものを意味することが多いのですが、マネジャーの方を用いた場合には特定の個別のマネジャーを指すことも可能です。使い分けについてはそれほど厳密に考えなくてもよいでしょう。実際にはより細分化されているケースが多く、企業によって役職はさまざまですが、トップは会長・社長・専務・常務などから構成される取締役クラス、ミドルは部長・課長クラス、ロワーは係長・主任・班長クラスなどを指すのが一般的です。

(2) トップ・マネジメント構造の4つの変化

こうしたマネジャーの分類や大きな枠組みは変わっていませんが、従来と比べて変化が認められる部分もありますので確認してみることにしましょう。はじめに、トップ・マネジメントの構造上の変化について考えてみたいと思いますが、それは大きく次の4つの点に集約できます。

①取締役の大幅な削減

従来の日本の取締役の数は欧米の企業のそれと比べて多いということが長年にわたって指摘されてきました。大企業では40～50人の取締役がいるということも珍しいことではありませんでした。その結果、意思決定が遅い、スピーディーな経営が行えないなどと指摘されることもしばしばありました。

しかし、高度成長期の日本を取り巻く経営環境は現在とは大きく異なるものでした。経済成長の道をひた走り、1968（昭和43）年には当時の西ドイツを抜いて、資本主義国ではアメリカに次ぐGDP（Gross Domestic Product：国内総生産）世界第2位の座に躍り出ます（2010（平成22）年に第3位に陥落）。とくにアジアではひとり勝ちの状態が続き、他国にライバルと目される企業はほとんどありませんでした。こうしたことから、

スピード経営の必要性などについてはあまり意識されることもなく、言わばマイペースで経営を行っていればよかったという側面がありました。ところが、近年では近隣諸国の企業の台頭も目覚ましく、またIT化の進展ということも手伝ってタイム・ベース（時間が中心となる）競争を余儀なくされ、経営のスピードアップを図らざるを得なくなりました。

こうしたことを背景にして1990年代の中頃から企業の聖域であったトップ・マネジメントにも改革の波が押し寄せ、90年代の後半になると、とくに大企業などが取締役を大幅に削減するような動きが見られるようになりました。たとえば、東芝は33人いた取締役を12人にし、ソニーは38人を10人にし、比較的最近（2011（平成23）年）ではトヨタが27人から11人に削減しました（2003年に、すでに58人から27人に削減）。「三人寄れば文殊の知恵」と言われるように、大人数で決める際にはさまざまな知恵や意見が期待できるというメリットもありますが、やはりスピード最優先の風潮がありますので、こうしたメリット以上にスピードの方にプライオリティー（優先順位）が置かれているのです。

このように企業をリードする日本のトップ・マネジメントも少数精鋭の時代に突入しているのです（実際には、後述する執行役員制の導入によって純粋な取締役は減らす傾向にありますが、以前取締役であった人が執行役員になるケースも多く、執行役員は増加傾向にあるというのも現実です。指名委員会等設置会社の執行役についても同様のことが言えます（第5章第2節参照））。

②社外取締役の導入

人数の多さと並んで、かつての日本の取締役について指摘されていたことは、社外取締役の人数が欧米に比べて極端に少ないということです。換言すれば、年功序列賃金と終身雇用の下、内部昇格者いわゆるプロパー（proper：生え抜き）社員がほとんどで、入社以来社内の出世街道を歩ん

できた人々でほぼすべての取締役が占められていたということです。

　ところが、バブル崩壊後の企業による相次ぐ不祥事の発覚などを受けて、これまで以上に企業情報をオープンにするいわゆるディスクロージャー（disclosure：情報開示）が必要とされるようになってきました。こうした背景の下、取締役にも外の世界の空気を入れて風通しを良くしようとする機運が高まり、社外取締役を増やす傾向にあります（アメリカの上場企業では取締役の過半数が社外取締役であることが義務付けられています）。そして、これまで通り社外取締役の知恵を活用することはもちろん、それに加えていわゆる第三者的な立場からチェック機能を果たすことが期待されるようになったのです。

③執行役員制の導入

　従来、日本の企業ではアメリカとは対照的に、分業ということに重点を置いていたとは言えなかったでしょう。むしろ自分の仕事と他者の仕事との境界をあいまいにしておいた方がメンバー同士で助け合ったり、また自分の仕事ではないことにも関心を持つようになるという価値観が支配的であったと言えます。こうして年功序列賃金と終身雇用の下にチームワークや絆を醸成していったのです。ところが経営環境の著しい変化によって成果主義が台頭するようになったり、専門化・プロフェッション（professin：専門性）などの必要性が強調されるようになったりして、仕事の細分化・専門化が求められるようになってきました。

　こうした背景はトップ・マネジメントも同様で、とくにアメリカのようにトップもかなりな程度分業化されているのとは対照的にわが国の分業化の程度は低かったので、トップ・マネジメントの専門化を促す動きが活発になってきました。それが先に述べた執行役員制（または指名委員会等設置会社の執行役）の導入ということなのですが、それについての説明は繰り返しになりますので第5章第2節（1）をもう一度参照してください。

④外国人トップ・マネジャーの登用

　まだ一部であるという域は出ませんが、以前と比べると日本企業が外国人をトップに据えるという人事が目につくようになってきました。代表的な人物としては日産自動車のカルロス・ゴーン氏（1999～最高執行責任者（COO）、その後、2001～社長兼最高経営責任者（CEO））のケースがありますが、その他にも、マツダのマーク・フィールズ氏（1999～2002代表取締役社長、マツダはフォード社による経営参画の下にフィールズ氏の他にも3名の歴代外国人トップが就任していた時期がありました）、ソニーのハワード・ストリンガー氏（2005～会長兼最高経営責任者、その後2009～2012会長兼社長兼最高経営責任者）、日本マクドナルドのサラ・カサノバ女史（2013～社長兼最高経営責任者）、武田薬品工業のクリストフ・ウェバー氏（2014～社長兼最高執行責任者）などの例があげられます。

　これらの意味について考えてみると、大きな要因としては経営のグローバル化の流れということがあげられますが、日本に特有の事情としては人口減少社会の到来ということがあります。世界的には人口増加が基調である中で、人口減少は日本だけではありませんが、とくに顕著な傾向が日本には見られます。そうした環境条件下で利益を確保して生き残っていくためには、国外市場の開発に成功すること、つまり外で稼ぐことが不可欠になります。その際に外で少しでも稼ぎやすくするために外国人にトップとして切り盛りしてもらうという意図がそうした企業にはあるわけです。

　外国人トップに期待する資質としては、グローバルな経営センス、語学力をはじめとして異文化に精通していること、海外に人的ネットワークを持っていることなどがあげられます。たとえば、ゴーン氏のケースではフランス、ブラジル、アメリカでのマネジメントの経験に加えて5か国語を操り、他国の政界との親交もあります（ゴーン氏の場合は日産がルノーに救済してもらったという経緯から、図らずもゴーン氏という外国人トップになったと言えますが）。ストリンガー氏はNBC、ABCと並ぶアメリカ

第6章 マネジャー

3大メディアネットワークのひとつであるCBS放送のトップであり、メディア業界を知り尽くしている彼は1997年にソニー・アメリカに請われてリクルートされました（こうした経歴からも分かるように、ソニーとパナソニックが牽引（けんいん）したブルーレイディスクがデファクト・スタンダード（業界標準）になったことにも貢献したと言われています）。

また、外国人マネジャーと日本人マネジャーの部下をリードするやり方の違いということも考慮すべきだと思います。こうしたことを考えるにあたって、たとえばスポーツ・チームの監督さんなどにも外国人監督が増えていることについて考えてみることにしましょう（もちろん、これらの方々がすべて結果を残したわけではありませんが、中には素晴らしいリーダーシップを発揮し成果を上げた方々もいました）。

日本のプロ野球球団にはかなり前にも外国人監督の方はいましたが、少し前にはそれが目立った時期がありました。たとえば、広島のマーティ・ブラウン（2006-2009、2010は楽天）、ロッテのボビー・バレンタイン（1995、2004-2009）、日本ハムのトレイ・ヒルマン（2003-2007）、オリックスのテリー・コリンズ（2007-2008途中）、などが記憶に新しいところです。さらに、サッカーの監督も外国人が多いのですが、ラグビーのヘッドコーチ（監督に相当）もジャン＝ピエール・エリサルド（2005-2006）、ジョン・カーワン（2007-2011）、エディー・ジョーンズ（2012-）となっていますし、その他のスポーツ組織にも外国人のリーダーなり指導者が目立つようになってきました。

第5章第2節でコーチングの理論について言及しましたが、外国人マネジャーは成果・結果に対しては高い水準を求めてきます。しかし、仕事の進め方すなわちプロセスについては本人の意思を尊重したり積極的に任せたりといった具合にコーチング理論の技法にかなりな程度かなったものとなっていて、結果として現在の若手の部下や選手にマッチし受け入れられ、うまく潜在能力を引き出せるケースも間々あるのではないでしょうか（企

145

業の場合はトップのケースを前提にしているので、一般従業員としての下層の部下がトップに直接リードされることは少ないと思われます。その場合のトップにリードされる対象はミドルとりわけアッパーミドル（トップに近いミドル）クラスくらいまでが一般的だと思われますので、同じようには論じられない部分もありますが）。外国人トップだからうまくいくとは限りませんし、日本企業に対する認識不足も否めない場合もなくはないと思いますが、こうした外国人トップの登用というケースは今後も増えていくことが予想されると思います。

　主にトップ・マネジャーについては以前の日本企業には見られなかったようなこうした傾向が目立つようになっていますが、次節ではミドル・マネジャーの現状について考えてみましょう。

第6章 マネジャー

ミドル・マネジメントの役割の変化

　従来、ミドル・マネジメントはトップと現場を情報面でつなぐという重要な役割を演じていました。しかし近年になるとIT化が目覚ましく進展し、情報面での主役はITに奪われ、ミドルの存在価値が減じてしまったと言われます（本章第3節参照）。さらに組織構造面ではピラミッド型から脱却してフラットな組織を実現しようという動きが顕著になっています。こうしたことからミドルをできるだけ削減したり排除したりしようとすることが散見されるようになりましたが、これは「中抜き」と呼ばれます（第9章第1節参照）。

　その結果、中抜きによるフラット化を通じて組織の低層化を実現しようとすることが行われるようになるのですが、この背景にはIT化の進展ということが大きく関与しています。IT化は多方面にさまざまな影響をもたらしますが、その最も大きなもののひとつにあげられるのがこの中抜きです。つまり、たとえば製造者であるメーカーとエンド・ユーザー（最終消費者）とが卸売業者や小売業者あるいは商社などを介さずに直接取引（直接販売）できるようになり、そうした方法がかなりな程度浸透しつつあることです。

　これと同じように、トップとロワー、さらに一般従業員との間に立って情報を伝達する仲介役としてのミドルの役割がIT化の進展によって減じてしまい、直接上層部と現場の間で情報をやり取りすることが可能となりました。こうしたことから、ミドルを削減したり、場合によっては排除したりしてもそれほど影響はないと考える企業が目立つようになってきました。また、厳しさが続く経営環境の下でコスト削減の必要性も増し、中高

年が多く給与も高いミドルがターゲットとなってしまったということも中抜きを後押しした要因であると言えます。

フラット化の逆機能（マイナスの影響）も当然あるわけですが、ある程度それには目をつぶってフラット化によってトップから末端までの距離が短く、権限と責任の関係もシンプルな組織にすることによって、コスト削減や顧客ニーズに俊敏に対応できる組織を実現することにより重点を置いていることを窺い知ることができます。

従来介在していた階層の数が減ると、現場に近い従業員にも、これまではじかに接することがなかった決定権のある上層のマネジャーと直接やり取りする機会が生まれやすくなり、そのことが判断を待つ必要をなくし、即座に行動に移せるというスピードアップにつながることもあります。現場に大幅な権限を委譲することによって顧客に最も近い最前線の従業員（フロントライン）の自律度を高めて顧客満足をいっそう充実させるとともに、現場従業員の声や現場からの生々しい顧客情報を短くなった階層を通じてスピーディーかつ正確に上層部に送り込みます。そして、上層部も受け入れ態勢を強化し、必要に応じて経営に取り入れていくというスタンスで細分化した顧客ニーズに対応していかなければ容易に適応不全になってしまう時代なのです。

このようにミドルの役割は以前と比べて大きく変わっています。したがって、ミドルはその存在意義をできるだけ失わないように努めなければますます苦境に立たされることになってしまうでしょう。そうした苦境を避けるためには、情報面でITと直接競合しても分があるとは思えません。単に情報を小出しにして流通させるということではなく、独自の情報を収集したり、情報に独自の解釈を加えたり、アレンジして使いやすくしたり、などの工夫をすることが求められています。また、個性を活かすなどITでは醸し出せない人間性を重視することによって差別化を図ることも重要になってきます。

これまでトップおよびミドルを取り巻く現状について述べてきましたが、次節ではリーダーが持つパワーということについて見てみましょう。

3 リーダーのパワー

　リーダーは部下が持たないパワーを会社から与えられていますが、一般的にはどのようなパワーを有しているとされてきたか、そしてそれが現在どのように変質しているのかについて考えてみることにします。

　アメリカの社会心理学者ジョン・フレンチ（John R.P.French Jr.,1913-1995）とバートラム・ラーベン（Bertram H.Raven,1926-）は、1959年にリーダーのパワーを次の①～⑤に分類し、その後⑥を追加しています。さらに、アメリカの経営学者パトリック・モンタナ（Patrick J.Montana）とブルース・チャーノフ（Bruce H.Charnov）は、同一視力からカリスマ力を切り分けてこれを第7のパワーとしています。そしてそのリーダーの持つパワーとは次のようなものです。

①合法力（legitimate power）……組織構造の中に埋め込まれていて、特定の地位にある個人に割り当てられるパワー

②報酬力（reward power）……部下の給与や昇進その他の報酬の提供の有無ならびに報酬の量について決定できるパワー

③強制力（coercive power）……警告から解雇まで罰はさまざまだが、マネジャーに与えられた部下を罰するパワー

④専門力（expert power）……特別なスキル・知識・能力・経験などといったマネジャーが有する専門性にかかわるパワー

⑤同一視力（referent power）……個人的な資質が強みとなって部下に影響力を行使できるパワー

⑥情報力（informational power）……まさに必要とされる時に重要な情報を持っていることに由来するパワー

⑦カリスマ力（charisma power）……その人特有のキャラクターの力で他者に影響を与えることができるパワー

　このようなパワーを上位の者が下位の者に対して持つということ自体はこれまでも現在も、そして今後も変わらないと思いますが、とくに日本においては環境の変化とともに変質する傾向が見られるのでその点について考察してみましょう。

(1) 合法力

　合法力とは、組織の中でフォーマルに与えられる権限（authority）という名のパワーのことです。そしてさらに、組織において権限が具現化されたものが役職や地位といったものなので、これは役職や地位のパワーのことと考えることができます。

　終身雇用や年功制がデフォルト（標準）であった時代には、組織の中で役職が自分よりも上位の人間は言わば絶対的な存在であったと言えます。しかし、現在はそのような仕組みが崩壊する中で、上司とのトラブルが発生した際には以前のように定年までとは言わずとも、かなり長期にわたってともに活動するので我慢するしかないという考え方から、退職という道も選択肢として珍しくなくなってきていることもあり、辞めることもやぶさかでないという考え方へと価値観のシフトも散見されるようになってきました。このような時代に「上司の言うことが聞けないのか」「私は部長だぞ」などといった言動が受け入れられる可能性は極めて低いでしょう。

　また、組織サイドも構造の維持・運営上、役職がなくては都合が悪いが、実際の日常の活動ではそうした上下関係を意識するとかえって業務活動が円滑に回らなくなることも考えられるので、せめて上司を役職で呼ばない仕組みを取り入れようとする動きも見られます。

　たとえば、1998（平成10）年に横浜ベイスターズを38年ぶりのリーグ

優勝そして日本シリーズ優勝へと導いた当時の監督の権藤博氏（在任1998〜2000）は、選手とのコミュニケーション重視の考え方から、「自分のことを権藤監督ではなく権藤さんと呼べ」と取り決めていました（ちなみに違反者には罰金1000円が科せられました）。

また、自力再建を目指して経営の建て直しを図っていた当時のダイエー社長の高木邦夫氏（在任2001〜2004、途中から会長）も、高木社長でなく高木さんと呼ばせていました（ちなみに違反者には罰金1000円が科せられました）。さらに、最近では小林製薬、シャープなども肩書きで呼ばせないという仕組みを取り入れています。

このような取り組みは、「役職は単なる役割にすぎない」「コミュニケーションの阻害要因になるくらいならない方がましだ」などと組織サイドがみなしていることの証左だと言えるのです。いずれにしても合法力としての上司の権限や相対的パワーは低下しているという現実があります。

(2) 報酬力

従前からマネジャーは部下に対する報酬力を持つとされてきましたが、それは形骸化したものでした。というのも、年功序列賃金とはその名の通り勤続年数に応じて給料が上昇するシステムですから、上司の個人的な裁量で部下の報酬が決まるということはあまりありませんでした（昇進などに際して上司の推薦などといったものはしばしば見られることでしたが）。

つまり、評価は属人的なものではなく年功制自体が評価基準の役割を果たしていたので報酬力を行使する必要はなかったのです。ところがこれまでも述べてきたように成果主義が導入されるようになると、上司が部下の報酬を具体的に決定することが不可避になるとともに、報酬力を実際に行使することが求められるようになってきます。このような理由からマネジャーのパワーとしての報酬力は（このまま成果主義に基づく賃金体系が

より広がりを見せたり定着していったりするとすれば）以前と比べて増大していると言うことができます。

しかし、ここで言う報酬力が増大するということが評価者としての上司を喜ばせるかというと必ずしもそうとは言えないようです。自分の評価によって部下の給与ひいては生活まで左右してしまうということになると、プレッシャーや（どうしても下げざるを得ないような場合などに）罪悪感を感じてしまうといったことも実際には少なくないようです。真面目な上司ほど悩んで、そのようなパワーは持たなくてもいいし、行使もしなくていいのでこうした仕事から解放してほしいというマネジャーも少なからずいるようです。

(3) 強制力

強制力について結論から言うと、以前と比べてかなりパワーは低下していると言えます。これは合法力とも関連性が高いと言えますが、現在の上司は昔のように部下を叱るということは大変難しくなってきているからです。たとえば、教育組織ではたびたび体罰の問題が話題になりますが、今の時代体罰が許されないのは言うまでもありません。叱り方ひとつをとってみても、生徒の気持ちを傷つけない細心の工夫が必要です。さもなければ親御さんからみんなの前で叱られ恥をかかされたなどのクレームが入ることも珍しくはなくなっています。

ある意味で教育組織と企業組織とはつながっていると言えます。なぜならば、叱られた経験のあまりない学生が卒業後に、たいていはそれほどの空白期間もなく企業組織に参加してくるのです。そのようなバックグラウンドを持った新しい組織メンバーが組織が変わった途端に叱られるようなことになれば、萎縮したり反抗的な態度をとってしまったりといったことになりかねません。このような変化に対応するために先に述べたコーチン

グ理論、そしてコンティンジェンシー理論などの考え方が有効性を発揮することが期待されるのです。

さらに、実践の場に目を向けてみると、厳しく対応することが若手社員の早期退職につながってしまうケースも少なくありません。さらには近年の傾向として"部下が上司を評価する"時代でもあるので、部下の評価結果を気にせざるを得ないため（部下による評価結果が当人の報酬に影響するような場合にはとくに）、「叱って嫌な印象を与えてしまうくらいなら、見て見ぬふりが何よりだ」というスタンスが横行しがちになることも現実には否定できません。

教育組織でも同様のことが言えますが、こうしたスタンスがはびこると部下と上司、そして生徒と教師の双方にとってプラスにはならないと言えるでしょう。決して部下による上司の評価を否定しているのではありません。それは風通しを良くすることや上司がリーダーシップにかかわる自分の欠点を知る有用なチャンスにもなりますし、部下の方も自分が組織運営に参画しているという実感を持つことになるかもしれません。したがって、部下の間違いや問題点は勇気を持って指摘できる、またそうした行動によって不利益を被らないようにするといったことを確保することによって、お互いのより良い関係の構築を実現するということが今後の課題のひとつにあげられます。

(4) 専門力

専門力については上昇傾向にあります。ここで言う専門力とは、単に技術者などが有する能力ということだけではなく、マネジャーのより深い知識、経験に裏打ちされたノウハウ、といったことが含まれます。また、アメリカなどでは研究開発職、法務、財務といったいわゆる専門職能ばかりではなく、人事・販売・広報などすべての職能がプロフェッショナルの対

象と認識されることが一般的です。したがって、あらゆる職能を対象として、それぞれの職能でそうした知識やノウハウを持つことが専門力を発揮できるか否かの分岐点になります。

　先の合法力や強制力は下降傾向でしたが、それらに代わって、これからの時代はこの専門力を身に付けることによって部下をリードする力の源とすることは有効な手段と言えます。合法力や強制力ではなかなか部下がついてきてくれない傾向にありますが、「この上司は明らかに自分よりも特定の能力が高いし、この人からは学ぶべきものが多いのではないか」と思ってもらえれば今どきの部下もついてきてくれると言われることも多いようです。

　次に、シンプルな例で考えてみましょう。

　　営業パーソンのＳさんは営業成績が伸びず、電話でのアポの取り付けもふるわず、飛び込み営業などでは門前払いが続き、厳しい試練を迎えていました。悩んだＳさんは普段はあまり相談したことのない上司のＹさんにあえて相談してみました。押しが足りないんじゃないか、もっとプッシュしてもいいんじゃないかなどといろいろ言われましたが、結局次回は営業に同行してくれることになりました。あえて門前払いを食らったお客様の所に再度チャレンジです。

　　応接室に通されたＹさんは、辺りを見ると釣りざおと魚拓などがあるのに気づき、お客様（社長）は釣り好きだと直感しました。Ｙさんも少し釣りの心得があったことも幸いし、話の輪に加わることもできて会話は弾みました。また、お互いに同学年の子供がいることも話題になりました。ほとんど営業らしい仕事はしていませんが、前回、Ｓさんひとりの時はつっけんどんであった社長はいつの間にか冗舌になり、顔には笑みまで浮かべていました。そして最後に言いました。「今度おたくの製品のカタログなりパンフレットでも持ってきてよ」と。Ｓさんは、あの仏頂面だった社長と同じ人なのかと、にわか

には信じがたい出来事でした。

　会社の同僚に過日の事のいきさつを説明すると同僚は言いました。「お前知らないのか。Yさんは今でこそ管理職になって現場から離れているけど、在りし日のカリスマ営業パーソンで社長表彰の常連だったんだぞ。そんなことも知らないとはお前はもぐりか」と。「いやまいったな」とSさんはぼやきました。

　それからというもの、Sさんは事あるごとにYさんに相談するようになり、的確なアドバイスを受け、メキメキと営業の腕を上げていったそうです。

　専門力と言うと仰々しく聞こえるかもしれませんが、このシンプルな例の上司のように、部下にはない能力を発揮し、部下が認めてくれれば、それは専門力たり得るのです。年功序列が一般的な時代には、いわゆるところてん方式のため、多少能力が劣っていても管理者になってしまうということもよくあることでしたし、部下もそのような場合には半ば割り切ってうまく順応するしかありませんでした。換言すれば、現在は明らかに自分よりも能力が劣ると部下に思われてしまうと、ひと昔前の時代と比べていっそうリーダーシップは発揮しにくくなってしまう時代だとも言えるのです。そして成果主義には、そうした"部下よりも出来の悪い上司"という以前はよく見られた問題を緩和してくれる側面もあります。

(5) 同一視力

　同一視力という言葉は聞き慣れないかもしれませんが、言わば「部下と自分をひとつにする、一体にする」という意味で、そのために最も必要な資質が人間的魅力ということになります。referentの意味として「指示物・指示対象」という意味があるので、指示する力ととらえても分かりやすい

でしょう。次のような例で考えてみましょう。

> 後輩のBさんは日頃、2人の先輩のAさん、Cさんと一緒に仕事をしています。ある日、Bさんは同じような仕事をその2人の先輩から頼まれました。しかし、A先輩の依頼に対しては「忙しい時だけど協力して力になってあげたい」との思いが湧いてくるのに対して、C先輩の依頼に対しては「面倒くさいことを言ってくるもんだな。何とか口実をつくって断る方法はないか」と考えてしまいます。

この場合、BさんはA先輩に対しては「日頃から親身になって話を聞いてくれる優しい人で、人としても尊敬できる」と感じていますが、C先輩に対しては「部下の成果を横取りしてしまうようなこともある人で、この人にはあまりついていきたくはないな」と思っている、などといった感情の違いが原因として考えられます。A先輩はC先輩に比べて同一視力という名のパワーをより有していると言えます。簡潔に言えば、みんなから好かれて部下をうまくまとめている上司はこの同一視力が高く、部下からうまく共感を得ることができたり、部下が自分と同じように見たり考えたりするように方向付けるのがうまいと言えるでしょう。

このパワーは、以前と比べて上昇傾向にあるとか下降傾向にあるとかといったことはあまりないと思います。基本的には、いつの時代も上に立つ者には人間的魅力が備わっていた方がよいということは言うに及びません。しかし、上司と部下の関係がよりデリケートなものとなり、自分のことで手一杯だったり、部下のことにあまり気をかけたりしない上司も多くなってきているなどとも言われる昨今だからこそ、人間的にも慕われ、常に部下本位で考える優しい上司には希少性があるのです。そして、この同一視力というパワーを存分に発揮できるという点で優位性があると言えます。

(6) 情報力

　ここではミドルクラスのマネジャーを前提に考えてみましょう。

　従来、とくにミドル・マネジャーは情報の優位性を持つとされていました。と言うのは、ミドルの立ち位置は、トップや上層部から入ってくる会社全体にかかわるマクロ情報としての全社情報、および現場に近い所から入ってくる顧客に関する生々しいミクロ情報としての現場情報、この両者が出会う情報の結節点という場であったからです。つまり、会社全体にかかわる情報と現場にかかわる情報の両方に比較的アクセスしやすい立場にあったわけです。また、上からの情報を下へ、下からの情報を上へと送る際に仲立ちをする役割を担うわけですが、その際に、そうした情報を小出しにして部下を管理したり、アレンジしたり加工したりして提供するといった重要な役割も担ってきました。

　ところがITの登場によって状況は一変します。ITは仲介を不要にし、現場の従業員とトップの直接的かつ即時的コミュニケーションを可能にするとともに、情報へのアクセスおよびその入手においても、ある程度まで上層と下層の差が縮まってくるようになりました。こうしてミドルはその特権的地位を維持するのが困難になってきました。かつての情報面での優位性は影を潜めるようになり、情報面でのパワーすなわち情報力も低下させていったのです。この傾向はITのさらなる進化とともに今後もしばらく続くと思われます。

(7) カリスマ力

　カリスマ力は、前述した同一視力と関係するパワーです。つまり人間的魅力が究極まで感じられるようになると、それはカリスマ性へと昇華します。このカリスマ性を感じてもらうことで人を動かす力がカリスマ力とい

うことになるのですが、カリスマ性を感じてもらえるようになると、通常の人間的魅力による場合とは異なり、カリスマ的マネジャーに無条件に近い形で従うようになります。

　たとえば、特定の歌手、俳優、タレント、スポーツ選手などの熱狂的なファンという人たちがいます。そういう人たちの中には、対象に対してカリスマ的なパワーを感じている人も多く、そうした人は買おうか行こうかとあれこれ悩むことなく、CDはすべて買うでしょうし、全国津々浦々までコンサートにはすべて行き、映画もすべて見るでしょう。こうしたことに近い状況をビジネスシーンに重ね合わせて考えるとイメージが湧くと思います。

　しかし、ビジネスではここまでカリスマ性を感じるということはまれでしょうし、感じるとすれば、その対象は身近なマネジャーではなくトップに対してであることがほとんどでしょう（たとえば、日産自動車の社員が自社のトップであるカルロス・ゴーン氏にカリスマ性を感じるなど）。

　このカリスマ力というパワーも重要ではありますが、日常的に上司と部下の関係にあって、なおかつその関係が重要なものとなる実際の職場のマネジャーなどに対してカリスマ性を感じるということは少ないでしょうし、通常のリーダーシップに関してカリスマ力まで必要となることは少ないかもしれませんね。いずれにしても、このカリスマ力というものは、それが増大している、減少しているという類いのものではなく、それを感じてもらえるに越したことはないという程度のものと考えてよいでしょう。しかし、もし感じてもらえるならば、部下をリードするにあたってかなりなパワーとなることは確かです。

4 フォロワーシップ

　本章では、これまでトップ・マネジメントの構造上の変化、ミドル・マネジメントの役割の変化、そしてリーダーのパワーとその変質について見てきましたが、さらにフォロワーシップという概念について言及することにしましょう。

(1) フォロワーシップとは

　第5章では主にリーダーシップ論の変遷について概観しましたが、それは時代とともに厳格なものから緩やかなものへと移りゆく歴史でもあります。とりわけコンティンジェンシー理論をさらに深化させ、部下に徹底的に合わせ、部下本位という考え方を推し進めていくコーチングの理論などの新しいリーダーシップについての考え方においてはそうした緩やかな傾向がいっそう顕著になっています。そのような場合にはもはやリーダーシップという概念ではカバーしきれなくなるということも十分に考えられるのです。

　はじめにリーダー（leader）とマネジャー（manager）の差異について簡単に触れておきますと、純粋に英単語の意味としてはリーダーが「人を率いる者」ということで、マネジャーが「人（とその他）を管理する者」ということになります。こうしたことからも分かるように、リーダーという言葉はマネジャーを含むより包括的な概念で、またマネジャーの仕事の方がリーダーより具体的、短期的、保守的、現実的であるなどの特徴があります。ここからさらにリーダーシップ（leadership）とは人を率いる力す

なわち統率力、指導力という意味になります（マネジャーシップという言葉はほとんど用いられることはありませんし、リーダーシップは和語にせずそのまま使用されるのが一般的です）。そしてまた、リーダーやリーダーシップという概念は（マネジャーもそうですが）、上（上司）が下（部下）をリードする、上が下に対してリーダーシップを発揮するということが暗黙の前提になっています。

しかしながら、上司と部下との関係が緩い部下中心のものになっていくと、もはやこうした従来から常識とされてきた上下関係そのものが変質し、上下の差があまりなくなってくる（さらに、ここまでは現実的ではないかもしれませんが、上下関係が逆転する）ということになるでしょう。こうした状況下では、もはやリーダーシップとは対照的な概念が必要になってくるのですが、それが近年たびたび聞かれるようになっているフォロワーシップ（followership）という概念なのです。

フォロワーシップとは、リーダー（たとえば上司）に対するフォロワー（部下）にshipが付いたものですが、単純にリーダーシップの逆の意味であるととらえるなら、人に率いられる力すなわち統率される力、指導される力という意味になります。このような意味でも言わんとすることは分からなくはありませんが、不自然な感は否めません。

そこで、フォロワーシップとは上司を建設的に批判するとか、リーダーを補佐する能力などとされることがありますが、本書では「リーダーを理解しようと努力し、リーダーを盛り立て、時にはリーダーに対して忌憚のない意見を述べ、リーダーとともに課題や目標を達成できる力」と定義することにします。

現在の上司と部下の関係は、もはやリーダーサイドが有効なリーダーシップを発揮するためにはどのようにしたらよいかということを熟考するだけでは成立しづらくなっています。こうした中フォロワーシップという概念の台頭は、部下との積極的な相互作用の中から部下の協力を引き出す

ことなしにはリーダーシップの発揮は困難になりつつあるということを雄弁に物語っていると言えます。こうした流れを簡潔に言い表すと、上の者と下の者との関係を表す適切な概念は、マネジメント→リーダーシップ→フォロワーシップというように移り変わってきていると言えるのです。

(2) ケリーのフォロワーシップ論

①フォロワーおよびフォロワーシップとは

フォロワーシップという概念の主唱者はアメリカの経営学者ロバート・ケリー（Robert E.Kelley,1950-）とされていますが、彼はフォロワーを広義に「人に仕える身」と解釈するとともに、コンサルティングの経験や調査などを通じて次のような刺激的なことを述べています。

・ほとんどの組織において、その成功に対するリーダーの平均貢献度は20パーセントにすぎない
・フォロワーは、残り80パーセントの鍵を握っている
・ほとんどの人は、その肩書やサラリーとは無関係に、リーダーとしてよりフォロワーとして長く働く。つまり、報告させる部下を持つ立場よりも、自分が報告する立場が長いわけである

(R.ケリー『指導力革命』1ページ)

ケリーは、実は組織においてリーダー以上に重要な役割を演じているのがフォロワーであるにもかかわらず、リーダーやリーダーシップということに注目が偏っていて、組織の成否について真に理解するためにはフォロワーやフォロワーシップということによりスポットライトが当てられなければならないと主張しています。

第5章ではリーダーシップのコンティンジェンシー理論について述べ、SL理論などにも言及しましたが、そこでは、リーダーが部下の成熟度に応じて4つのリーダーシップ・スタイルを使い分けることの重要性が指摘

されました。一方、今述べたように、ケリーの関心はリーダーシップよりフォロワーシップの方にあるので、彼はリーダーシップ・スタイルとは異なるフォロワーシップ・スタイルという概念を創造しました。リーダーシップ・スタイルが上司のスタイルということであるのに対して、フォロワーシップ・スタイルは、上司とともに仕事を遂行する部下のスタイルということに焦点を当てています。

ケリーはアンケート調査に基づいて、フォロワーシップという概念の根底には次の２つの特徴があることを見出しました。

第１に、独自のクリティカル・シンキング（批評的思考）ということですが、それに関して次のように述べています。

「最高のフォロワーは、"自分で考え""建設的批評をし""自分らしさを持っている""革新的で創造的な"個人として描写されている。一方その対極にある、最低のフォロワーは、"するべきことを言われなくてはならず""自分で処理できず""考えない"。その中間が典型的フォロワーで、"命令を聞き""リーダーやグループにたてつかない"人間である」（R.ケリー『指導力革命』95ページ）

第２に、フォロワーとしての積極的関与ということですが、それに関して次のように述べています。

「最高のフォロワーは"イニシアティブを取り""オーナーシップを引き受け""積極的に参加し""自発的で""担当業務以上の仕事をする"。最低のフォロワーは"受身で""怠惰で""刺激される必要があり""常に監督を必要とし""責任を回避しようとする"。典型的フォロワーは"何をするか言われた後は、監督なしで仕事を終え""自分の尻ぬぐい、言い訳ばかりをし""傾向に左右される"」（R.ケリー『指導力革命』96ページ）

②フォロワーの４類型

そしてケリーは、独自のクリティカル・シンキングを行えるか、あるい

は依存的・無批判な考え方かということを縦軸に、積極的に関与できるかあるいは消極的な関与にとどまるかということを横軸にして、フォロワーシップ・スタイルの4分類を試みています。それは次のようになります。

スタイル1：孤立型(alienated)フォロワー……批評的思考、消極的関与
スタイル2：消極的(passive)フォロワー……依存・無批判、消極的関与
スタイル3：順応型(conformist)フォロワー……依存・無批判、積極的関与
スタイル4：模範的(effective)フォロワー……批評的思考、積極的関与

図表6-1　フォロワーの4類型

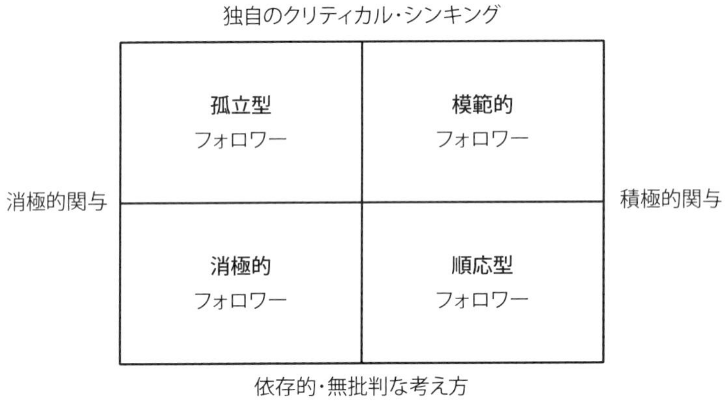

独自のクリティカル・シンキング

	孤立型フォロワー	模範的フォロワー	
消極的関与			積極的関与
	消極的フォロワー	順応型フォロワー	

依存的・無批判な考え方

(R.ケリー『指導力革命』99ページに基づいて作成)

そして中間的存在の典型的なフォロワーは実務型フォロワー(pragmatic survivor)と呼ばれ、縦軸の依存的か無批判かの一方に振れることなく中間に位置し、横軸の積極的か消極的かについても一方に振れることなく中間に位置する、言わば打算的に生き残ることに長けたスタイルであると言えます。

ネーミングからも明らかなように、ケリーは模範的フォロワーを理想と

していますが、その理由を次のように述べています。

「独自のクリティカル・シンキングを持ち、リーダーやグループを見極め、自主的に行動する。リーダーや同僚たちの目には、"独立心が旺盛で"、"独自の考えを持ち""革新的かつ独創的で""建設的な批評を生み出し""リーダーにものおじせずに接する人物"と映るわけである。また同時に、官僚的形態の愚鈍さや非能率的な同僚の壁が立ちはだかっても、組織の利益のためにその才能をいかんなく発揮し、積極的に取りくんでいく面も持ち合わせている。"イニシアティブを取り""オーナーシップを引き受け""意欲的に参加し""自発的で""仲間やリーダーをサポートし""すこぶる有能で""守備範囲以上の仕事をこなす人物"でもあるのだ。模範的フォロワーというのは、この一見相容れない条件をバランスよく満たしている」(R. ケリー『指導力革命』131 ページ)

リーダーシップの SL 理論では、リーダーは特定のスタイルのみで部下に対応するのではなくリーダーシップ・スタイルを使い分けるのが理想とされました。しかし、ケリーのフォロワーシップの 4 類型では Hi-Hi タイプ（説得タイプ）に相当するような、クリティカル・シンキングのレベルも積極的に関与する程度もともに高い模範的フォロワーが理想とされています。

たとえば、リーダーシップと同様にフォロワーシップのコンティンジェンシーという着想があってもユニークだとは思いますが、やはりその点はリーダーシップとフォロワーシップの違いが表れるところだと思います。さまざまなフォロワーがさまざまにスタイルを変えるようなことが起こると、リーダーはかえってリーダーシップを発揮しにくい状態に陥ってしまうことになるのは想像に難くありませんし、フォロワーの場合は 1 人のフォロワーが大勢の上司を持つということも通常は考えられないので、リーダーシップの場合とは異なりコンティンジェンシーという概念はさほど意味は持たないと言えます。したがって、フォロワーシップの理論では

各フォロワーはそれぞれが模範的フォロワーに近づくことを目指すべきなのです。その意味ではリーダーに柔軟性が求められる一方で、むしろフォロワーこそ確固たる信念を持って活動することが求められるとも言えるでしょう。そうしてリーダーとフォロワーの活動が相互作用する中でうまくかみ合うようになることが、ひいては組織が高い成果を実現することにもつながってくるのです。

　日本でも近年、部下が強くなってきたとの言をよく耳にするようになりましたが、それは単に上司にノー（NO）を突き付けるとか偉そうに振る舞うということではなく、あくまでも積極的にリーダーに協力する模範的なフォロワーとなるべくより多くの権限や自由度が与えられていると解釈すべきであって、そこを履き違えては健全なリーダーとフォロワーの関係は望むべくもないのです。たとえば、教育組織において教員が強く出られないのを承知で挑発してくる学生やモンスター・ペアレント、また金を払っているという立場を必要以上に主張する企業に対する過度なクレーマーなどもこうした履き違えの例と言えるでしょう。

　フォロワーシップに似た状況についてシンプルな例をあげてみましょう。お笑いのステージに立っている芸人さんが、受け方というかリアクションがいい観客の前ではそれに乗せられてさらに面白い話ができるということはよくあることですが、逆に白けた雰囲気を醸し出す観客が多く目についたりすると、受けていないのかとどんどん自信をなくし、ますます滑っていってしまいます。同様に、「〇〇課長のアドバイスはいつも的確なのでさすがだなあといつも思っています。またぜひ教えてください」とか「〇〇課長は部下をよく見てくださって、それぞれに合った指示を出してくれるので仕事がはかどって助かります」など観客ならぬ部下に乗せられるといったこともあると思いますが、そうしたこともフォロワーシップの身近にある例なのです。

第7章
組織と個人を
つなぐ職場集団

オフィスなどの職場集団は組織と個人の中間に位置する存在で、両者をつなぐ役割があります。それゆえ組織と個人の関係に職場集団は大きな影響を及ぼすことになるので、常に活性化するよう留意しなければなりません。本章ではそうした職場（オフィス）の活性化や、ITがオフィスにもたらす働き方の変化、さらにオフィスでのコミュニケーションなどについて考察します。また、オフィス変革と同時に個々の組織メンバーによる自己変革の必要性についても理解し、自らの問題として考えてみる契機としていただきたいと思います。

# 職場集団の役割

　組織のイメージとして（大きな箱の中に小さな箱が、その小さな箱の中にさらに小さな箱が……といったような）入れ子状の箱という見方ができます。一番大きな箱が組織全体で、最後の一番小さな箱に入っているのが組織のメンバーとしての個人ということになります。そして、この一番大きな箱に注目するのがマクロ・アプローチで、最小単位としての個人に注目するのがミクロ・アプローチであると言えます。このことは組織とはさまざまなサブシステム（下位単位）からなるシステム（全体）であるということでもあります。

　しかし実際には、大は事業部や職能部門から、小は数人の職場集団まで、さまざまな中間形態が存在しています。厳密な規定はありませんが、中間形態やサブシステムの中でも大きなものはマクロで、小じんまりした職場のようなものはミクロで扱うことが多いようです。したがって、ここでは一般的な小規模の職場集団を前提に、その役割について考えてみることにしましょう。

(1) 職場集団（オフィス）が果たす役割

　組織メンバーは自社についてのイメージや印象を会社そのものから感じるというよりは、むしろ日々仕事をし他のメンバーとかかわり合う場所としての職場集団を通して感じるというのが実際のところでしょう。それゆえ、職場集団（より身近な呼称である「オフィス」と呼ぶことにします）は組織メンバーの会社そのものに対する印象を左右する重要な場なのです。

では、まずオフィスとはどのような役割・機能を担っているのでしょうか。個人に対して果たす役割としては、会社の理念、ビジョン、目指すべき方向性、使命、目的などを分かりやすく具体的に組織のメンバーに伝えたり、メンバーの考え方や行動様式が組織の目的達成にかなったものとなるようにメンバーを組織に代わって教育するなどの役割があります。一方、オフィスが組織に対して果たす役割としては、より現場に近い組織の下位単位の実情や組織メンバーの実態などについて知らせたり、組織の上層部が的確な意思決定を下し組織全体が環境に適合できるよう現場についての情報を提供するなどの役割があります。

いずれの役割にしても、こうした役割を直接担うのはオフィスそのものではなくオフィスの管理者・監督者ということになります。

(2) 連結ピンとしてのマネジャーの役割

したがって、ここでのキーワードは組織と個人、あるいは上位組織と下位組織とを円滑に"つなぐ"ということになります。この"つなぐ"というキーワードから浮かび上がってくるのが第5章でも言及したリーダーシップ論の先駆者であるレンシス・リッカートの「連結ピン（linking pin）」という概念です。リッカートによると、組織は全体として多元的重複集団構造（たくさんの集団が階層的に重なり合って結合している状態）を形成しており、最上位または最下位を除くその他大多数の中間層のマネジャーは、当該集団の責任者であると同時にその上部集団の一般メンバーでもあるという点が強調されます。そして、このようなマネジャーは上部と下部をつなぐ連結ピンのような役割を果たしている（果たすべきである）と主張します。

第5章第2節(2)でリッカートが「システム4の理論」つまり「集団参画的なリーダーシップ」を理想としていたことを思い出してください。つ

まり従来の、上からの一方的な指示・命令型のリーダーシップから、下（メンバー）の意向もくみながらメンバーを参画させるということを意識したリーダーシップへ移行するということであるからこそ、マネジャーの連結ピンとしての役割も現実味を帯びることになるのです。そのような移行がないとすれば、マネジャーは単に上からの指示・命令を下へと伝えるというだけの役割しか持たないからです。

　ここで言う連結ピンとは、メンバーを参画させるために下位の考えなどを上位へ"つなぐ"という役割を強調したものとなっているのです。こうしたことは現在では斬新と言えるほど目新しくはありませんが、当時としてはユニークな主張だったのです。しかし、マネジャーのこうした役割が現実味を帯びてきたのは、日本では比較的最近になってからと言えます。

図表 7-1　連結ピン

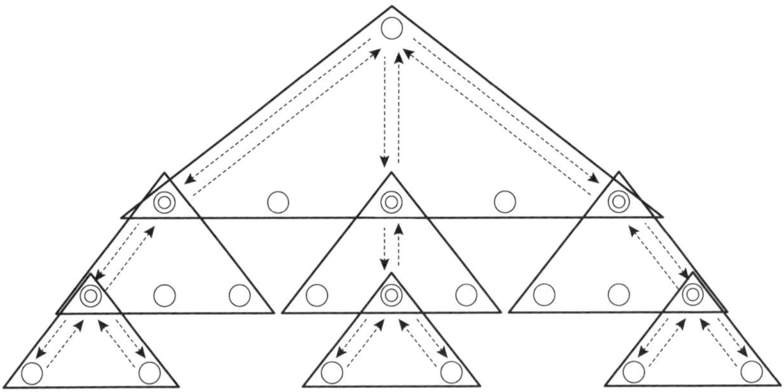

(3) 現場主義と改善

　ところで、同じ職場集団というくくりでもオフィスではなく、日本の生産現場における職場集団では、早くから現場により権限が与えられていま

した。現在でこそ、日産自動車のカルロス・ゴーン氏が現場を重視した経営を行ったことから現場主義という言葉が再度クローズアップされましたが、とくに日本のモノづくりの現場では以前から現地現物主義や三現主義（現場・現物・現実）などという言葉が用いられており、現場が重視されてきました。

　工場現場でおなじみの言葉に「改善（カイゼン）」があります。たとえば、かつてのアメリカの工場での改善とは上からの改善、すなわち工場の管理者層が問題点や改善点とそれへの対応策を検討して解決方法を実行するよう下（現場）へ指示・命令を行うというのが一般的な改善方法でした。一方、日本では、現場の工場の労働者自身が日常の作業の中から問題点や改善点を見出し、それへの対応策を自ら考えて実行に移すというのが特徴でした。そして、こうした言わば下（現場）からの改善が有効に機能することにより、高い品質を誇る MADE IN JAPAN の製品を生み出し、高い品質を維持する原動力となったのです。こうした手法は後にアメリカでも採用され、改善は KAIZEN として、海外でも通用する共通語へと昇華していきました。

② オフィスの再活性化

(1) オフィスの再活性化とは

　さて、オフィスの組織と個人を"つなぐ"連結ピンのような役割と、具体的にその任に当たる中間マネジャー層の役割が明確になったところで、次にオフィスの再活性化について考えてみることにしましょう。

　柔軟な組織、創造力に富んだ組織、革新的な組織などという言葉をよく耳にしますが、どのようなことを意味しているのでしょうか。これは組織のメンバーの中でそれぞれ、柔軟な思考ができるメンバー、創造力豊かなメンバー、チャレンジャブルで変化に前向きなメンバーが、そうでない組織と比べて相対的に多いということを意味しているととらえるのが正鵠（せいこく）を射た解釈でしょう。したがって、オフィスの重要な役割のひとつとして、メンバーがこうした性質を備えられたりあるいはそれを維持できたりするように、組織に代わってメンバーを常に活性化するという任務があげられます。

　さらに、組織を従来のものから大転換させる、すなわち組織変革を成し遂げるということは（組織変革については第９章第５節で触れます）、オフィスをはじめとして個々の部門や事業部それぞれが従来のものから大きく変わることによってはじめて可能となるという側面があるのです。オフィスの再活性化とは、単に当該オフィスの活性化ということだけでなく、こうした組織全体の活性化にも貢献することを目的としたものでもあるのです。

　組織自体もそうですが、オフィスも放っておけば容易に沈滞化してしまいます。この沈滞化を表そうとする時に、広く物事に対する現状維持的な

スタンスを意味するマンネリズム（mannerism）という言葉がしばしば用いられ、「マンネリズムを打破する」などとも言いますが、それはあまり簡単ではないこともまた事実です。静止した物体に何ら外部の力が作用しなければ静止し続け、運動している物体に何ら外部の力が作用しなければ等速直線運動を続ける（慣性の法則または運動の第1法則と言います。）という言わば物体の慣性系に対して不変の性質を「慣性（inertia）」と言います。

　このことを組織やオフィスに当てはめて考えてみると、組織やオフィスという物体は、それらに対する外部からの力、たとえば競争の激化、売り上げの低迷、会社からの各職場に対する業績向上へのプレッシャー、あるいは人員整理や労働慣行の見直しなどといったものにさらされてはじめて動き出したり、これまでとは異なる方向へと動き出したりするものだと言えます。しかし、必ずしもこのように追い詰められないと再活性化へとは動かないということばかりではありませんし、日頃から再活性化への取り組みを継続するということは理想ではあるのですが、実際には危機を自覚して、強い決意を持ってはじめて動き出せるものなのです。

(2) グループ・ダイナミクスと変革

　集団については、第4章で取り上げた人間関係論において非公式集団の存在の発見からその影響力と重要性が認知されるに至りました。そして、集団のダイナミズム（動態性）に関する研究は、ドイツ出身の社会心理学者クルト・レヴィン（Kurt Lewin,1890-1947）がマサチューセッツ工科大学（MIT：Massachusetts Institute of Technology）にグループ・ダイナミクス研究所を設置したことから本格的に開始されたと言えます。

　グループ・ダイナミクス（group dynamics）とは集団力学のことです。具体的には、従来の心理学研究の対象が専ら独立した個人を中心としていたのに対して、集団というさまざまな力学が作用する空間内での個人とい

う存在に焦点を当てることによって、個人と集団または集団間の相互作用について、メンバーの行動を規定する諸要因、コミュニケーションのあり方、集団の凝集性(まとまり)、集団圧力などの観点からそのメカニズムを解明しようとする一連の研究を指しています。

　レヴィンは変革に関して、①解凍、②変化、③凍結という３段階の変革プロセス(change process)のモデルを提示しています。

①解凍(unfreezing)……先に述べた慣性を撃退し、現行の思考の枠組みを瓦解させ、現状維持的な態度を克服する段階

②変化(change)……まさに変化が生じて混乱と転換が支配する段階で、これまでのやり方が陳腐化し、新たなやり方を模索する段階

③凍結(freezing)……新たな思考の枠組みが定着し安定を取り戻す段階

　そしてレヴィンは、こうした変革を推進する要因(推進力：driving forces)と妨げる要因(抑制力：restraining forces)に２分して、場の力学の分析(force field analysis：フォース・フィールド分析)として論じています。この２つの要因すなわち推進力と抑制力が拮抗するのが現状維持(status quo)の状態で、推進力が抑制力を上回るほど変革を実現するには望ましい状態(desired status)であるとされます。しかし、こうした推進力を妨げる抑制力として、集団に根付いている慣習とか個々人の変化に対する抵抗力といったものが付きまとうのが常なので、こうした障害を突破する大胆さを有することが必要です。それを欠くと解凍ができないということになるのです。

　この推進力および抑制力がそれぞれどのようなものであるかは集団によってまちまちです。そこでまず各集団が、自らの集団にとって何が推進力になっていて何が抑制力になっているのかを把握することが必要となります。また、抑制力が優勢であると変革が妨げられてしまうことにもなるので、変革が必要ならば双方の力のバランス状態についても把握し、推進力が優勢となるよう留意しなければならないのです。

図表 7-2 場の力学

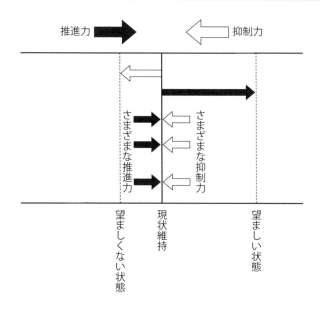

　先にリッカートについて言及しましたが、彼は経営学の世界でリーダーシップ論の先駆けとしてよく知られています。しかしレヴィンは、早くから心理学の世界でリーダーシップについても論じており、リッカートにも少なからぬ影響を与えているのです。レヴィンはリーダーシップのスタイルを次の3つに分類しました。

①専制型（authoritarian）……リーダーがなすべきことを決定し、部下はそれに従うのが基本で、リーダーは部下を意思決定に参加させようとはしないが、お互いに対立関係にあるわけではない

②民主型（democratic）……集団の決定ということが特徴で、リーダーは助言者となり選択権は部下の方にある

③放任型（laissez-faire：レッセ・フェール、自由放任主義）……ほとんど自由に決定していいし、求められた時以外リーダーが出しゃばることは

ないが、リーダーシップ不在とも言える

　これら3つのリーダーシップ・スタイルの中で、②の民主型が最も効率的なリーダーシップ・スタイルであることがレヴィンによって確認されたのです。したがって、職場のリーダーには、民主型のリーダーシップ・スタイルを採用しつつも推進力を推し進めていき、必要に応じて解凍から変化へ、そして凍結へと変革を促進する役割が求められるということになります。

　また、レヴィンはこうした変革を促すことにかかわる手法としてTグループ（トレーニング・グループ）という概念を生み出しました。Tグループとは10名前後のメンバーと2名ほどの進行役からなる集団で、その場での互いのやり取りを通じて、参加者が自分自身についてより理解を深めていく集団的訓練の技法です。ここで重要なポイントは、それまでの固定化された考え方から解き放たれて、新たな発見や気づきへと自身を誘い、思考の枠組みをブラッシュアップすることです。

　Tグループの考え方は後に、自らをさらけ出すことで相互理解を深めようとする感受性訓練（sensitivity training）やエンカウンター・グループ（encounter group：出会い集団）などの集団心理療法としても応用されるようになります。いずれにしても、リーダーシップによる変革の促進ということに加えて、個々の集団とそのメンバー自体も変革の推進力となるよう常に活性化した状態が保たれていなければならないということがグループ・ダイナミクスの要なのです。

(3) 組織開発（OD）

　レヴィン自身は1947年に比較的若くして逝去してしまいますが、グループ・ダイナミクスの考え方は1950年代の中頃に話題となる「組織開発（OD：Organization Development）」へとつながっていきます。組織開発（OD）

とはその名の通り、組織が自らの目指すものを実現しやすくなるように組織を開発することです。キーワードは"変える"ということです。変える対象はたとえば、常識のような価値体系、組織の構造、職務体系、経営システムなどさまざまなものが考えられますが、必要に応じてこうしたものをスムーズに変えられるように組織を開発するということです。

　グループ・ダイナミクスはおもに集団に焦点が当てられていましたが、ODは集団だけでなく組織そのものに焦点が当てられることもあります。つまり、「集団も含めた組織の開発」というものが主要なテーマであると言えます。

　なぜ20世紀の半ばにODという概念が話題になったのかということを考えてみましょう。20世紀に入って世界の工場の地位を確固たるものとしたアメリカは繁栄を謳歌することとなり、多くの企業が成長を遂げました。ところが、1929（昭和4）年10月のウォール街での株価大暴落によって潮目が変わり、第二次世界大戦（1939年〜1945年）では1941（昭和16）年12月の日本軍による真珠湾攻撃を機に参戦することとなりました。

　企業の世界でも、多くの企業が成長を続けていた時代から、舵取りを誤れば容易に淘汰されてしまう時代へと変わっていきました。ちょうどこのような時代に歩調を合わせるかのように、企業が環境に適応して生き残るための指針としての機能を持つ経営戦略論が経営学の領域で産声を上げるのも20世紀も半ばに差しかかろうとする頃でした。つまり、当時の企業には、自ら変化することで新しい環境に適応することが求められていたのです。

　ひるがえって、約10年ほど遅れて1960年代の半ば頃に、日本にもそうしたODの概念が紹介されるようになりました。しかし、日本は1955（昭和30）年から本格的に始まる高度成長期の真っただ中にあって好景気に沸き立ち、企業も順調に業績を伸ばしていました。したがって、自ら積極的に変わることは必要とされず、ODという概念も職場の教育やマンネリ化

177

の防止といった程度の狭い意味で活用されるにとどまったと言えます。その後も日本の経済は比較的安定した状況が続き、開発や変革ということは喫緊の課題とはなりませんでした。しかし、1991（平成3）年のいわゆるバブル経済の崩壊によって状況は一変してしまいます。企業は、半世紀近く前のアメリカでの状況のように生き残りをかけたサバイバルが激化し、経営戦略の必要性を強く感じ始め、自ら変わる道を選択して組織変革を実行に移す企業が目立つようになりました。この組織変革については第8章で改めて言及することにして、本章では組織変革とともにクローズアップされるようになったオフィス変革について、やや実践的な観点から考えてみることにしましょう。

　1990年代の中頃になると、直面する危機的環境を乗り切ろうとして、組織そのものを大きく変えようとする組織変革へと動き出す企業が目立つようになってきました。それに歩調を合わせるかのように、職場に関しても大きく変えようとする動きが目立ち始めてきました。次節では、そうしたオフィス変革のうち代表的なものを取り上げてみることにしましょう。いずれの変革にもITに関する技術の進歩が深くかかわっているケースがほとんどです。

3 IT時代の新しいオフィス像

(1) テレワーク

　従来、組織のメンバーが働くということは「出勤してオフィスで働く」ということを意味していました。ところが、今やそうした常識は過去のものになりつつあり、在宅勤務に代表されるテレワーク（telework）を導入する企業が増えています。テレワークとは、IT機器を活用して組織メンバーが時間や場所に制約されずに働くことを言い、そうした働き方を実践する者をテレワーカー（teleworker）と言います。テレワークは次の3つの形態に分けられます。

①在宅勤務（在宅ワーク）

　在宅勤務（在宅ワーク）はその代表的な形態です。在宅勤務はまず、

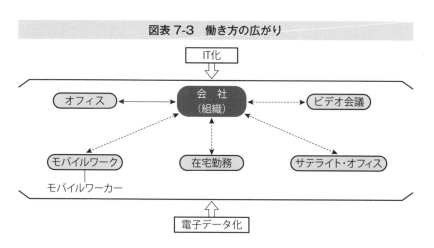

図表 7-3　働き方の広がり

1990年代の半ば過ぎくらいに話題になりましたが、大企業も採用に少なからず消極的なこともあって、あまり広くは普及しませんでした。しかし、それから約10年くらい経過すると多くの大企業が一斉に採用に動き出し、活況を呈するようになりました。

在宅勤務導入の背景・理由としては、①情報機器の性能の向上と通信インフラの整備（通信の安定化と高速化など）、②企業のいっそうのコストダウンの必要性、③厚生労働省をはじめ政府による促進の後押し、④成果主義の導入に伴う働き方の自由度の増大、⑤ワーク・ライフ・バランス（work-life balance）や多様な働き方の実現、などがあげられます。

在宅勤務と聞くと、会社や職場には行かずに自宅で仕事をするということをイメージするかもしれませんが、実際のところは週に1～2日であっても在宅勤務と言えますし、現時点では取り入れると言ってもそのような形態がほとんどだと言えます。パソコンで仕事をするということが一般的になっているので、自宅であっても回線につながったパソコンがあれば何ら仕事をする上で問題はないと言えます。

②サテライト・オフィス

在宅勤務の変形バージョンとも言えるサテライト・オフィス（satellite office）は住宅事情や家族構成などの理由から自宅で仕事をするのが困難である場合や、次にあげるモバイルワークの起点などとして活用されるものです。企業によっては会社のオフィスとは別に社員がより勤務しやすいような場所に、ワンルーム・マンションのような小さなオフィスをいくつか設けている場合などがあります。それがあたかも本社（会社）を取り巻く衛星（サテライト）のように散在しているというイメージからサテライト・オフィスと呼ばれます（現在では必ずしも出勤しやすい近場にあるものを指すということに限定されないようです）。

以前にもサテライト・オフィスの概念はありましたが、本格的見られる

ようになったのは1990年代の半ば過ぎくらいからです。サテライト・オフィスにパソコン等必要最小限のものがあればそこでも仕事ができてしまうという時代であるということを反映したものと言えます。これも多くの企業が導入していますが、企業以外でもたとえば大手予備校のサテライト教室であったり、大学の出先機関としてもサテライト教室・オフィスといったものを目にするようになりました。こうしたものも考え方としては共通するものがあると言えます。

③モバイルワーク

モバイル機器を活用してオフィスの外で効果的に仕事を行うことをモバイルワーク（mobile work）、そうしたことを実践する者をモバイルワーカー（mobile worker）と言います。以前から直行直帰（職場を経由せずに営業先などに直接行ったり、直接そこから帰ったりすること）とかフレックスタイム制（労働者が一定の範囲内で自ら始業時間と終業時間を決められること）などの制度は存在していましたが、現在ではモバイル端末の進化によってモビリティ（持ち運びの容易さ）もいっそう向上し、セールスパーソンがコーヒーショップや公園のベンチなどでモバイルワークを実践しやすくなったことで直行直帰の環境もより整備されるようになりました。

さらに、仕事をする上でさまざまな書類が必要な場合には、それらを電子データ化し、必要に応じて利用できるようにしてペーパーレス・オフィスを実現することが望まれます。また、ペーパーレス化は紙の消費を劇的に削減することにもなりますので、木材を原料としたパルプの消費を大幅に減らすことになり、環境に優しい取り組みにもつながります。グーグル社（Google）は世界中の書籍を電子データ化して、誰もがアクセスして読めるようにするという壮大な計画を実現しようとしています。近いうちに多くのオフィスから書類が消える日が来るかもしれませんね。ソフトバンクでは2012（平成24）年4月に孫正義社長が「社内業務 ペーパーゼロ宣言」

を行いましたが、これはペーパーレス化に不退転の決意で臨むことを宣言したものと言えます。

(2) ビデオ会議

さらに、ビデオ会議（video conferencing）なども職場での働き方を変えるものとなっています。ビデオ会議も在宅勤務と同じように1990年代の半ば過ぎくらいに話題となりましたが、その後10年くらいは大きく取り上げられることはありませんでした（当初は「テレビ会議」という名称でしたが、最近では「ビデオ会議」という呼称が一般的になりました）。しかし、2005年前後になると再び脚光を浴びるようになり、採用する大企業が目立つようになりました。これもまた通信技術の急速な進歩による取り扱える情報量の拡大および速度の向上に加えて、ビデオ会議のシステムに必要な動画と音声の圧縮技術が格段に進歩したことに起因します。このシステムによって出張先や自宅などに居ながらにして、あたかも会議の場に居合わせているかのように参加することが可能となりました。

大塚商会は、IT化と言われる以前から長年にわたってこうしたシステムを導入して効果を上げてきましたが、そうしたノウハウを活用して自社のみならず他社へのビデオ会議システムの導入をビジネスとして展開しています。このビデオ会議システムは現在では多くの企業や官公庁などでも採用していますが、パナソニックも自社のみならず他社に対するビジネス展開を行って成果を上げています。

一般社団法人日本テレワーク協会主催の第14回テレワーク推進賞受賞企業・団体（在宅勤務、サテライト・オフィス、モバイルワークを含むテレワークの2013年度の成果）として、会長賞はシスコシステムズ合同会社（東京都、シスコ日本法人、ネットワークシステム事業）と株式会社クラウドワークス（東京都、クラウドソーシング事業）の2社が受賞しました。

今後もITは進化し続けることは確かで退化することは考えられないのでオフィスおよびそこでの働き方の革新は続いていくことでしょう。こうしたテレワークの行き着く先をオフィスレス（office-less：オフィスがなくても仕事ができること）と呼ぶことにしますが、近い将来、多くの企業がテレワークなどを採用し、本格的にそうした時代が訪れるかもしれません。

(3) オフィスのフリーアドレス化

　さらにオフィスを取り巻く変化について考えてみましょう。テレワークと比べるとアナログ的と言えるかもしれませんが、このところオフィスのフリーアドレス（free address）制を採用する動きも目立っています。従来、オフィスに行ってはじめて仕事ができるということ、そしてそこには自分専用のデスクがあり、そこで毎日おなじみの顔ぶれで仕事をするということもまた常識でした。つまり、自分の固定席の位置をアドレス（住所）と考えれば分かりやすいと思います。

　最近では、このような考え方を否定し、フリーアドレス制を導入する企業が目につくようになってきました。おもな理由として、既述のようにITの進化によってさまざまなテレワークが可能になったため場所を問わず仕事ができるようになったことがあげられます。また、「コミュニケーションの活性化」という副次的効果も導入の大きな目的と言えるでしょう。つまり、固定席を廃止し、オープンスペースのような座席の好きな所に座って仕事を行うとともに（それがフリーすなわち自由ということ）、そばに座る顔ぶれを変えて、できるだけさまざまなメンバーとコミュニケーションをとりながら仕事を進めていくことを狙った制度です。フリーアドレスのオフィスでは必要な書類はロッカーなどに保管し、出社時に取り出して使ったりします。

　このような動向もオフィスおよび働き方に大きな変化をもたらすことに

なります。しかし、その半面、たとえば固定席が存在することが会社や職場に対する帰属意識やアイデンティティー（自分の存在意義）の源泉になっていた場合には、フリーアドレス化によって、そうした意識が失われてしまったり、またフリーアドレスになっても話の合う仲間同士が集まりやすくなってしまったりするといった課題もあります。

第 7 章　組織と個人を つなぐ職場集団

オフィスにおける メンバーの多様化

　オフィスなど職場での組織メンバーの多様化も大きな変化と言えます。少し前まで組織メンバーと言えば正規雇用の社員がほとんどで、しかも大きな影響力を持っているのは男性社員というのが一般的なイメージであったのではないでしょうか。今、このような常識が大きく変わりつつあります。

(1) 非正規雇用の増加

　まず、かつてはどちらかと言えばマイノリティー（少数派）で主に補助的な仕事を担っていた非正規雇用のメンバーが、少なくとも人数的にマイノリティーとは言えなくなるとともに、内容も正規とさほど変わらない仕事を担うようになってきました。さらに、非正規雇用の形態も有期契約労働、派遣労働（登録型派遣：派遣会社に登録し、派遣先企業の指示に従います）、請負労働（請負会社が他社から業務を請け負いその業務を請負会社の指示の下に行います。実際には請負会社ではなく、業務を依頼した企業がじかに請負会社の労働者を指揮してしまうのを偽装請負と言います）、アルバイト、パートタイマーなどのように細分化しています。このような正規社員ではないが数の上でも役割の上でもより存在感を増しつつある非正規社員をどのようにマネジメントするのか、あるいはどのように協働したらよいのかといったことが大きな課題となりつつあります。

(2) 女性の参画

　女性の参画ということも以前と比べて進んできています。1972（昭和47）年7月1日施行の勤労婦人福祉法が抜本的に改正（1985年6月1日）され、1986（昭和61）年4月1日に男女雇用機会均等法（正式名称は「雇用の分野における男女の均等な機会及び待遇の確保等女子労働者の福祉の増進に関する法律」）として施行されますが、その後1997（平成9）年10月1日に大幅に改正され1999年4月1日に改正男女雇用機会均等法（正式名称は「雇用の分野における男女の均等な機会及び待遇の確保等に関する法律」）として施行されました。さらに、2006年6月1日にも改正され2007年4月1日に施行されました。その後も2013年12月改正（2014年7月施行）、2016年改正（2017年1月施行）されました。

　こうした度重なる改正が物語っているように、女性の働きやすさが追い求められ、徐々にではありますが女性がいっそう総合職で活躍したり、結婚後や出産後も働き続けたりする環境が整備されてきています。さらに、1999（平成11）年6月23日には男女共同参画社会基本法が施行されており、男女平等社会の実現を後押しするものとなっています。

　こうしたことから、オフィスなどでも管理者として活躍する女性が増えつつあり、女性上司の下で働く男性社員という構図も注目すべき大きな変化と言えるでしょう（現政権は2020年までに女性管理職の割合を30％まで増加させることを目標として掲げています）。アメリカなどではこうしたことは日常的な光景となっていますが、少なくともこれまではこうした構図に不慣れであった日本のビジネスパーソンにとって新たなコミュニケーションの形が問われていると言えるでしょう。

(3) 多国籍化

　グローバル化のさらなる進展とともに、オフィスでの外国人社員との共生の可能性ということも大きな変化として勘案しなくてはなりません。そうしたことを象徴する次のようなフレーズが回想されます。
　　新しい上司はフランス人　ボディーランゲージも通用しない
　　これはチャンス　これはチャンス　勉強し直そう
　　明日がある　明日がある　明日があるさ
　これは日本コカ・コーラの缶コーヒー「GEORGIA」のテレビCMの歌詞の一節で2000（平成12）年秋から冬にかけて放映されました。

　これは放映の前年（1999年）の6月にフランスのルノー社から日産自動車にCOO（最高執行責任者）として赴任したカルロス・ゴーン氏をイメージしていると言われています。ゴーン氏の就任によって日産では（図らずも）国内のオフィスなどでもゴーン氏以下ルノー出身の取締役、上司、同僚などと一緒に仕事をするということになったわけです。以後、社内の会議でも外国人が参加している場合には英語で話し合うという、いわゆる日本企業の英語公用語化の流行のきっかけを作ったと言えます。これよりさかのぼること3年前の1996（平成8）年にフォード社の経営支援を受けていたマツダ（mazda）でも、その後間もなく日産と同じような状況が出来していたのでした。

　今後も外国企業との協業・提携などがいっそう進展することが予想されますし、さらに国内の人口減少に伴う（とくに若手の）労働力人口の不足ということから外国人社員の活用なども予想されるので、オフィスの多国籍化というこれまで経験したことのない変化にも対応する必要があります。外国人社員は日本文化とは異なる文化に根差した価値観を持っているので、そうした文化や価値観をいかに許容しすり合わせを行っていけるかが共生のカギとなるでしょう。

このように企業を取り巻く外部環境と同様にオフィスを取り巻く環境も大きく変化しているので、そうした変化に対応できるようオフィス自体もそのあり方や特徴を変革する必要性があるのです。こうしたオフィスレベルの変革に関してはミクロ・アプローチの考察対象であると言えます。
　次節では、同じくミクロ・アプローチの考察対象である個人レベルの変革について考えてみることにしましょう。

第7章 組織と個人を つなぐ職場集団

個人を取り巻く職場環境の変化と自己変革

(1) 組織変革が個人に及ぼす影響

　個々の組織メンバーすなわち個人（社員）は組織を構成する最小単位で、それらが集合してサブシステムとしての各部門や職場集団が形成され、そうしたサブシステムが集合してシステムとしての組織全体が形成されるということは本章の冒頭で述べました。組織とは、このように入れ子状に構成されているととらえることができます。それゆえに組織全体の変革によってサブシステムとしての職場集団などがその影響を受け、職場集団の変革によってさらに下位のサブシステムである個々のメンバーがその影響を受けるといったことが生じるという側面もあります。職場や個人は意識的に引き起こしたわけではない外在的な変化の影響を受けるだけではなく、組織を構成する、より上位の単位での"意識的に変える"という試み、すなわち変革の影響を受けるということもあるのです。とりわけ個人はそうした影響をより直接的に受けやすいと言えます。

　組織変革が個人に影響を与えるプロセスを簡潔に示すと次のようになります。

　外部環境の変化→現在の環境適応の図式が崩れる→新たな環境適応を実現するための新しい経営戦略の策定→経営戦略の実現に適した組織を実現するための組織変革の実施（以上マクロ的側面）→（以下ミクロ的側面）各職場集団における変化を誘発→オフィス変革の実施→個人を取り巻く働き方の変化→自分のこれまでのキャリアや居場所が脅かされる→新たな職場

環境に適応すべく会社や職場との関係について再考する（この段階で退職するという選択肢もありますが、ここではより前向きに一から出直すという選択をしたと考えることにします）→再び安定した関係を築けるように自らを大きく変える

(2) 組織変革と自己変革

　経営組織論で変革・革新（イノベーション）と言えば後述する組織変革が真っ先に思い浮かびますが、ミクロ・アプローチということを意識すればむしろ個人が変わらなければならないということにより注目すべきなのです。そして、個人が自らを大きく変えるということを本書では組織変革（organizational innovation）に対して自己変革（self-innovation）と呼ぶことにしましょう（オフィス変革については第3節で述べた通りです）。
　みなさんも自己啓発（self-enlightenment）という言葉を耳にしたことがあると思いますが、ここでは自己変革と自己啓発は異なるという前提に立っています。
　自己啓発という言葉には、啓発するに越したことはないが、啓発しないからといって直ちに問題が生じるわけではないということが含意されています。一方、自己変革という言葉には、組織変革に対応して使用されていることからも明らかなように、変革して再起を図るか、座して死を待つかの二者択一しかないという切迫感が含意されています。換言すれば、"dead or alive"すなわち"生か死か"の世界が自己変革という言葉が意味する世界なのです。
　こうした物言いは大げさなのでしょうか。より具体的に考えてみましょう。
　年功序列と終身雇用がスタンダードであった時代は、会社の敷いたレールの上を走っていれば安定していたので自己啓発はともかくも自己変革ま

では必要ありませんでした。しかし、「年功序列と終身雇用」から「成果主義やリストラもあり」へと急に社内でシステム変更されることもあり得る時代です。もはや組織変革が当たり前のように行われる時代になったと言っても過言ではないでしょう。

　さらに、他企業との合従連衡も以前と比べてより多く見られるようになってきました。軽い握手程度の提携であったり、対等の企業合併や統合であれば自己変革までは必要ないかもしれません。しかし、一方が主導権を持って進めていく企業統合や買収、また、ある企業の子会社になったり持株会社の傘下に入ったりと形はいろいろですが、そのような場合には、たとえば被買収企業の社員は買収企業の経営のやり方に合わせる必要が生じ、これまでの働き方から大きな変更を余儀なくされる場合が多いことから自己変革を求められることになります。

　さらに、ますます進展する経営のグローバル化ということから、外国企業と協業するばかりでなく、傘下に入ったり買収されたりすることもこれまで以上に増えることが予想されます。この場合には企業経営そのものや企業文化などがいっそう異なるために、自己変革もよりシビアなものが必要になると言えるでしょう。あるテレビのドキュメンタリー番組で次のような実際のケースが紹介されたことがありました（当番組では自己変革の例として紹介されていたわけではないので、自己変革という言葉は使用されていません）。

　ある大企業Ｔ社（メーカー）の傘下にあった歴史ある企業Ｓ社（メーカー）は業績が低迷していたため、親会社であり組織変革を実行中のＴ社の経営判断の結果、Ｔ社傘下から切り離され、Ｔ社と比較すると新興企業であるＮ社（メーカー）の傘下に入って経営再建を進めていくことになりました。

　Ｔ社の社風は大企業的な文化であったため、傘下にあったＳ社もＴ

社の庇護(ひご)の下、同じように大企業体質でした。一方、N社の社風は顧客第一、スピード重視の（実際には大企業でありながらも）ベンチャー的な社風であり、カリスマ社長の下、かなり個性的な組織であると言えます。

　こうしたことから旧S社の社員たちは、全くと言っていいほど社風の異なるN社の経営スタイルに合わせていくことを余儀なくされました。そして、営業パーソンの月間顧客訪問件数100件以上、開発部門の開発スピードをこれまでの3倍にするなど、N社にとってはごく普通のことでも旧S社の社員にとっては非常に厳しく感じられる数値目標が課されました。

　このように旧S社の社員たちは、これまでの職場環境や働き方とは全くと言ってよいほど異なる考え方や行動を身に付けるよう迫られることになり、自らの価値観や行動様式を大きく変えること（すなわち自己変革）が求められたのでした。

　組織変革がマクロ・アプローチのカテゴリーであるのに対して自己変革は（オフィス変革も）ミクロ・アプローチのカテゴリーですが、それぞれ手直しではなく根本的な変化を引き起こすという点では共通しています。しかし、それぞれに唯一の定義が存在するわけではなく、さまざまな定義が存在しています。

　組織やオフィスはしばしば生物にたとえて考えられることがありますが、実際は生物ではありません。しかし、個人は意識を持った生物ですから、個人レベルの自己変革とはすなわち意識変革（mindset innovation）そのものであると言えます。よって、本書では自己変革とは「まずは意識を劇的に変えることによって、さらに行動を大胆に変える一連のプロセスである」と定義することにします。

第7章 組織と個人を つなぐ職場集団

6 オフィスのコミュニケーション

（1）情報とコミュニケーションの重要性

　第1章第3節で組織を形成する要件のひとつとして1930年代にバーナードが情報伝達機能であるコミュニケーションをあげたということを述べましたが、以後今日に至るまでコミュニケーションは組織について語る上で不可欠な存在となっています。コミュニケーション活動は組織の至る所で日常的に行われていますが、とくに重要なのは職場やオフィスで行われるコミュニケーションではないでしょうか。なぜならば、そうした職場でのコミュニケーションの量や質といったものが働く個人の満足感に直接影響を与えるとともに、各職場でのコミュニケーションの良しあしが会社全体の業績にも少なからず影響を及ぼすと考えられているからです。

　コミュニケーション（communication）は情報伝達と訳されることが一般的です（現在では訳して使用することはほとんどありませんが）。つまりコミュニケーションとは、情報（information）を伝えたり、伝えられたりする一連のやり取りであると言えます（戦いにおいて敵の情況を報知・報告する、というのが原点）。そして、このコミュニケーションが阻害されたり希薄になったりすると問題が生じる可能性が高まることや、現在ではコミュニケーションのあり方を大きく変えるような要因が多々存在することなどについてもすでに言及しました。

　ところでinformationの語源は、動詞informの主要な意味の「知らせる、報知する」のさらにその語源である「心や精神に形を与える」という意味に見出せます。さらに、「心や精神に形を与える」という意味は、ラテン

語の動詞 informare「形のないものに形を与える」とその名詞 informatio にルーツを見出すことができます。また、情報という訳語は陸軍省の酒井忠恕がフランスの軍事書籍を翻訳し、1876（明治9）年に「佛國歩兵陣中 要務實地演習軌典」として刊行しましたが、その中でフランス語の renseignement（資料）という語に情報という語を当てたのが書籍の中で情報という和語が確認できる最も古いものであるとされています。

　こうした背景を有する情報という概念ですが、もともと軍事用語としての顔を持っています。兵器などの物量に加えて近代戦は情報戦であると言われるように、敵に関する情報を入手し、それに基づいて適切な戦略を描けるかどうかが雌雄を決す、すなわち情報を制する者が戦いを制すと言えるほど戦いにおいて情報は重要な存在であると言えます。さらに「形のないものに形を与える」という意味からは、情報を得ることで、ぼんやりとしてはっきりしないものが、よりはっきりとした姿を浮かび上がらせる、すなわち情報は輪郭のようなものを与え、全体像を把握する助けとなるものであると言えます。

（2）コミュニケーションを円滑化するための取り組み

　このように重要な役割を果たす情報が流通しないということは企業組織にとっても死活問題となるため、企業ではコミュニケーションを円滑に機能させるためのさまざまな取り組みが行われています。

　「飲みニケーション」という言葉が死語になってしまった感のある昨今ですが、京セラでは創業者の稲盛和夫氏の発案によって本社12階に100畳の社内コンパ専用ルームが設置されています。さらに京セラでは「大家族主義」というポリシーの下、1979（昭和54）年に京都府八幡市の円福寺に「京セラ従業員の墓」を建立したことでも知られています。ファミリーマート元会長の上田準二氏もコミュニケーションを促進するために宴会を

推奨するのみならず、宴会部長ならぬ宴会社長として自ら率先してコミュニケーターを買って出るようですが、それもまた従業員を"ファミリー"と考えてのことでしょう。

　トヨタも 2008（平成 20）年に、本社にあるトヨタ会館の地下 1 階に福利厚生施設の「danran（だんらん）」をリニューアルオープンさせました。そこには飲食施設の他に浴場や飲酒もできる施設が備えられており、社員同士のコミュニケーションが活発に行われることが期待されています。また、会社側が社員間のコミュニケーションを促進するために飲み会などを金銭的に補助するということを行っている企業もあります。

　しかし、お酒を飲むことだけがコミュニケーションではありません。現在ではスイーツ男子なる言葉もあるように、男性同士でもお酒ではなくスイーツでコミュニケーションを図ることも好まれる時代です。そこで就業時間中や業務後などに社員が集まって、仕事以外のことでも構わないのでともに話し合う時間を設けるというオフサイト・ミーティング（off-site meeting：現場を離れた場所でのミーティング）を実施する企業も今では珍しくありません。これは会社サイドがコミュニケーションを希薄にしないために意図的に準備したコミュニケーションの場と言えます。オフサイト・ミーティングは大企業から中小企業に至るまでさまざまな企業で実施されていますが、三重県庁、川崎市など多数の自治体でも行われています（いずれも執筆時）。

　また、かつては家族主義経営や終身雇用の象徴として多くの企業が定期的に行っていた社内運動会ですが、とくにバブル経済崩壊後は時代を反映してか実施する企業がかなり少なくなってしまったという声をしばしば耳にするようになりました。これには、企業のコスト削減の意図があったり、非正規雇用の増大など組織メンバーの多様化があったり、成果主義の導入などによる一体感の欠如などさまざまな理由がありますが、社内運動会も貴重なコミュニケーション手段のひとつであったことは間違いありません。

最近、この社内運動会が復活の兆しを見せているようです。2007（平成19）年12月には村田製作所が京セラドーム大阪を貸し切って18年ぶりに運動会を復活させたことで話題となりました。そしてその後も社内運動会を復活させる企業が増えています。さらに、こうした運動会を企画・運営する、運動会.comとか運動会屋などといった専門会社も登場するほどです。

　こうしたコミュニケーション再活性化とも言える一連の取り組みに共通することがあります。第1章でコミュニケーションをデジタル・コミュニケーションとアナログ・コミュニケーションに2分して考察するという視座が与えられましたが、このうちアナログ・コミュニケーションの充実ということが意識されているのが共通しています。

　ひるがえって、先にコミュニケーションとは情報をやり取りすることであると述べました。そして、著者による本書でのデジタルとアナログという分類は、伝達手段としてのコミュニケーションの種類を実践的観点から質的に2つに大分したものと言うことができます。さらに次項で、伝達手段としてのコミュニケーションについて、その密度や充実度という観点から分類した研究について見てみることにしましょう。

(3) メディア・リッチネス

　組織行動論やデザイン論などの研究で知られるアメリカのリチャード・ダフト（Richard L.Daft,1964-）とロバート・レンゲル（Robert H.Lengel）は、1984年に「インフォメーション・リッチネス（information richness）」という考え方を提示しました。これは後に「メディア・リッチネス（media richness）」なる概念として広く知られるようになります。1980年代半ばのアメリカではコンピューターがビジネスにおいても重要な役割を担うようになっており、経営学でもヒト・モノ・カネに続く第4の資源としてその地位を確立していました。そのような中で彼らは情報およびその伝達手

段のリッチネス（和訳するならば、充実さ、豊潤さ、緊密さ、質、などに相当します）の問題に着目し、そのリッチネスの程度（degree：ディグリー）が組織に及ぼす影響という組織論への新たな視座を与えました。

①メディア・リッチネスのディグリー

　一般的にはメディア・リッチネスのディグリー（情報の伝達手段としてのコミュニケーション・メディアの充実度）が低いよりは高い方が望ましいとされています。最もリッチ度が高いメディアとしては、フェイス・トゥ・フェイス（Face-to-Face：対面）のコミュニケーション、すなわち会話や直接対話などがあります。それに続くものとしては動画と音声が伴うビデオ会議などがあり、さらに音声のみのものとして電話や無線機を用いたコミュニケーションがあります。

　リッチ度が相対的に低いメディアとしては、特定の受け手に対してある事柄を伝えようという明確な意図をもって処理が施された文書、手紙、ノート、メモ、Ｅメールなどがあります。そして最もリッチ度が低いメディアとしては、特定の受け手に対してある事柄を伝えようという明確な意図をもって処理が施されていない文書、掲示、レポート、ビラ、広告、一方的に送り付けられてくるＥメールなどがあります。

　メディア・リッチネスという概念が登場した頃はデジタル化の幕が開き始めた時期であるとも言えますが、現在ではIT化が急速に進展しメディアも比較にならないほど多様化しており、ディグリーの分類も容易ではないと言えるでしょう。たとえば、Facebook（フェイスブック）やTwitter（ツイッター）やLINE（ライン）などといったSNS（ソーシャル・ネットワーキング・サービス）、地上デジタル放送による視聴者との双方向性の実現、ニコニコ動画などの参加型メディアの登場、モバイル型パソコンとも言えるスマートフォンの普及などがあげられます。

図表 7-4　メディア・リッチネスのディグリー

高　リッチネスのディグリー　低	対話は会話などフェイストゥフェイスが特徴のメディア
	ビデオ会議など画像と音声が伴うメディア
	電話や無線など音声が中心のメディア
	伝達意図のある文書、手紙、ノート、メモ、Eメールなどのメディア
	伝達意図のない文書、掲示、レポート、ビラ、広告、一方向のEメールなどのメディア

　留意すべき点としては、リッチ度が高いメディアが善でリッチ度が低いメディアは悪だと論じているわけではないということです。リッチ度が低いメディアがむしろ効果的なのは不確実性（uncertainty）と呼ばれる状況下にある場合です。なぜならば、不確実性とは情報が不足しているがゆえに生じる現象であるとされるため情報が量的に確保されれば比較的容易に解消されるケースが多いのです。

　それとは対照的なのが多義性（equivocality）と呼ばれる状況下にある場合です。多義性とは情報量が解決への糸口となるのではなく、むしろ情報の質的側面が決め手になってくるのです。つまり、多義性とは不確実性とは異なり唯一の正解が存在するわけではなく、文字通り多様な見方や解釈が存在するがゆえに、どのように状況を認識しどのように解釈するかが成否の分岐点となるのです。

　こうした多義性に対処するためには、単に明快で、公式の、文書のような情報（言語情報）を入手するだけでは不十分であり、雰囲気を読み取ったり感じ取ったりする非言語情報（non-verbal information）も含めたやり取りが必要になります。一般的にはそうした非言語情報の流通はメディア・リッチネスのディグリーが高いコミュニケーションによってはじめて可能だと言えます。その点でフェイス・トゥ・フェイスのコミュニケーションは相手のジェスチャー（身体の微妙な動き）、視線や目線、声色などといっ

た情報も手に入れることができるため、職場の人間関係のような極めて多義的な状況の下で、お互いがそれぞれ他者の細部まで理解し、より良い関係を構築し、職場の活性化、ひいては企業の成果につなげていくために有用とされるのです。

②コミュニケーションの相互作用・頻度

　こうしたメディア・リッチネスのディグリーとともに重要なものとしては相互作用（interaction）および頻度の問題があります。

　一般的にはリッチネスのディグリーが高いメディアはコミュニケーションの双方向性という特徴もより備わっていると言えます。しかし、ディグリーが低いメディアを利用したものであっても頻繁に相互のやり取りが行われるような場合には、結果として良質なコミュニケーションが実現できるということも考えられます。逆にディグリーが高いメディアを利用したとしても、一方的なコミュニケーションに近いものになってしまったり、単発のコミュニケーションに終わったりするなど、あまり繰り返されることがないような場合には、結果として良質なコミュニケーションは期待できないということも考えられます。

　たとえば、現在流行しているITを活用したコミュニケーションはメディア・リッチネスの観点からは相対的にディグリーが低いと言えますが、互いのやり取りが緊密かつ頻繁に行われることによってディグリーの低さを克服することも可能となります。したがって、テレワークなどを活用する際にもこうしたことに留意することによって、新時代の新しい働き方としてより有効なものとすることができるでしょう。

　こうした一連の考察から言えることは、昨今のオフィスの再活性化、とりわけコミュニケーションの再活性化の方向性は、メディア・リッチネス論の考え方と軌を一にしており、ディグリーが高いとされるフェイス・

トゥ・フェイスのコミュニケーションの再興を志向しているということです。簡約して言えば、ITを用いたデジタル・コミュニケーションをうまく取り込みつつも、人間対人間のコミュニケーションへと今一度原点回帰することの必要性も忘れてはならないということなのです。

第8章
経営組織論のマクロ・アプローチ

　本章からマクロ・アプローチについて言及していくこととなりますが、重要なテーマとして組織構造と組織形態に焦点を当てて考えていきます。まず組織構造に関連したものとして、階層化と部門化を中心に組織の屋台骨としての役割について理解することにします。続いて組織の具体的な形態として事業部制組織など代表的な形態の特徴について概観します。組織の中で各個人は日々の活動を遂行していくことになるので、ハードとしての組織がいかに重要であるかを理解し、どのような構造や形態が望ましいかということを考える際の基本的な枠組みを提示することを目的としています。

# 1 組織設計と組織変革

　前章までは経営組織論のミクロ・アプローチについて考察してきましたが、ここからはマクロ・アプローチについて考えていくことにしましょう。前章でも述べましたが、ミクロ・アプローチとはソフトウェアにたとえられ、組織という箱の中に入って働く個人としての組織メンバー、ないしはそうした個々の組織メンバーが日々働く場であるサブシステムとしての職場集団（オフィス）を考察の対象とするものでした。一方、本章で考察することになるマクロ・アプローチとはハードウェアにたとえられ、箱モノとしての組織そのものに焦点を当てることで、どのような箱を設計（デザイン：design）すればその中に入って働くことになる個々の組織メンバーのやる気を促し、その能力を最大限に発揮してもらうことができるかということに迫っていこうとするものです。

　さて、組織を設計すなわち作ると言うと、一から会社を新規に立ち上げるということをイメージするかもしれませんね。そうしたいわゆる起業の際の現象も組織を作ると言えないわけではありませんが、一般的な意味で組織の設計と言った場合にはそうしたことを指してはいません。むしろ、設立から何年経過しているかはともかく、継続中の企業が現在の環境下で理想とされる組織とはどのようなもので、そのような組織をいかにして実現するかということを必要に応じて検討することを指しているのです。そして、取り巻く環境が大きく変わる際には現在の組織では不都合が生じやすくなるので、従来の組織から新たな環境により適応可能な組織へと作り直す必要が出てくるというわけです。

　こうしたことから組織の再設計（リデザイン：redesign）と言った方が

より本質をとらえていると言えます。現在、日本企業を取り巻く環境は激変していると考えられるので、ほとんどの企業（あるいは企業だけでなくさまざまな組織）がこうした作り直しを迫られていると言っても過言ではありません。そうした組織の作り直しすなわち組織の再設計（リデザイン）は、実際のビジネスにおいて日本では組織変革（organizational innovation）変革は革新・改革などの語に置き換えることも可能です）という名の下に多くの企業が（その成否はともかく）実践していることは周知の通りです。したがって、組織の再設計＝組織変革という図式が成立することからも、組織の構造や形態を扱う本章、およびその再設計に取り扱う第9章は多くを組織変革について論じているとも言えるわけです。

また、このように環境の変化に応じて組織の作り直しが必要になることが多いということは、どのような環境下でも機能する唯一最善の組織などは存在せず、環境の変化に応じてどのような組織がよいのかは変わるという前提に立っていることも読み取れると思います。つまりこのことは、組織設計についての考え方も、すでに第5章の第2節・第3節で説明した「ワン・ベスト・ウェイ（one best way）からコンティンジェンシー（contingency）へ」というリーダーシップ論の変遷と通底していることを意味しているのです。

さらに組織設計についての考え方は、コンティンジェンシー・アプローチに加えてオープン・システム・アプローチの前提に立っています。オープン・システム・アプローチ（open system approach）とは、組織は自らを取り巻く外部環境に適応することによってはじめて存続や成長を実現できるという組織観です。これは外部環境の重要性を強調したもので、組織はたとえその内部（内部環境）をうまく制御できたとしても、外部環境の変化に適応できなければ元も子もなく、成長はおろか存続すら危うくしかねないという組織観です。

一方、その対極にあるのがクローズド・システム・アプローチ（closed

system approach）です。これは外部環境の存在を意識しなくても組織の内部環境を適切にマネジメントできさえすれば存続や成長は可能となるという組織観です。クローズド・システム・アプローチに基づいた組織観は20世紀の中頃くらいまではワン・ベスト・ウェイとともに主流でしたが、20世紀の中頃以降になるとコンティンジェンシーとともにオープン・システム・アプローチに基づいた組織観に主役の座が移っていくことになります。その要因としては、顧客ニーズの細分化、ライバル企業との競争の激化、技術の進展のスピードなどといったそれぞれの企業を取り巻く外部環境が従来と比べて大きく変化し、外部環境の存在をこれまで以上に意識せざるを得なくなったことがあげられます。それ以後現在に至るまでオープン・システム・アプローチがごく一般的な組織観となっています。

　クローズド・システムとは文字通り外界から閉じられたシステム（組織）ということですから、鎖国のような状態をイメージするとよいでしょう。つまり、周知のように日本では1639年頃から1854年頃までいわゆる鎖国政策がとられ、長崎の出島など一部地域を除いては諸外国との関係が断ち切られました。それは日本国という組織が諸外国という外部環境をシャットアウトしクローズド・システムとなり、専ら国内という内部環境を適切にマネジメントすることで存続する体制を長きに渡って続けたと言えます。しかしその後、18世紀の後半になると、たびたび外国船が訪れて開国を迫るようになり（外部環境の変化）、それは1853年のペリー率いるアメリカ艦隊の浦賀への来航によって決定的になります（外部環境の激変）。そしてこれを契機に日本は開国を決定し、その後は諸外国との関係の中で生存していく開かれた国家（オープン・システム）になります。

　この鎖国から開国への流れも、そして組織観のクローズド・システム・アプローチからオープン・システム・アプローチへの流れも、ともに日本または企業を取り巻く外部環境の激変が主要因になっているという共通項があるのです。

マクロ・アプローチすなわち箱モノとしての組織について考えるということは概してこのような性質を持つものですが、次節ではマクロ・アプローチを語る上でカギとなる事柄について考えてみることにしましょう。

2 組織構造

(1) 組織構造とは

　マクロ・アプローチを語る上での重要なキーワードのひとつに「組織構造（organizational structure）」があります。これはその名の通り、構造という組織を構成する土台あるいは基本的枠組みを意味しています。構造と類似するの概念にアーキテクチャー（architecture）がありますが、これは建築学では建築物の基本構造を指す総称であり、またコンピューターの領域ではとりわけハードウェアの基本設計を指す総称として用いられます。いずれにしても「基本中の基本」とか「根本となるもの」といった意味で用いられています。

　組織には実に多くのメンバーが所属していますが、彼ら（彼女ら）の複雑に織り成すさまざまな活動が結集してはじめて、個人では到底成し得ないような多様な製品やサービスを提供するということが実現されるのです（実際には中小・零細企業などメンバーの数が少ない組織が多いのですが、大きな組織の仕組みを考えればそれは小さな組織にも適用できるという、言わば「大は小を兼ねる」という視点から論じられることが多いので、本書でも同様に比較的多くのメンバーからなる組織を前提にしています）。そのために必要不可欠なものであり、かつたいていの組織において見ることができるのが分業化（division of labor）と専門化（specialization）です。分業とはまさしく労働の分割ということですが、具体的には仕事の分割ということであって、細分化され全体から見れば限定的な一部の仕事を各組織メンバーに割り当てることなのです。そして原則的には各組織メ

ンバーは日々そのように割り当てられた仕事をルーチン・ワーク（routine work：日々の決まりきった仕事）として継続的に繰り返すことで、その仕事に慣れ、より専門化するということになります。これによって組織の目的を効率的に達成することを目指すのです。

　分業化と専門化は企業だけでなくたいていの組織に見られますが、分業化すなわち労働・仕事の分割は組織目的を効率的に達成できるよう熟慮された精巧なものでなければなりません。しかし、こうした分業を行うためには各組織メンバーがどのような部門や部署で、どのような役割や権限・責任を持って活動するのかということが明確になっていなければなりません。そこで、組織が目的の達成に向けてさまざまな活動を行える素地となるべく、組織のメンバーを適切にグループ分け（grouping：グルーピング）し、組織に根源的な秩序と効率性を確保するための管理機構とされるのが組織構造なのです。

(2) 階層化と部門化

　組織構造とは上記のような機能を持ちますが、組織にとってその活動の基礎となる大変重要なものです。イメージとしてたとえるならば、完成すると外壁などに覆われて見えなくなってしまいますが、家屋などの建築物の強度を左右する重要な機能を持つ柱、骨組み、鉄骨などに相当するものと言えます。いくら見た目が立派であっても、そうした骨組みなどがもろく軟弱であっては建築物の価値は著しく低いものとなってしまいますし、それは組織とて同じことなのです。

　組織構造とは適切なグルーピングによって秩序や効率性を確保することであると述べましたが、グルーピングの方法は2つに大別できます。

　ひとつは、組織での地位（役職）という基準でメンバーをグルーピングする方法です。これは「階層化（ヒエラルキー：hierarchy）」と呼ばれ、

メンバーを部長、課長、係長などの役職別にグルーピングすることです。こうした特性から、階層化とは組織を横方向に輪切りにして、縦方向に階層を積み重ねていくというイメージで理解することもできます（図表8-2参照）。そしてこれは「組織の垂直的分化（vertical differentiation）」とも呼ばれます。

　もうひとつは次のような基準でメンバーをグルーピングする方法です。
① 職能（機能）別（研究開発、生産、営業、人事、財務など）
② 製品（事業）別（パソコン、家電、携帯電話、カーナビなど）
③ 地域別（関東、関西、九州、アメリカ、ヨーロッパなど）
④ 顧客別（営業における個人ユーザー向け、法人（企業）向け、官公庁向け、医療等研究機関向けなど）

　これは「部門化（divisionalization）」と呼ばれ、階層化が役職別という単一の基準なのに対して、複数の（主に4つ）基準が含まれるという特徴があります。こうした特性から、部門化とは組織を縦方向に輪切りにして、横方向に部門を並べていくというイメージで理解することもできます（図表8-2参照。本図では上記①の職能別の例で説明しています）。そしてこれは「組織の水平的分化（horizontal differentiation）」と呼ばれます。

　このように組織構造は階層化と部門化という2つのグルーピングの基準から成り立っているのです。先に組織構造とは家などの柱にたとえられる重要なものだと述べましたが、階層化は組織の垂直的分化なので縦の柱に、部門化は組織の水平的分化なので横の柱にそれぞれ対応していると言えます。家屋や建築物が縦と横の柱（実際には斜めの柱もあるでしょうが）が組み上げられることで構築されるのと同じように、組織構造も階層化と部門化がそれぞれ行われ、そしてそれらが組み合わされることによってはじめて成立するものなのです（たとえば「パソコン事業部　東日本営業部　法人担当　課長代理」などといったように名刺の肩書きにそれは反映されています）。

こうしてグルーピングが定期的に組織のさまざまな所で繰り返されながら（regrouping：再度のグループ分け）、理想とされる組織構造を目指して組織は奮闘しているのです。

図表 8-1　組織構造

図表 8-2　階層化と部門化

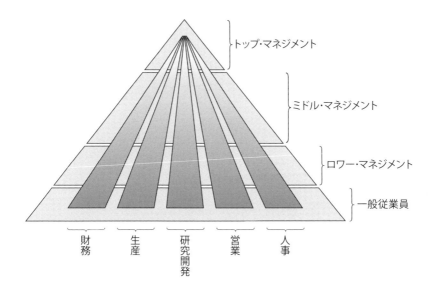

(3) 階層とピラミッド

企業は成長するにつれて垂直的分化と水平的分化を推し進めていきます

が、それは縦方向と横方向に広がって大きくなっていくというイメージです。

①垂直的分化

　縦方向に広がっていく垂直的分化とは、成長とともに役職が細分化し役職の数が増えること、またそれとともにそれぞれの役職に割り当てられる人数も増えていくことを意味します。つまり、層（layer）の数が積み重なり多層型の組織となり、その結果、最下層から最上層までの高さの高い（距離が長い）組織が形成されることになるのです。こうした多層型、トール（tall：高い）型の組織はしばしば「ピラミッド型組織（pyramid organization）」と呼ばれます。また、このようなピラミッド型組織では通常、権限が最上層（トップ）に集中し、そこから下へと指示や命令が下ろされ、下層のメンバーはその通りに行動することが求められるものなので「中央集権型組織（centralized organization）」または「中央集権システム（centralized system）」とも呼ばれます。

　企業が成長するということは極めて望ましいことではあるのですが、同時にこうしたピラミッド型組織や中央集権型組織になることを避けるのは難しいという問題があります。なぜならば、組織は極端にピラミッド化や中央集権化を推し進めていくと、それに伴うさまざまな弊害が顕著になり、大企業病という病に伏してしまうリスクを背負い込むことになるからです。その点については後に改めて触れることにしましょう。

②水平的分化

　横方向に広がっていく水平的分化とは、具体的には成長とともに多角化して、扱う製品やサービスが増え、その結果事業部の数が増えたり、商圏が日本全国または海外へと拡大し、その結果各地域を担当する部門や職能部門が増えたりするようなことを指します。

企業がある程度の規模に達すると職能部門がそれ以上大幅に増えたりすることはそれほどありませんが、バブル経済に沸き立つ中、1990年代に入ろうとする頃に、とりわけ大企業の間で社会的責任や社会貢献に対する意識が高まりました。当時は今以上に潤沢な資金を抱える企業も多かったため、社会に対する利益還元の機運が盛り上がりを見せていました。そして、それまでは総務部や広報部などの部署で、ある意味細々と行われていた社会的責任や社会貢献にかかわる活動を、社会貢献部（名称は企業によって異なりますが）などといったひとつの部門として独立させるという動きが活発になりました。ある職能が部門として独立するということ（すなわち部門化）は、その職能とそれにかかわる人々にとっては（もちろん会社にとっても）大きな意味を持つことになります。

　類似した例として、2007（平成19）年に防衛庁が防衛省へ移行し、省として内閣の直轄下に置かれることになったことと、2008（平成20）年に観光庁が設置され、庁として国土交通省の外局下に置かれることになったことがあげられます（2009年には消費者庁が設置されました）。これによって、それぞれ省および庁としてより重要な役割を果たすことになります。

　近年の省庁のこのような動きもありましたが、企業の社会的責任や社会貢献に関する一連の動向はバブル経済の崩壊によって一時トーンダウンしたかのように思われました。しかし、その後間もなく復活し、現在ではこうした傾向はいっそう顕著になっています。トヨタ自動車では1982（昭和57）年に各部ごとに存在していた「お客様相談センター」の一元化を実現しましたが、さらに2005（平成17）年には部として「お客様品質部」を発足させ、さらなる顧客対応の向上を目指しています。

　企業はこのように、成長とともに階層化と部門化をいっそう充実させながら、全体として大きな構造を持った組織へと変貌していくものなのです。

3 組織形態

　ここからは組織形態について考えてみることにしましょう。組織形態（organizational form）と組織構造はしばしば混同して用いられることがありますが、本書では分けて考察したいと思います。そこでまず、両者の違いを明らかにすることからスタートしましょう。

　ここでも、まずはイメージを駆使して考えたいと思います。前項では組織構造を家屋など建築物の柱、骨組み、鉄骨にたとえ、さらにそれは階層化という縦の柱と部門化という横の柱から成り立っていると述べました。組織形態とは、そうした骨組みからなる基本構造に壁や屋根、窓などが取り付けられて家としての体裁を整え、後は入居者を待つばかりという完成した住宅にたとえて考えると分かりやすいと思います。つまり、組織メンバーがその中に入って活動できる状態となった箱モノとしての組織というわけです。

　家にも種類があるように、組織にも代表的な形態があります。それは次のようなものです。

①ライン組織（line organization）
②ライン・アンド・スタッフ組織（line and staff organization）
③職能（機能）別組織（functional organization）
④事業部制組織（divisional organization, divisional system）
⑤カンパニー制（company style）
⑥マトリックス組織（matrix organization）
⑦チーム型組織（team-style organization）

　次に、これら7つの組織形態について、順次見ていくことにしましょう。

（1）ライン組織

　ライン組織は直系組織と訳されることもあるように、トップが1人では多くの組織メンバーを管理しきれないため、自分に代わって管理を行う複数の管理者をトップの下に置き、さらにその下にもそれぞれ彼・彼女らに代わる管理者を置き、さらにその下にも、といった具合にトップから下層へと自分の分身のような管理者からなる組織であると言えます。

　こうした組織は「軍隊組織（military organization）」と称されることもあります。現在のように組織が精緻化される以前の軍隊では、規模はかなり大きかったのですが、組織はより単純な形態でも機能し、上官の命令を下へ下へと正確かつ迅速に数珠つなぎに伝達する管理者ならぬ将校からなる組織でした。このようなかつての軍隊組織の形態が企業組織の形態を意味するライン組織の原型となっています。

　ライン組織とは、このような管理範囲（スパン・オブ・コントロール（span of control）と言い、1人のマネジャーが管理する部下の人数のこと。第9章第2節を参照）の限界に直面し、それを克服するために管理者の網の目を張り巡らせた箱モノであると言えます。しかし、ピラミッド型のかなり

図表8-3　ライン組織（直系組織…職能別には未分化）

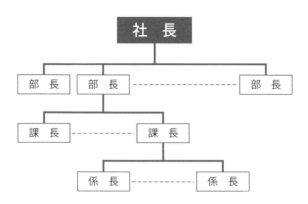

213

トールな組織になってしまう傾向があり、組織が未発達の時代の原始的な形態で、現在では純粋なライン組織の形態のみで運用しているケースは少なくなっています。半面、指揮・命令系統のかなりな統一が見られるので、画一化された迅速な対応が可能な形態だと言われています。

(2) ライン・アンド・スタッフ組織

　ライン・アンド・スタッフ組織はその名の通り、ライン組織とスタッフ組織が融合した形態です。

①ライン組織（ライン職能）

　ラインという語には2つの意味があります。ひとつは、すでに説明した「直系」という意味のもととなる「直線（的な）」という意味です。もうひとつは、たとえばメーカーであれば、その企業が製品を作るのに欠かすことのできない職能という意味で、こうした職能は「ライン職能（line function）」、そうした「職能」を遂行する部門が「ライン部門（line department）」と現在でも呼ばれ、利益を生むことに直接かかわる活動です（このことからプロフィット（profit：利益）部門とも呼ばれます）。たとえば、研究開発、購買、製造、販売、財務などが代表的なライン職能です。

　ラインという言葉には「直系」「職能」という2つの意味が含まれることに留意する必要があります。つまり直系組織の管理者の負担を減じるための補佐役としてのスタッフという初期の形態から、その後職能的にも分化したライン組織（ライン職能）をスタッフ組織（スタッフ職能）が補佐する形態へとライン・アンド・スタッフ組織は変質し、通常ライン・アンド・スタッフ組織といった場合、後者を指しているのです。

図表 8-4　ライン組織（ライン職能…直系＋職能別）

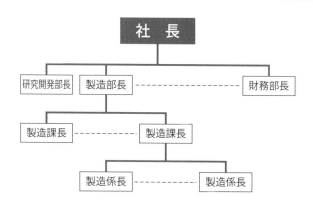

②スタッフ組織（スタッフ職能）

　ライン組織が職能的に分化するのに伴って、当初は単純であったスタッフ組織も職能的に分化し細分化されることになります。スタッフとはそれ自体が利益を生む活動ではありませんが、利益を生むことに直接かかわる活動、すなわちライン職能を補佐し後方支援する活動です。たとえば、人事、総務、法務などが代表的なスタッフ組織（スタッフ職能）です。また、現在の経営企画室や経営戦略室などの同じ補佐でもトップ・マネジメントを補佐するスタッフはとくにゼネラル・スタッフ（general staff）と呼ばれ、通常のスタッフはスペシャル・スタッフ（special staff）と呼ばれます。ラインという概念と同様に、このスタッフという概念もまた軍隊組織に由来しています。つまり、もともとはライン組織としての軍隊組織に、隊長や司令官などのラインを補佐するために置かれた参謀（staff）がスタッフの由来となっています（軍隊での参謀は比較的上層に位置し、ラインに対して指揮権を有している場合もあるので、企業で言うスタッフと全く同じではなく、どちらかと言えばゼネラル・スタッフに近い位置付けであるとも言えます）。こうした軍隊組織でのスタッフという概念を、企業組織ではライン職能に対するスタッフ職能といったようにアレンジして活用しているのです。

③ライン・アンド・スタッフ組織

　純粋なライン組織ですと、管理する部下の数が多くなったり、さまざまな職務をこなさなくてはならなかったり、また各職能に関する専門的な知識もそれぞれの管理者が扱わなくてはならなくなったりするので、管理者の負担が過大になることが間々あります。そこで、ライン組織の直系という特徴は残しつつも、こうした問題を克服するために、職能的にも分化したライン部門は自らのライン職能に専念し、後方支援活動やより専門性が要求される活動はスタッフ部門が担うという体制を敷くのがライン・アンド・スタッフ組織なのです。

　スタッフ部門はその助言者(アドバイザー)的な役割や補佐的な役割から、またゼネラル・スタッフを含めその立ち位置が比較的上位に位置付けられるため、ライン部門の上位部門であるとかライン部門に優越すると思われがちです。ところが、ライン部門に対して指示・命令する権限はないとされていますし、あくまでも助言・補佐という役割にとどまるとされています。

　現在ではより複雑になり、純粋な直系組織であるライン組織を補佐するという単純形態はあまり見られませんが、職能的にも分化したラインをスタッフが補佐するという形態はしばしば見受けられます。

図表8-5　ライン・アンド・スタッフ組織

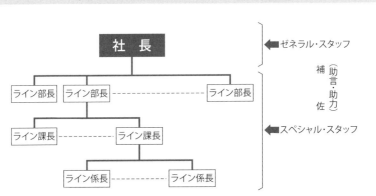

第8章 経営組織論の マクロ・アプローチ

(3) 職能（機能）別組織

　職能（機能）別組織はビジネスの組織形態としては事業部制組織登場以前から存在しており、第1章で述べたテイラーの職能別職長制度に由来するとも言われます。つまりテイラーは、以前は万能型の職長が1人で見ていた状態から、職長の職能を作業者が日常的に作業するにあたってかかわる8つの職能に分け、それぞれの職能と職長とを一対一の関係すなわち1人の職長は1つの職能のみを担当するというように特化させ、職能別の職長（ファンクショナル職長）という新境地を切り開いたわけです。その結果、各作業者は各職能のエキスパートとしての8人の職長に従うこととなりました（まだ作業者の仕事の分業化が未達でさまざまな種類の仕事を行っていた時代で、その結果、指揮・命令系統の複雑化という弊害も生じることになります）。

　テイラーの場合は職能別の職長ということであって、職能別の組織ということにはまだ至っていないので、全く同じというわけではありませんが、ファンクショナル職長というシステムが後に職能別組織というシステムへと進化していく契機になるのです。

図表8-6　ファンクショナル職長

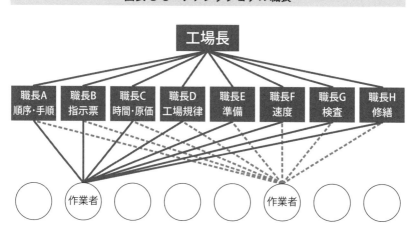

217

そして、初期には先に説明したように、当初は単に直系組織の仕組みでくくられていたライン形態が、テイラーのファンクショナル職長のアイディアによってやがて職能でもくくられる組織（ライン組織（職能））という形態へと進化し、それがさらに同じく先に説明したスタッフという概念と融合することでライン・アンド・スタッフ組織という形態へと精緻化されることになるのです。

　そこでは、従来はライン部門が中心であった組織形態にライン部門の職能を補佐し、負担を軽減することを目的としてスタッフ部門が置かれることになるわけですが（ライン・アンド・スタッフ）、職能別組織ではライン職能とスタッフ職能の区分は存在するものの、グルーピングはより混在するようになります。つまり、スタッフ職能もライン部門とともにより同列の部門としてグルーピングされるようになり、その後は徐々にスタッフ職能やスタッフ部門といった区別は薄れ、組織の中での各仕事の一部であるという位置付けになっていきました（とくにスペシャル・スタッフについて）。

　現在でもラインとスタッフといった区分は確かに存在しますが、たとえば人事という仕事を考えてみても単に会社全体の職能のひとつということ

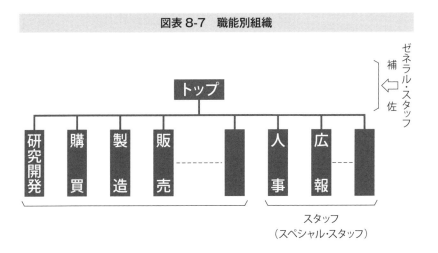

図表 8-7　職能別組織

であって、関連部門に助言や助力を行い、それらを補佐する仕事だという位置付けは薄いと言えるでしょう。そして職能別組織では、現在の経営企画室や経営戦略室がそうであるように、スタッフと言うとトップ・マネジメントに対して助言や助力を行い補佐するゼネラル・スタッフを意味する度合いが高くなっていきます。

この職能別組織という形態は、現在でも取り扱う事業の数が少なかったり、比較的小規模の企業には有効な形態となっています。

(4) 事業部制組織とプロダクト・マネジャー制

①事業部制組織

事業部制組織は現在に至るまで最も一般的な組織形態です。しかし、最初に登場したのは意外と古く、1世紀ほど前までさかのぼることができます。事業部制組織を最初に導入した企業のひとつとされるのがアメリカのGM（General Motors）社です。当時の副社長アルフレッド・プリチャード・スローン・ジュニア（Alfred Pritchard Sloan,Jr.,1875-1966）によって1920年12月に導入されました（実際の運用は1921年度から）。

GMは1908年に設立されましたが、その後既存の自動車メーカーを次々と買収し規模を拡大していったという背景があるため、もともと車種ごとの独自性が強いという特性があり、車種別に自律的な経営に近いやり方が採用されていました（代表的な車種にはビュイック、キャデラック、シボレーなどがあります）。しかし、自立的というよりはバラバラなやり方でまとまりがなくなってきていたこともあり、統一されたの仕組みを確保することも含めて正式な事業部制がスタートすることとなったのであす。まず、車種（製品）ごとにグルーピングして事業部とし、続いて各事業部内でそれぞれの車を作るのに必要な職能（開発、生産、営業など）ごとにグルーピングしました。そうして、各事業部をその車種を担当するのに必要な

べての職能およびそれに伴う権限を有する自己完結的なひとつの独立した会社のように見立てて組織運営を行ったのです。こうした GM のやり方に事業部制のルーツを見出すことができます。

　一方、1802 年に設立されたアメリカの化学メーカーであるデュポン（Du Pont）社も従来の中央集権的な組織から脱却して、GM よりもやや早くから分権化された組織形態として事業部制への移行を模索していました。しかし、社内の事情から採用が遅れてしまいます。当時の社長イレネー・デュポン（Irenee du Pont,1876-1963）は当初採用には後ろ向きでした。しかし、後にその必要性を理解するに至り、結局 GM と同じく 1921 年に採用に踏み切ることになります。

　ちなみに、当時の GM はデュポンの傘下にありましたが、両社とも厳しい経営状況に置かれていたため、それぞれ組織の抜本的な見直しが必要でした。結果として、中央集権と化した職能別組織から当時としては例のなかった分権を伴う事業部制にほぼ同時期に移行したのは両社にこのような関係があったためなのです。

　日本で事業部制組織を最初に採用したのは松下電器製作所（現パナソニック）です。創業者経営者である松下幸之助氏が松下電気器具製作所として創業してから 15 年が経過し、製造する品種も数百種類に増え、また幸之助氏も自分の体力に不安を感じていて分権の必要性を意識していたこともあり、1933（昭和 8）年に事業部制を採用することになりました。当初はラジオ（第 1 事業部）、電池およびランプ（第 2 事業部）、樹脂・電熱・配線機器（第 3 事業部）の 3 事業部からスタートしました。

　このような起源を持つ事業部制ですが、多角化して製品（事業）の数が増えると職能別組織では限界が生じ、事業部制がより適した形態になるということが言えます。これはアメリカの歴史学者アルフレッド・デュポン・チャンドラー・ジュニア（Alfred DuPont Chandler Jr.,1918-2007）の調査研究によって明らかになったもので、彼はそれを「組織は戦略に従う

(Organization follows strategy)」と表現しました。つまり多角化戦略の採用に伴って組織は事業部制へと移行することになるということです。

　一般的に言えば、企業は創業時の本業からスタートし、やがて成熟化とともに多角化展開することになります。GMやデュポン、そして松下などが製品別事業部制を採用する頃には、多くの企業がそうした多角化展開をする時期になっていました。そこで取り扱う品目が少なく、そうした少数の製品を職能別に分業して効率的に製造・販売するという組織の形態では対応が難しくなり、まず製品別にグルーピングして事業部とし、次に事業部内を職能別にグルーピングするという組織の形態がより有効なものとされるようになったのです（なお、サービス業などでは製品別に相当するものとしてサービスがグルーピングの主要単位になります。また、地域別事

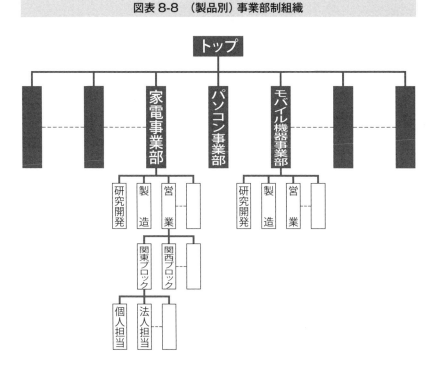

図表8-8　（製品別）事業部制組織

業部制など事業部制は製品別だけではありませんが、ここでは代表的な製品別事業部制で説明しています）。

　事業部制には次のような利点があります。
・事業の増加に対応しやすい
・事業部長などが経営者感覚を養える
・事業部が会社のような自立的経営単位となる
・事業部が独立採算型の利益センター（プロフィット・センター）として機能する
・事業部間に競争原理が導入される
・事業部ごとの迅速な意思決定が期待できる
・本社トップが個別事業から解放され全社的な業務に集中できる
　一方で次のような欠点もあります。
・組織の縦割り化が進みやすい
・事業部間に前向きの競争原理ではなく後ろ向きの対抗意識が芽生えてしまうことがある
・セクショナリズム（自部門中心主義）に陥りやすくなる
・全体最適でなく部分最適を志向しやすくなる

②プロダクト・マネジャー制（ブランド・マネジャー制）

　フォーマルな組織形態というものではありませんが、事業部制に関連した組織の形としてプロダクト・マネジャー（product manager）制またはブランド・マネジャー（brand manager）制というものがあります。

　既述のように事業部制組織とは事業別（製品別）にグルーピングすることを優先した形態であるとともに、各事業部は会社のように独立した存在として位置付けられるという特徴を持つものでした。しかし、比較的規模の大きな組織などでは、それぞれの事業部内で扱う製品の品目も多くなってくることが一般的です。そこで各製品をよりきめ細かく管理するために、

事業部の中にさらに製品ごとの責任者を設置して、その製品について大幅な権限を与え、より市場に密着した経営を行おうとする場合があります（必ずしも1つのブランドにつき1人の責任者というわけではなく、1人の責任者が複数のブランドを扱うということもあります）。その責任者がプロダクト（ブランド）・マネジャーであり、事業の責任者であり、ミニ社長のような事業部長に対して特定の製品の責任者という位置付けなので、さらに小さなミニミニ社長のような存在をイメージしてもよいでしょう。

　プロダクト・マネジャー制は採用されることが多い仕組みです。とくに日本の実践の場ではブランド・マネジャー制と呼ばれることも多く、また言うまでもなく、この制度が採用されているとしてもすべての製品にブランド・マネジャーが置かれているというわけではありません。会社を代表する製品（商品）であるとか、販売量の多い製品や戦略商品などに設置される場合が多くなっています。たとえば日清食品では早くから「ラ王」など主力商品にブランド・マネジャー制を取り入れて成果を上げています。カルビーでも「かっぱえびせん」など主力商品で採用しています。いずれにせよブランド・マネジャー制は事業部制を補完する制度として実践の場でもしばしば取り入れられています。

図表 8-9　ブランド・マネジャー制

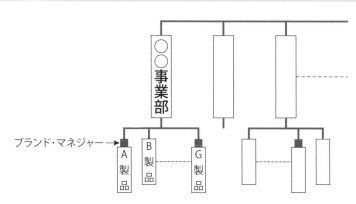

(5) カンパニー制

　カンパニー制は基本的には事業部制組織と変わらないものと言ってもよいでしょう。事業部制の本来の特徴を簡約すると、「分権化された自立的な経営単位であり、かつ利益単位として会社のような存在の事業部から構成される組織形態」ということになりますが、日本では多くの場合同じ事業部制でもそうした本来の特徴を備えたものとはなりませんでした。

　なぜならば、そうしたことを実現しようとすれば成果を上げた事業部をそうでない事業部よりも金銭面も含めて優遇しなければならなくなるからです。それは成果主義を前提とすることを意味していますが、日本の場合は長期にわたって年功序列と終身雇用が一般的でしたので、事業部制の本来の趣旨を実現しようとした場合、今度は年功序列と終身雇用の本来の趣旨と齟齬を来すこととなってしまいます。つまり、トレードオフ（trade-off：あちらを立てれば、こちらが立たず）の関係が生じるため、年功序列と終身雇用を優先せざるを得ないことから、その結果利益単位とはかけ離れたものになってしまいました。

　さらに、本来ならば取締役会からある程度独立性を保っていなくてはな

図表 8-10　カンパニー制

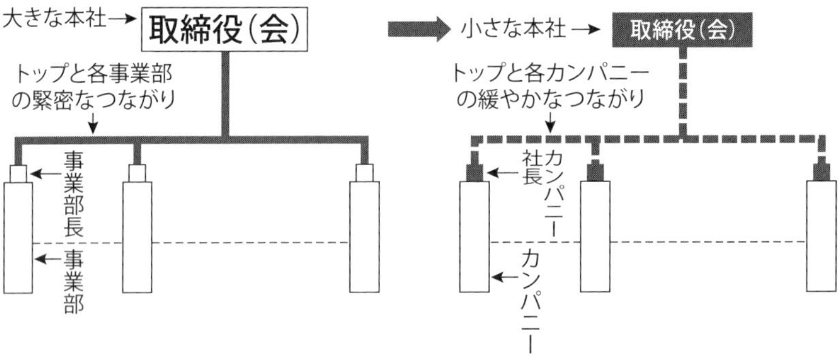

らないのですが、それもわが国では取締役会はコーディネーター（調整役）ではなくコマンダー（命令者）として存在したため、事業部はいちいちお伺いを立てざるを得ませんでした。その結果、自立的経営単位ともかけ離れたものになってしまいました。こうしてアメリカとは異なり、わが国では多くの場合、名ばかりの事業部制となってしまったのです。

　しかし、バブル経済が崩壊し、あらゆる局面で変革が叫ばれる中、従来から続く硬直化した事業部制では新しい環境に対応できないとの判断から、ソニーは1994（平成6）年に事業部を8つの組織にまとめ、それぞれを疑似企業化したカンパニー制（company とは会社のことですね）をはじめて採用しました。その後現在に至るまで多くの企業がカンパニー制を採用しています（当初は社内分社制など複数の呼び方がされていましたが、現在ではカンパニー制に統一されたと言ってよいでしょう）。

　この8つの組織は従来の事業本部（似たようなジャンルの事業部を統括する組織）と近いものではありますが、通常カンパニーの数は事業本部制の時の本部の数よりも少なくなり、そして何よりも各カンパニーに大幅な権限委譲がなされるのが特徴です。そして、各カンパニーの中に集約された各事業部については通常は事業部としての位置付けは解消されます。また、従来の事業部に相当するものをカンパニーとし事業部長をカンパニー・プレジデント（カンパニー社長）と見立てるわけですが、基本形態そのものは事業部制とほぼ同じと考えられています。

　そのためカンパニー制の導入には本来の事業部制の復活という狙いがあり、「名も新たに心機一転生まれ変わったつもりで」という意味合いが強いのです。なぜ形骸化が避けられなかった事業部制を再び？ という疑問も湧きますが、それは年功序列・終身雇用から成果主義へと仕組みが変わってきたので、言わばカンパニー単位での成果主義も可能となったためと言えます。

　したがって、カンパニー制の利点も事業部制のそれと同じようなものと

言えますが、現在はとにかく意思決定のスピードが何より重要な時代だと言われますので、各カンパニーとその社長に大幅な権限委譲をして素早い判断と行動を行う機動力がカンパニーには期待されています。カンパニー制を導入して間もない頃のソニーでは、10億円までの案件であれば取締役会に諮らずにカンパニー・プレジデントの判断で行ってよいというルールが採用されていました。また、より市場に密着して顧客の声を拾うという、言わば現場力も期待されています。

一方でカンパニー制、事業部制の欠点でもある縦割りの弊害が現実のものとなるリスクをはらんでいます。縦割りによるセクショナリズムが起こるようであると、採用した意味がなくなってしまいます。カンパニー制を採用したのはいいが各カンパニーの独立性が強まるだけにカンパニー間の連携に問題が生じるというケースも実際に見られるようです。

先鞭(せんべん)を付けたソニーも2005（平成17）年にカンパニー制を廃止しました。これには、カンパニー制の導入によって縦割りが進み、かえって総合力が発揮しにくくなってしまったことが関係していると言われており、その後は事業本部制に回帰しました。パナソニックでも2001（平成13）年に廃止した事業部制を2013（平成25）年に12年ぶりに復活させました。しかし、以前のような純粋な事業部制に戻すということではなく、社内カンパニーを4つに集約し、各カンパニーの下に連なる各製品（事業）を自立した事業部として位置付け、各カンパニーはそれらの調整役に徹するという体制になりました。つまり、この場合のカンパニーは従来の事業本部の役割とは異なり、担当する（より権限の与えられた）各事業部の成果を測定したり、調整を行ったり、助力・助言を行ったりというような以前よりも柔らかい役割へとシフトすることになるのです。

(6) マトリックス組織と横断的組織

①マトリックス組織

　マトリックス組織は1970年代のアメリカで登場した組織形態です。マトリックス（matrix）とは数学の世界では行列を意味し、横の並びである「行」と縦の並びである「列」に従って2次元の平面上に格子状に要素（数、記号、式など）が並べられたもの（2次元配列）を指します。

　先に述べた職能別組織では組織のメンバーが職能別にグルーピングされることとなり、製品別（事業別）にグルーピングされることはないという前提に立っています。ところが、複数製品を扱っている場合などには、純粋に職能別のみでグルーピングされるだけでなく、まず職能別にグルーピングされ、続いて各職能部門の内部が製品別にグルーピングされることもあります。したがって、純粋な職能別組織の前提ではそもそも単一製品しか取り扱っていないので製品別にグルーピングする必要がないので問題ないと言えますが、職能別のグルーピングに続いて製品別のグルーピングがなされる場合は注意が必要です。

　その場合、まず職能別にグルーピングされるので各職能部門は規模が大

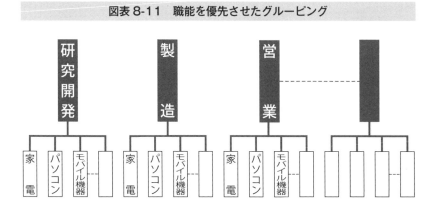

図表8-11　職能を優先させたグルーピング

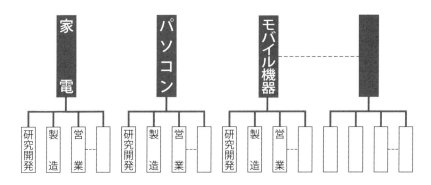

図表 8-12　製品を優先させたグルーピング

きくなります。その結果、たとえば研究開発部門であれば全社レベルの画期的な技術が生み出される可能性がある一方、個別の製品部門は各職能部門の下に置かれることになるので、各製品部門は規模が小さくなってしまい、各製品に対する顧客ニーズを的確にとらえるなど顧客対応に問題が生じやすくなります。

　事業部制組織ではその逆のことが生じます。つまり、まず製品別にグルーピングされるので製品部門（事業部）は規模が大きくなり、対顧客という点ではきめ細かい対応がとりやすくなります。一方、個別の職能部門は各製品部門の下に置かれることになるので、たとえば研究開発部門で言えば各事業部内に置かれるため、それぞれの製品だけを念頭に入れた研究開発ということになり、職能の細分化が生じることになります。

　すでにお気づきのように、本節で述べている組織形態に関する議論はおもに部門化に関連した議論なのですが、どのような形態を採用するかということはどのようなグルーピングを優先させるかということそのものとも言えます。そして、それぞれの形態あるいはグルーピング（典型的には「職能別」「製品別」を中心にグルーピングした場合）には一長一短があるので、このような利点および欠点が生じてしまうということになるのです。

第8章 経営組織論のマクロ・アプローチ

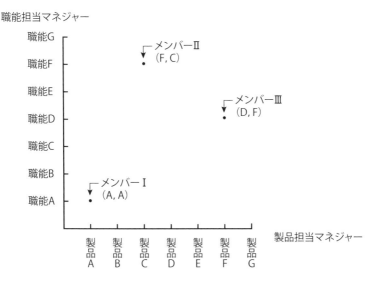

図表8-13　2次元マトリックス（概念図）

　こうした言わばトレードオフを可能な限り解消しようとするのがマトリックス組織の狙いです。つまり、職能または製品のどちらかをまず優先させたグルーピングではなく、両者をタイムラグ（時間差）なく同時にグルーピングしようとする試みなのです（先に述べた部門化に関するグルーピングの基準のうち「地域別」や「顧客別」などの基準もありますが、やはり中心となるのは「職能別」と「製品別」という基準が一般的ですし、説明や議論が煩雑になることを回避するためにもここでは職能別および製品別という基準を中心に説明しています）。

　マトリックス組織は1970年代にアメリカの化学メーカーであるダウ・コーニング（Dow-Corning）社が採用し有名になりましたが、その後80年代にかけてシティ・バンク（Citibank）、ネスレ（Nestle）、IBMなど大手企業を中心に多くの企業が採用しました。また、職能別および製品別の2軸で同時にグルーピングするというのはまさに2次元（平面）ということ

ですが（２次元マトリックス）、さらにそれに加えて、たとえば地域別のグルーピングを同時に行う場合は３軸すなわち３次元（立体）ということになり（３次元マトリックス）、いっそう複雑になりますが、こうした３次元のマトリックスを採用する場合もありました。

それぞれのグルーピングの欠点を表面化させない理想的に思えるマトリックス組織ですが、この形態の最大の問題点は指揮・命令系統の複雑さにあります。第１章第２節でフェイヨルの管理原則論について言及しましたが、その中で４番目にあげた「命令統一の原則（ワンマン・ワンボスの原則）」と矛盾してしまうのです。

事業部制組織では、はじめに製品別、その下に職能別と後先が明白な形でグルーピングが行われ、製品別のグルーピングが優先されるので製品部門の方により多くの権限が配分されるということが明白になります（それゆえ職能が各事業部に分散されるという問題も生じるのです）。一方、マ

図表 8-14　３次元マトリックス（概念図）

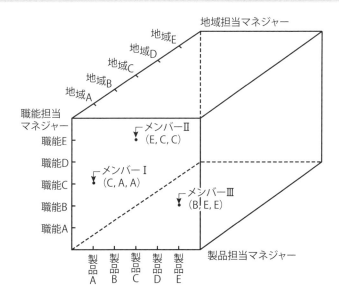

トリックス組織では権限関係を均一にするためにそれぞれが同時にグルーピングされるので、ある組織メンバーが、職能および製品をそれぞれ担当する同レベルの（同じレベルの権限を有する）上司2人（3次元の場合は3人）を同時に持つということになります。たとえば図表8-13は組織メンバーⅢであるDとFは職能担当マネジャーDおよび製品担当マネジャーFという2人のマネジャーを持つことを示していますし、図表8-14は同様に3人のマネジャーを持つことを示しています。これはワンマン・ワンボスに対して、ワンマン・ツーボス（3次元の場合はワンマン・スリーボス）と呼ばれます。

こうした状況では、指揮・命令系統や権限・責任関係などに混乱や支障を来しやすくなります。組織形態は理論的な整合性だけではなく実践的な有用性も要求されるので、あまり複雑になり過ぎると使いづらいということになり、組織のパフォーマンスをかえって低下させることもあるのです。

②横断的組織

それ自体独立した単体の組織形態と言うよりは、事業部制組織の縦割りの弊害をできる限り解消することなどを目的とした補完的形態と言えるのが横断的組織（cross-functional organization）です。縦割りの組織を横方向から串刺しにするようなイメージです。

たとえば、東芝では1994（平成6）年にADI（Advanced-I）事業本部なるものを設置しました。これは当時、マルチメディアの時代をリードする

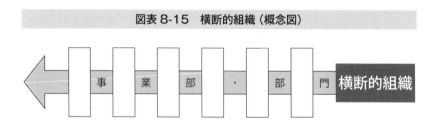

図表8-15　横断的組織（概念図）

という意図の下に事業部間の情報共有、技術協力などを徹底して行うために、事業部を超えた協業体制の橋渡しをすることを主目的とした組織でした。こうした連携というものは自然発生的に実現されるということは現実には難しいので、言わば専属部隊を設置して取り組んでいこうとするものでした。

　この横断的組織の特徴は、本来の事業部制組織という形態はそのままにして、その欠点（とりわけ縦割りの弊害）をできる限り取り除くために広い意味でコミュニケーションを促進することを狙いとした補完的な役割を果たすものであると言うことです。カルロス・ゴーン氏による日産自動車の再建においてクロスファンクショナル・チームというものが重要な役割を果たしたとされますが、これはクロスファンクショナル（cross-functional）すなわち部門の壁を取り払ったコミュニケーションを実現するという目的とそのためのチームを指しています。この場合も事業部制とは異質の形態と言うよりは、それを補完するための組織であると言えるのです。これによって部門の壁を取り払えたことも日産改革を成し遂げる上で重要な要因であったとされています。

③マトリックス組織と横断的組織の関係

　先にマトリックス組織の問題点について言及しましたが、さらにマトリックス組織と横断的組織の関係について考えてみることにしましょう。

　マトリックス組織の考え方は日本にも紹介され話題になり、1970年代の終わり頃から1980年代にかけてキヤノンや沖電気工業など実際に採用する企業も現れました。しかし、その後間もなく採用する企業も減り、少なくとも日本ではマトリックス組織は表舞台から姿を消したとも言えるような状態になりました。しかし、マトリックス組織という形態は完全に姿を消してしまったわけではなく現在でもその名を耳にすることがありますし、それを採用している企業もあるとされています。

ところが現在、とくに日本でマトリックス組織と言った場合、当初の純粋なマトリックス組織の考え方を広義に解釈して用いている場合が多いと言えます。たとえば、フォーマルな中心的形態は事業部制組織で、それに対して営業や開発などといった一部の職能を（事業の次に職能ということではなく）事業部と同じレベルの位置付けでグルーピングし、そうして全社的に（事業部と同じレベルで）グルーピングされた職能部門が事業横断的に活動するということです（図表8-16）。これによって、分散していた営業機能を集約して各事業と同レベルでグルーピングし、営業部門で家電、パソコン、モバイル機器その他すべての製品の販売・マーケティングなどを一手に担うという体制がとられることになります。一方、営業機能すなわち売るという機能は営業部門が担うことになるので、各事業部は担当する製品の開発・生産すなわち作るという機能に専念することになります。

　このように本項で説明している横断的組織の考え方を取り込むことで、その結果出来する組織の形をマトリックス組織と同様なものとみなしているということです。つまり、本来マトリックス組織はグルーピングの同時性ということが最大の特徴ですが、ワンマン・ツーボス（またはスリーボス）

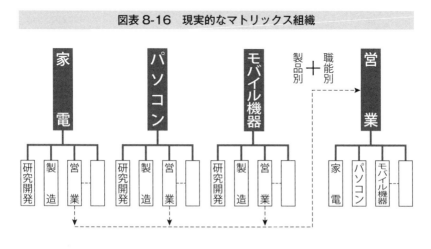

図表8-16　現実的なマトリックス組織

という解決が困難な課題もあるので、それを克服するための苦肉の策としてたとえば事業部制（カンパニー制でも同様）を軸としながらも、一部重要な職能については横断的組織の特徴を持たせることによって、言わば疑似マトリックス組織とすることで課題を低減しながら運用しているというのが現実です。いずれにしても、同時性を追求した純粋なマトリックス組織は理論上は可能であっても実践上は困難を伴うという考え方が一般的であると言えます。

横断的組織とは本来、一時的組織（temporary organization）であると考えられています。職能別組織、事業部制組織、などはそれに対して恒久的組織（permanent organization）とされます。恒久と言うと大げさに感じられてしまいますが、この世の終わりまでということではなく「期間限定の形態ではない」というように考えればよいと思います。一方、横断的組織は、たとえばコミュニケーションを促進することを明確な目的としており、それが実現されれば本来の目的が達成されたことになり一般的には解散されることとなります。

●プロジェクト組織

一時的組織としてはさらにプロジェクト組織がよく知られています。具体的にはプロジェクト・チーム（project team）やタスク・フォース（task force この名は軍隊の特別な任務を帯びたチームに由来します）という名で編成されることが多いですが、いずれの場合も明確な目的が存在し、それが達成されればその組織の存在意義と継続性を失うという特徴があります。また、さまざまな部門からそれぞれ担当者が参加するというのが一般的ですから、横断的組織の特徴を多分に有してもいるわけです。

● SBU

さらに一時的な横断的組織として SBU（Strategic Business Unit：戦略的事業単位）があります。SBU とは、主として全社戦略や事業戦略を成功裏に導くために、事業部横断的または製品横断的に協力体制を確立するた

めの仕組みであると言えます。たとえば、戦略目標と定めた事業・製品と関連した事業部や製品を、本来は別の事業部やその製品であっても、戦略を実行・実現するための事業単位として編成したものがSBUです（SBUの観点では個別の事業（部）はビジネス・ユニット（BU）とみなされます）。つまり、現行の事業部と製品の編成はそのままに、戦略目標の達成を目指して柔軟に言わば疑似編成するものとも言えます。

SBUは1970年代に、アメリカの総合電機メーカーであるGE（General Electric：ゼネラル・エレクトリック）によって導入されました（現在のGEは総合電機メーカーではなく、コングロマリット（conglomerate：多種多様な事業分野を抱える複合企業）へと変貌しています）。GEは1960年代までに相当な多角化を推し進めてきており、その結果事業部と製品（およびサービス）の数は膨れ上がりましたが、利益率は芳しくなく行き詰まりを見せていました。そこで現在の事業部と製品の編成は大きく変えずに整理する必要が生じ、43ほどのSBUに整理され、各SBUに責任者が置かれました。なお、この場合の整理とは43の事業部に削減されたということではなく、あくまでも43のSBUにまとめられたということで、事業

図表8-17　SBU

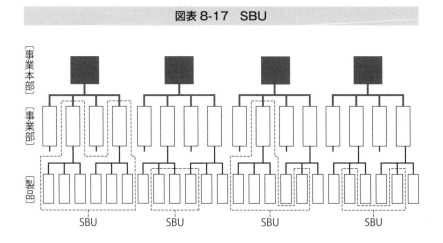

部制から SBU 制に移行したということでもありません。

　いずれにしても、横断的組織は現在マトリックス組織と呼ばれる組織の形態と密接な関連性があるということ、および横断的組織は本来、一時的組織の性質を持つものであるという点に留意する必要があるのです。

(7) チーム型組織

　チーム型組織は比較的新しい組織の形態で、いまだ確立したものとは言えません。ドラッカーは40年以上前の著書 "*Management：Tasks, Responsibilities, Practices*（『マネジメント— 課題、責任、実践』）" で早くからチーム型組織に言及していますが、近年になるとそうしたチーム型の特性を有した組織が実際に立ち現れてきています。チーム型組織とはその名の通り、複数のチームのような自律集団からなる組織であると言えますが、現在チーム型と呼ばれ得る組織の特徴は次のようにまとめることができます（チーム型組織ではセルフ・マネジメント、すなわち自分たちのチームを自分たちの手でコントロールする程度がより高いということから、あえて「自立」ではなく「自律」という語を用います）。

①自律した複数の組織（サブシステム）に細分化されて組織全体（システム）の経営が行われている
②自律したサブシステムに大幅に権限が委譲されている
③自律したサブシステムは比較的小さな規模である
④自律したサブシステム内のメンバー間、サブシステム内の各メンバーとサブシステム（サブシステムのリーダー）との間、自律したサブシステム間、自律したサブシステムと本体（本社）との間それぞれでコミュニケーションが緊密に行われている

チーム型組織について、その特徴を持った実際の組織の具体例をあげて考えてみましょう。

●前川製作所の独法経営

産業用冷凍機国内トップメーカー前川製作所では1980（昭和55）年から独法経営なるものを開発し実践してきました（2007（平成19）年に終了し、現在は行っていません）。独法とは独立法人の略称で、前川製作所（システム）全体がひとつの組織として経営を行うということではなく（一般的な企業ではこれが普通なのですが）、100の企業の集合体として経営を行うということなのです（実際には最も多い時で約120社の独法から構成されていましたが、ここでは1990年代末の約100社という区切りのよい数で、より簡素に考えています）。また、この時、社員数が約2500人でしたので単純に平均すると独法1社当たりの人数が20〜30人で、独法の社長（小社長）が合計約100人いるという計算になります。

ここで重要なのは独立法人というネーミングからも分かるように、単にあたかも会社のように経営するということではなく法人化して現実の会社にしてしまうということです。前記①〜③のチーム型組織の特徴は満たしていることは分かります。では、④の特徴についてはどうでしょうか。独法内での緊密なコミュニケーションはもちろんのこと、独法間のコミュニケーションについても、たとえば各独法が小規模ゆえに生じるような問題に対処するための工夫としては、一時的に他の独法とブロックと呼ばれる協力関係を構築してそうした障害を取り除こうとする仕組みがあります（先に述べた一時的組織としての横断的組織の特性と共通項が見出せますね）。こうしたことは独法間で緊密なコミュニケーションが存在することの証左ですし、さらに独法とアドバイザーとしての本社のコミュニケーションも確立されていました。

前川製作所はユニークな経営を行う企業として知られていますが、とくにチーム型組織というものを見据えて、こうした独法経営を開発・実践し

たわけではありません。あくまで理想の組織形態を探求した結果こうした独自の組織運営に行き着いたと言うべきでしょう。結果として日本で早くからチーム型組織の特徴を備えた企業であったと言うことができます。

●カンパニー制

　チーム型組織の特徴を広義に解釈した場合、カンパニー制（事業部制組織）もチーム型組織の範囲に入るものと考えることもできます。もともと1つの企業が全体として経営を行っていたわけですが、そうしたやり方に限界を感じてたとえば8つのカンパニーに分けて、それらが緩やかに連結した集合体としての企業という考え方がそこには如実に表れているからです。しかし、カンパニー制を採用するのはもともとかなりな大企業であることが多いので、たとえ仮に8つの企業に分割するという考え方を採用したとしてもサブシステムとしての各カンパニーはかなり大きな規模になってしまいます。その結果、チーム型組織の特徴のひとつである小規模な少数精鋭型のサブシステムとは程遠くなってしまうというのも事実です。しかし、現在流行のカンパニー制（古くは事業部制）の考え方もこうしたチーム型組織の考え方と通底している部分があるということに留意すべきでしょう。

●京セラのアメーバ経営

　ファインセラミックや電子部品などを事業の主力とし、日本を代表する企業のひとつである京セラも興味深い経営を行っていることで知られています。創業者の稲盛和夫氏は1959（昭和34）年（27歳の時）に京都セラミック株式会社を創業した後、従業員も増えていく中でどのようにして組織を運営していったらよいかという問いに対する答えをアメーバ経営なるものに見出しました。

　アメーバ経営とは、会社をアメーバと名付けられた小集団に分割し、それぞれが1つの会社であるかのように運営することです。アメーバごとにリーダーを任命して、このリーダーの下、アメーバのメンバー全員を経営

に参画させることを意図した組織運営であると言えます。アメーバは真に独立した会社というわけではありませんが、アメーバ単位で損益計算を行い、リーダーはその結果に責任を持ちます。それゆえリーダーの交代も頻繁に行われます。

　生物学で言うところのアメーバ（amoeba）とは、単細胞で葉状仮足を持つ原生生物一般を指しますが、その大きな特徴は、この仮足を原形質流動という方法で動かしながら移動する（アメーバ運動）ために、常にさまざまに形を変えながら生存しているということです。京セラのアメーバについても、小集団のチームとして同じアメーバであっても硬直化することのないよう、メンバーの入れ替えも含めて常に柔軟に形を変えることで進化を遂げることを念頭に置いていると言えます（生物のアメーバについては変化するということであって、進化するとは言い難い側面があります）。

　稲盛氏はアメーバの条件として次の3点をあげています。

①アメーバが独立採算組織として成り立つ単位であること。つまり、アメーバの収支が明確に把握できること

②ビジネスとして完結する単位であること。つまり、リーダーがアメーバを経営するのに、創意工夫をする余地があり、やりがいを持って事業ができること

③会社の目的、方針を遂行できるように組織を分割すること。つまり、組織を細分化することで、会社の目的や方針の遂行が阻害されないこと

　　　（稲盛和夫『アメーバ経営　ひとりひとりの社員が主役』103ページ）

　京セラのアメーバ経営もチーム型組織というものを意図的に目指して採用されたというわけではありませんが、結果として先に述べたチーム型組織の4つの特徴と軌を一にするものであり、チーム型組織の要件を満たしていると言えます。ただし、基本的な組織形態としては事業部制組織ということであり、その枠組みの中にチーム型組織の特徴を持つアメーバ経営をうまく取り入れているということになります。また、稲盛氏は2010（平

成 22) 年 2 月に日本航空 (JAL) の会長に就任し、破綻した日本航空の再建に尽力することになりましたが、それに際してもアメーバ経営の思想を取り入れ改革を成功裏に導いたと言われています。

●ミスミのチーム制

　第 3 章第 3 節で言及したミスミも 1994 (平成 6) 年以来チーム制を導入してきました。扱う製品別にリーダーが率いるチームを編成し、チームリーダーおよびチームメンバーは起業内企業家 (イントラプレナー、イントラ (企業内部の) ＋アントレプレナー (起業家) を意味する造語) のように組織にとらわれない自律した個人として活動することが認められています。さらに、複数のチームとチームリーダーを率いるのはユニットリーダー(執行役員) の役割になります。こうして形成される、ユニットリーダー、チームリーダー、チームメンバーの 3 つの階層からなるシンプルな組織がミスミでのチーム制になります。

　さらに、このチーム制と関連した特徴としては、

・3 つの階層のリーダーおよびメンバーはすべてオープンな公募によって決まるので能力次第ですべての社員にチャンスが与えられている
・社内 FA (フリーエージェント) 制度として基本的には 2 年に一度チームを異動するチャンスが巡ってくる (ミスミではこれを「がらがらポン」と呼んでいる)

などがあげられます。こうしたミスミの取り組みもユニークな経営手法として知られています。

第8章 経営組織論の マクロ・アプローチ

4 チーム型組織の背景とネットワーク組織

(1) チーム型組織が必要とされる背景

　第3節第7項ではチーム型組織と呼ばれるものについて概観しました。こうした組織の形態が必要とされる背景には多様化する顧客ニーズへの対応という喫緊の問題があると思われます。

　日本での顧客ニーズの多様化の問題は今に始まったことではありません。1980年代には多くの人々がそれまでは無料が当然だと思っていた水やお茶などを、おいしいミネラル・ウォーターなどとして買い求める時代へと移り変わっていき、そうしたことも顧客ニーズの多様化の表れであると言われました。

　その後も、本当に欲しいと思うものに対してはある程度の出費も厭わない、世界に1つだけとは言わないが、できることなら自分だけの商品が欲しい、いろいろな選択肢の中から他の人のものとはちょっと違うユニークな商品が欲しい、などと表現されるように顧客ニーズは多様化を続けてきました。また、バブル経済崩壊後の日本経済は苦難の道を歩み続けており、本当に欲しいものしか手を出さないなど顧客の財布のひもも固くなっていますし、経済格差も拡大しています。さらに少子化の影響から人口減少すなわち顧客減少社会へと突入し、商品を売る側としては非常に厳しい時代に入っています。

　このような環境に対応するためには顧客の真のニーズを的確にとらえることがいっそう必要となります。そのためには顧客の近くまで市場に深く入り込んで（マーケット・イン）、常に現場に密着した活動を展開するこ

とが不可欠になります。これを実現するには、大きな組織ではその規模の大きさゆえに市場に入り込めなかったり、機動力やスピードに劣るため顧客ニーズの変化などに素早く対応することが難しくなるため、これまでよりも小さく俊敏な組織で対応することが求められます。

そこで大きな組織を自律的単位に分割して、そうした単位が緩やかに連結したシステム（loose coupling system）としての企業という形態をとることが有効と考えられ、チーム型組織の特徴を備えた組織がクローズアップされることになるのです。たとえて言うならば、大型船に全員乗り込んで大海を航海しながらニーズを探るということではなく、数名単位で何艘ものモーターボートに乗り込んで大型船では入っていけないようなジャングルの奥地まで入って行って、それぞれのモーターボートの乗組員がそれぞれ現地の真のニーズを把握するというイメージです。

(2) チーム型組織とネットワーク組織

次にチーム型組織とネットワーク組織の関係について若干述べておきましょう。

1980年代になるとネットワーク組織（network organization）なる概念が登場するようになります。これは当時、情報技術の著しい進歩によって情報化が進展し、企業の内外が情報ネットワークで結び付くことが容易になったためです。

ネットワーク組織とは、ある企業がその子会社や関連会社、さらにはサプライヤー（部品供給業者）などと主に情報面や物流面で情報技術を援用してつながること、およびそのつながり方に主眼が置かれています。一方で、ある企業がその内部の部門や部署といったサブシステム間において、主に情報技術を援用してどのようにつながっているかという点にも着目します。ネットワーク組織の前者の側面に焦点を当てると企業グループ経営という

トピックになりますので、ここでは後者の企業内部のつながりということに焦点を当てることにします。

第3節第7項でチーム型組織の4つの特徴に言及しました。そのうち4番目の「自律したサブシステム内のメンバー間、サブシステム内の各メンバーとサブシステムとの間、自律したサブシステム間、自律したサブシステムと本体（本社）との間それぞれでコミュニケーションが緊密に行われている」という特徴こそ企業内の情報ネットワークのあり方の問題です。したがって、ネットワーク組織とは、チーム型組織の第4番目の特徴である企業内コミュニケーションにかかわるテーマであるとも言えるわけです。そして、この企業内コミュニケーションは現在ではITというさらに進化したツールを用いて行われているので、ネットワーク組織の問題はチーム型組織におけるITを援用したコミュニケーションのあり方の問題であると言うことができます。

この問題について具体的に考えてみることにしましょう。軍隊組織（military organization）と言うとライン組織（直系組織）の特徴が色濃い、中央集権構造の巨大なピラミッド型組織の典型であると考えられてきました。しかし、先に「組織は戦略に従う」と述べたように、組織の形態は戦略に応じて変化することも必要なのです。

ビジネスを取り巻く環境と同様に戦いを取り巻く環境も大きく変化しています。1990年代に入り、冷戦構造の終結とともに大戦の危機が差し迫ったものでなくなる一方で、テロリズム、地域紛争、民族対立などの脅威はむしろ増大し、局地戦や市街戦というものを想定する必要が増しています。それに伴って、戦略も大戦を前提としたものから、テロや市街戦を想定したものへと大きく転換することを迫られています。そこで、たとえばアメリカ陸軍（United States Army）ではスピーディーで小回りの利く組織へと大胆に改革することが求められるようになりました。その結果、陸軍という大きな組織と言えども、より小さな集団で機動力を持って戦えるよ

うに自律的な小組織へと細分化が図られるようになりました。つまり、リスクは少なくはないが、市場ならぬ敵陣の中まで奥深く入って行き制圧するという戦い方が求められるがゆえに、組織の自律的単位への細分化が必要になるのです（実際には空爆とか無人機などといった離れた場所からのヒット・アンド・アウェイのような戦い方もより必要となるという側面もありますが）。

　たとえば市街地での戦いになった場合には装甲車部隊などの精鋭の機動部隊が効果的なので、それらを作戦の単位として大幅な権限を委譲した上で作戦行動をとることが求められます。その際、前線部隊の自律的行動に依存する度合いが以前にも増して高まるがゆえに、いっそう緊密な情報のやり取りすなわちコミュニケーションが欠かせません。

　陸軍では陸軍戦闘指揮システム（ABCS：Army Battle Command System）という全組織的な軍事用情報処理システムの下に、装甲車や高機動多用途装輪車両（軍事用ジープ）などに搭載されたフォース21旅団以下部隊戦闘指揮システム（FBCB2：Force XXI Battle Command Brigade and Below）で共通戦術状況図（CTP：Common Tactical Picture＝敵や味方の位置や勢力などをリアルタイムでコンピューター上に表示するもの）を作成して情報を共有するシステムを確立しています。

　さらに個々の兵士に対しては次世代統合型歩兵戦闘システムとしてランド・ウォリアー（Land Warrior）の配備を進めています。これは、兵士1人ひとりが超小型のコンピューターを携行し、ヘルメットに搭載されたヘッドアップ・ディスプレイに情報が表示されたり、必要に応じて支援要請などを行ったりする、言わば情報機器面でも武装したサイバー兵士のようなものです。さらに彼ら末端の兵士に対しても、これまでの指揮・命令を待ってそれに従って行動するだけでなく、自ら判断して行動ができるように大幅な権限が与えられています。そして彼らはコンピューターを操作して必要とあらばミサイルなどの発射要請の判断を自ら行うことになるの

です。

　このランド・ウォリアー戦闘チーム 1 つは 6 名ほどで編成され装甲車などで行動するのですが、ここで重要なポイントがあります。それは情報の共有と緊密なコミュニケーションです。具体的には、ランド・ウォリアー戦闘チーム内の情報で武装した各兵士の間で、各兵士と FBCB2 が搭載された装甲車の間で、各装甲車の間で（通常は単独ではなく複数の装甲車で行動することになるので）、各装甲車と ABCS を運用する司令部の間で、さらに場合によっては各兵士と司令部の間で、IT 技術を活用した情報ネットワークシステムを駆使して情報の共有や緊密なコミュニケーションを通じた連係が実現されてはじめてこの仕組みは機能するということです。

　このように考えてみるとチーム型組織の 4 番目の要件が満たされていることが分かると思います。そしてまた、軍隊組織と言えども長年にわたって構築してきた組織（直系組織、ピラミッド型、中央集権といった特徴を持つ組織）から決別して、企業組織が目指す新しい組織の形態としてのチーム型組織を軍隊組織もまた志向しているということが、組織に関する常識が大きく変わりつつあることを示唆しているのです。

　チーム型組織の概念は以前から存在していましたが、比較的最近の日本企業の中にはこうした形態を有効なものと考える企業が多くなっていると言えます。しかし、事業部制に取って代わる、あるいは取って代わるとは言わないまでも同レベルの新たな形態という位置付けまでには至っていませんし、今後もそのようになるかは不透明です。こうした考え方を採用している組織であっても、その多くは事業部制などを基本形態としながらもチーム型組織の特徴を内包した組織運営を行っているというのが現状です。

5 組織形態と関連した その他の組織の形

（1）ベンチャー制度

　前節まで主に組織形態について説明してきました。本節では組織形態に関連したその他の組織のつながり方について考えることにします。

　ベンチャー・ビジネス（venture business）という言葉がたびたび用いられますが、これは大企業が手掛けていなかったり、斬新なアイディアや革新的な技術に基づいた製品やサービスを展開したりする比較的小規模で新しい企業のことを指しています。マイクロソフトやアップルなどをはじめとして今では世界的な大企業も、はじめは本当に小さなベンチャー企業のような存在でした。日本に目を転じても、ソニーやホンダもはじめはそのような状態から出発し、世界的な企業へと成長を遂げたわけです。

　アメリカに比べて日本はベンチャーが育ちにくい土壌であるなどと言われることもありました。しかし近年、ベンチャー育成の必要性から日本においても、将来その企業を代表するビジネスへと成長したり、さらには日本を代表する企業へと成長することを期待して、そのための種をまかなくてはならないということからベンチャー・ビジネスが再度注目されるようになりました。そしてIT時代の到来も手伝って、日本でもたくさんのベンチャーと呼ばれる企業が誕生するようになっています。また、こうしたベンチャーを組織の内外に育成しようという動きが活発になり、各社さまざまなベンチャー制度（corporate venturing）を導入するようになりました。ここでは、こうした各企業内でのベンチャー育成の取り組みに目を向けます。

ベンチャー制度には社内ベンチャー制度（intra-venture）と社外ベンチャー制度（extra-venture）があります。

①社内ベンチャー制度

とくに大企業において新たに斬新なビジネスを生み出したいなどと考える場合に、従来の肥大化した組織と各部門・部署では機動力に欠けます。さらに上層部の承認を待つなどさまざまな手続きに絡め取られているため、ユニークなアイディアとその実現があまり期待できない場合が多々あります。そのような場合に本当に独立したベンチャー企業ではありませんが、あたかも社内の疑似企業であるかのように比較的小さな組織を設置して、そこにある程度の自由度と権限を与えて、たとえはじめは小さいビジネスでも将来性のあるユニークなビジネスの種になりそうなものを生み出すことを期待するということがあります。そのようにして社内に設置される組織が社内ベンチャーと呼ばれるもので、そうした制度を社内ベンチャー制度と言います。

文具メーカーのプラスが子会社として展開するオフィス用品およびその他の通販事業アスクル（ASKUL）は、1992（平成4）年にアスクル事業推進室が立ち上がり、翌1993（平成5）年にアスクル事業部で事業がスタートしました。そして1997（平成9）年にプラスから独立してアスクル株式会社となり今日に至っています。つまり、もともとは従来の流通・販売網を経由せずに直販を模索するために立ち上がった社内のプロジェクトを行うための内部組織がアスクルの起源なのです。

また、パナソニックの社内ベンチャー制度であるパナソニック・スピンアップ・ファンド（PSUF：Pnasonic Spin Up Fund）は2001（平成13）年からスタートしましたが（当時は松下電器）、ベンチャー制度によって誕生したビジネスが期待通りに成長する確率は現実には低いのです。そのような中で同社のPSUFは好調に推移しています（執筆時）。

②社外ベンチャー制度

　社外ベンチャーとはその名の通り疑似企業として社内に設置するのではなく、独立した企業として社外に設置するベンチャー企業のことです（社外とは言え、当該企業と何ら関係のないベンチャー企業とは異なり親会社とは資本関係などでつながっています）。

　社内ベンチャーの場合にはやはり社内ということもあって、会社の影響をかなり受けてしまうことも多く、その結果独立性が担保されず、狙い通りにイノベーティブな（革新的な）製品やサービスへと結び付かないことも間々あります。こうしたことを回避するために、はじめから社内でなく社外にベンチャー企業を立ち上げようというわけです（この場合は疑似企業ではなくなります）。

　その際の資金などについては会社側がすべて負担して、しかも人材も会社が送り込むというケースもありますが、そうするとそこで働く人々の危機感などが薄れてしまったり起業家精神（アントレプレナーシップ、ここでは経営者感覚を意味します）も育ちにくいなどの問題が生じることもあります。そこで、社外ベンチャー制度に参加したい社員を募り、今の企業本体を辞めて転籍するなどしてベンチャー企業に異動してもらいます。こうして、たとえそのベンチャー・ビジネスが失敗に終わったとしても本体には戻れないようにするとともに、本体による限定的な援助に加えて資金の一部に退職金を活用するなどして退路を断って危機感を持ってビジネスを推進していくという制度が用いられることもあります。

③スピンオフ制度

　富士通では1994（平成6）年に社内ベンチャー制度を導入しました。そして2000（平成12）年には社外ベンチャー制度をスピンオフ制度という名でスタートさせました。こうしたこともありスピンオフという言葉がよく使われるようになりましたが、スピンオフ（spin-off）とはビジネスの世

界では、会社の一部の事業や部門を独立させて切り離すこと、または社外ベンチャーのように個人やそのグループがこれまでの会社から離れて独立した会社を立ち上げることを指します（さらに、いずれの場合にも切り離され、独立した会社と本体との結び付きが強い場合をスピンオフ、結び付きが弱い場合をスピンアウト（spin-out）と区別することもあります）。

こうした流れを受けて、映画などでもスピンオフ映画などと使われるようになりましたが、この場合は単なる続編や外伝ともやや異なり、あるヒットした映画に関連したストーリーを軸に物語が展開される映画であると言えます（『踊る大捜査線』（ドラマまたは映画）のスピンオフ映画とされる『交渉人 真下正義』『容疑者 室井慎次』（2005 年）など）。

グループウェア（組織内ネットワークを使用した情報共有システムのためのソフトウェア）で国内トップシェアのサイボウズも、当時松下電工に所属していた青野慶久氏が 1996（平成 8）年に社内ベンチャーとして立ち上げた組織が出発点になっています。そして翌 97 年にサイボウズ株式会社として独立し現在に至っています（これは社内ベンチャーからのスピンオフと言えますが、その後は徐々にいっそう独立性を高めていきました）。

このように社内の組織にとどめておくという意味での純粋な社内ベンチャーや、最初から社外の組織として設立するという意味での純粋な社外ベンチャーはそれほど多くはありません。むしろ最初は社内の組織からスタートして、徐々に親元から離れていくかのように社外に出していくことを模索し、その後スピンオフなり、場合よってはスピンアウトするというケースが実際には多いと言えます。いずれにしても純粋な組織形態とは若干距離を置くものですが、組織のつながり方のひとつの形として考慮すべきものなのです。

(2) ホールディングス制

　ホールディングス制（holdings）とはホールディング・カンパニー制（holding company）の略語であり、和語では持株会社制（度）ということになりますが、簡潔に言えば「企業グループとして傘下にある企業群をいかに管理するか」ということに関する仕組みの問題です。

　持株会社（holding company）は事業持株会社（holding-operating company）と純粋持株会社（pure holding company）の2つに大別されます。前者の事業持株会社とは、当該組織も何らかの事業を営んでおり、それとともに傘下の企業をその株式を所有することなどでコントロールするという組織です。そして、この事業持株会社は、事業を営む親会社が傘下の子会社を株式所有や資金面などを通じてコントロールするという典型的な形で従来からよく見られてきたものです。一方、後者の純粋持株会社とは、当該組織は事業を営むことはなく、純粋に傘下の企業を株式所有などを通じてコントロールすることに特化した組織です。

　純粋持株会社は戦前は認められていて、財閥の本社をはじめ大企業などで採用されていましたが、戦後は過度の資本集中を防ぐため独占禁止法によって純粋持株会社を採用することが禁止されてしまいました。しかしながら、1997（平成9）年にようやく独占禁止法が改正され純粋持株会社制が解禁となり、その後現在に至るまで日本のとくに大企業の間で急速にこの制度が採用されるようになっていきました（〇〇ホールディングスとか〇〇 HD などというものをよく見たり聞いたりするようになったと思います）。

　その理由としては、日本企業を取り巻く環境も激変し、選択と集中などより大胆な戦略が求められる中で、必要とされる事業や企業を買ったり、不要な事業や企業を売ったりすることがこれまで以上に要求されていること、ホールディングス制を採用することでそうした売買がしやすくなるこ

となどがあげられます。今後の日本企業はそうしたアメリカ型のドライな経営手法も必要になってくる（あるいはすでに必要になっている）という認識が広がりつつあります。

　ホールディングス制に関連して次のようなことも重要になってきます。第３節でカンパニー制について言及しました。そこでは事業部制とカンパニー制の違い、また事業部制からカンパニー制への移行などについて説明しました。そうしたカンパニー制を採用する企業も２つのタイプに分かれます。

　１つは、各カンパニーおよびカンパニー社長に大幅に権限を委譲して自立した経営を行わせることを意図しているのですが、あくまでも"会社のように"という疑似企業化の範囲を出ることは考えていないケースです。先にあげたソニーはこのタイプなのですが、同社は自社の製品やサービスにはかなりな程度共通項があるため自立しているとは言え各カンパニー間で密な協力や連携が不可欠であると考えていました。そのためさらに自立させて真に独立した会社にしてしまうとかえって連係プレーがとりにくくなると考えていました。このような場合には、事業部制からカンパニー制への移行は必要だが、それが本来の狙い通りに機能すればそれで十分であるとの認識があるのです。

　もう１つは、カンパニー制のさらに先にホールディングス制を視野に入れているケースです。それはつまり、カンパニー制によって自律的経営に慣れ成果も出せるようになってきたならば、その時点で疑似ではなく真の株式会社などにすることによって、いわゆる分社化を実現するのです。そして、その分社化した企業を子会社または関連会社として、（純粋）持株会社の傘下に順次置き、単に株式所有や資金面の関係のみで緩やかに管理し、成果を上げ順調に経営されている限りにおいてはその自律的経営に委ねるというものです（純粋持株会社制を採用していない場合にはカンパニーから分社化して疑似ではない企業にするということで終了になります

が、この場合は従来からの事業持株会社形態となるのが一般的です)。

　1999（平成11）年より8つのカンパニーからなるカンパニー制をスタートさせた東芝ですが（後にカンパニーを再編し、新しいカンパニーを作ったり統合したりします）、後に複数のカンパニーを分社化して真の企業とし、さらにホールディングスの傘下に置いたものもありました。ここで注意したいのは、東芝の場合は企業全体でホールディングス制を採用しておらず、類似の事業を束ねたホールディングスが複数存在していたということです（これを企業全体の持株会社と区別して「中間持株会社」と言います。しかし、さらに最近になると、この中間持株会社も徐々に解消していくことになりました）。

　このようなホールディングス制ですが、1つの企業の形態ではなく、関連する企業間のつながり方の形、つまり企業グループの形態と言うことができます。これも純粋な組織形態とは若干距離を置くものですが、1997年の解禁以来、企業グループ経営としてかなり多くの企業がホールディングス制を採用していることもあり、今後ますます重要なものになっていくと考えられています。

第9章
組織構造に関する動向

本章では引き続き組織構造を中心に言及することにしますが、とりわけ階層化については近年の日本企業に特徴的な改革を見出すことができます。それは組織のフラット化という傾向なのですが、それがどのようなものなのかを「中抜き」ということを中心に考えていきます。また、現行の組織とフラット型組織の構造の比較から、それぞれの違いやメリットなどについて考察します。さらに機械的組織と有機的組織という観点からも望ましい組織のあり方を考えます。本章は、変化に対応した組織づくりによって環境に適合することの必要性を理解することを目的としています。

脱ピラミッドとフラット化

　これまで組織構造と組織形態について考察してきました。組織構造を構成する部門化や組織形態に関する近年の動向についてはそれぞれ触れましたので、ここではおもに組織構造を構成するもう1つの要素である階層化（ヒエラルキー）の動向に言及することにします。

(1) トールな組織とフラットな組織

　戦後復興期、高度成長期、そしてバブル経済へと続く経済的発展の中で、日本企業の多くが長きにわたって成長や発展を享受し、その中には世界的な企業へと飛躍するものも少なくありませんでした。そのプロセスにおいては、売上高や利益もさることながら社員数も増大の一途をたどり、かなりな大所帯になっていきました。さらに年功制や終身雇用とも相まって、階層化については階層（レイヤー）の数も増えた結果、トップから末端までの高さが高くなり（階層が多くなり）いわゆるトール・オーガニゼーション（tall organization：高い組織）となっていきました。

　こうしたピラミッド型の組織それ自体が問題であるというわけではありませんが、このような組織は時として中央集権という特性を帯びることになりがちです。トールでピラミッド型の中央集権タイプの組織は、たとえば戦後復興期や高度成長期のようなまだ消費者のニーズも細分化の程度が低く、また所得水準についても平均的にそれほど高くはない時代にマッチしていました。そうした時代は、平均的な品質、デザイン、機能を備えた製品をできるだけ安く提供すれば一定の成果が得られる大量生産・大量販売

を軸にビジネスを行うことが何より成功へのカギであり、それを現実のものとする手段として、こうしたタイプの組織がかなり適していたわけです。

環境が変化するということはいつの時代も同じです。高度成長期が過ぎ成熟した時代を迎えると顧客のニーズもいっそう多様化することになり、その後バブル経済の崩壊というさらに大きな環境変化に直面することになります。また、急速に進化するIT技術、経営のさらなるグローバル化、新たな競争企業の出現など日本企業を取り巻く環境は次々と変化していきました。このような状況の中で、従来の組織は有効に機能しなくなり、硬直化して環境適応力を失うといういわゆる大企業病に陥るケースが目立つようになりました。

そこで、こうした環境変化に適応できる新たな組織の模索が始まり、多くの企業がその答えを組織構造面なかんずく組織の階層面の革新に見出しました。それが組織のフラット化です。多層化した階層を減らし、トップから末端までの距離を短くして、トールに対してフラットな（平らな、低い）組織、つまりトール・オーガニゼーション（tall organization）に対してフ

図表 9-1　トールな組織からフラットな組織へ

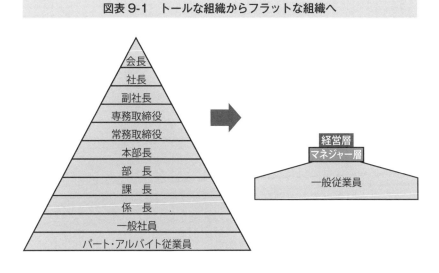

ラット・オーガニゼーション（flat organization）を実現しようとしているのです。

（2）中抜きによるフラット化

　組織を強引に、上からパンを押しつぶすかのようにして平らにするというわけにはいきませんので、組織のフラット化を実現するにはある仕組みが必要になります。それは「中抜きによるフラット化」ということです。中抜き（disintermediation：仲介を不要にすること）とは文字通り組織の中間管理職層（ミドル・マネジメント）を取り除くということですが、実際には次のような3つの方法によることになります（ここではミドルの代表として部長または課長を想定します。また実際にはミドルと言っても管理職の地位にある者だけに限定されず、年功や勤続年数面からミドルとみなされる場合も含まれます）。

①人員整理（リストラ）によってミドル層の人数をかなり削減する
②役職廃止（ポスト廃止）によってミドル層に該当する地位そのものを削減する
③部長職と課長職をまとめてマネジャーとするなど、役職の統廃合によって役職の数や人数を削減する

　このようなやり方で組織のフラット化を実現しようとするのが一般的ですが、一番上のダルマが倒れないようにしながら小槌でいくつかある積み木のうち真ん中あたりの積み木をたたいて外すような遊びをイメージしてもよいと思います。

　このように近年の傾向としては、ピラミッド型の組織から脱却して階層数の少ないフラットな組織を実現しようとする動きが見られますが、それは主に中間管理職層であるミドル・マネジメントを中抜きすることで実現しようとするのが一般的です。次節では、こうした組織をフラット化する

傾向がある中で、トール型との比較を行い、検討することにしましょう。

図表 9-2　中抜きの概念図（ミドルとして部・課長のレイヤー（層）を例に説明）

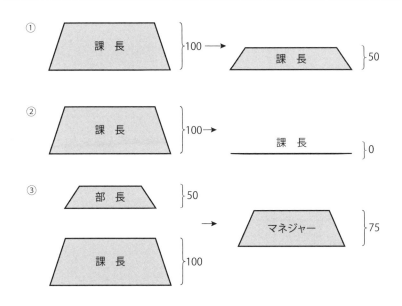

図表 9-3　中抜きによるフラット化の概念図

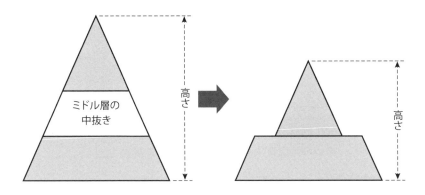

2 トール型とフラット型の比較

さてここでトールおよびフラット・オーガニゼーションそれぞれについて、そのメリットとデメリットを一顧することにしましょう（なお、議論をシンプルにするためにもトールかフラットかの2分法で考えることにします）。

まずはじめに、そうした議論の前提となる術語と考え方について説明しておくことにしましょう。

（1）管理者比率とスパン・オブ・コントロール

管理者比率とはその名の通り全従業員に占める管理者と呼ばれる人たちの割合のことを指します。ここでトールとフラットについて考えるにあたって次のようなことを前提としておきましょう。

トール・オーガニゼーションとは階層の数が多くマネジャーの数も多い組織です。したがって、それはたとえば全従業員数が1000人で、そのうち200人が管理者であると仮定すると、管理者比率は200：800、すなわち1：4ということで、平均すると1人のマネジャーが4人の部下を管理することになります。それと対照的にフラット・オーガニゼーションとは階層の数が少なくマネジャーの数も少ない組織です。したがって、全従業員数は同じ1000人とし、そのうちトールの半分の100人が管理者であると仮定すると、管理者比率は100：900、すなわち1：9ということで、平均すると1人のマネジャーが9人の部下を管理することになります。まず、この管理者比率の違いを考慮に入れておくことにしましょう。

次にスパン・オブ・コントロール（span of control）ということについ

てですが、これは「コントロールの範囲」とか「統制の範囲」という和語で用いられることが多く、意味としてはまさに「コントロールの範囲」という和語が示しているように、1人のマネジャーが管理（統制）できる部下の人数を指しています。これが何人なのかということはまさにケース・バイ・ケースであって、上司の管理能力、部下の成熟度、業務の難易度、サポート体制の有無などによってまちまちであり、一律に規定することはできません。また、強引に規定しようと試みても、あまり意味があるとは思えません。なお、スパン（span）とは、手を広げた時の親指から小指までの長さを意味するものでもあり、（何人かはともかく）管理できる人数にはおのずと限界があるということを示してもいます。

　このスパン・オブ・コントロールに関連する管理原則に統制の原則というものがあります。これは、「1人の管理者が管理する部下の数は（たとえ何とか可能だとしても）できるだけ少なくした方がよい」という原則です。さらに、この統制の原則に関連する原則にワンマン・ワンボスの原則（第1章で述べたフェイヨルの「命令統一の原則」と同じです）というものがあります。これは、「1人の部下（one man）はただ1人の上司（one boss）からのみ指示・命令を受けるようにした方がよい」という原則です。さらに、組織階層の原則というものがあります。これは、「階層の数はできるだけ少なく（短く）した方がよい」という原則です。

　ここで留意しなければならないことは、これらの原則のうち統制の原則と組織階層の原則はトレードオフ（あちらを立てれば、こちらが立たず）の関係にあるということです。つまり、統制の原則を守ろうとすればスパン・オブ・コントロールが狭くなり、管理者および管理階層を増やさなければならなくなって組織階層の原則が守れなくなります。逆に組織階層の原則を守ろうとすれば階層の数および管理者が減るのでスパン・オブ・コントロールを広くせざるを得なくなり、管理する部下の数が多くなってしまい、統制の原則が守れなくなるということです。

(2) トール・オーガニゼーションとフラット・オーガニゼーションの比較

こうしたことを勘案して、①スパン・オブ・コントロール、②意思決定のスピード、③コミュニケーションの正確性、④コスト・パフォーマンス、⑤ポスト不足、⑥士気、という項目ごとにトール型とフラット型のメリットとデメリットについてまとめたものが図表9-4です。ここで①〜⑥の項目について、それぞれ考えてみることにしましょう。

図表9-4　トール型とフラット型の比較

項目 階層	スパン・オブ・コントロール	意思決定のスピード	コミュニケーションの正確性	コスト・パフォーマンス	ポスト不足	士気
トール型 (階層多い マネジャー多い)	○	×	×	×	○	×
フラット型 (階層少ない マネジャー少ない)	×	○	○	○	×	○

○:望ましい　×:望ましくない

①スパン・オブ・コントロール

スパン・オブ・コントロールについては、既述の統制の原則とワンマン・ワンボスの原則の示唆するところによれば、トールの方が望ましいということが分かりますね。しかし、トレードオフについての説明からも分かるように、組織階層の原則の観点からはフラットの方が望ましいということになります。

②意思決定のスピード

これは意思決定を行うにあたって、主にそのスピードの速さについての

考察です。階層の数が多いと、各階層を経由して伝えるのが基本のために、トップからの情報が現場まで伝わるのにも、また現場の情報がトップまで伝わるのにもそれぞれ時間がかかってしまいます（第6章第2節で述べたように、いわゆる飛び道具としてのITを使うことも考えられますが、ここでは一般論として従来型の伝達方法を前提にしています）。たとえて言うなら、高いビルの階段を一段ずつ上り下りするようなものですね。その結果、下からの情報がないので上が判断を下せなかったり、下も長い時間指示を待つことになり行動を決めかねることになったり、といった具合に意思決定が遅くなってしまいがちになります。

このような観点からも、階層が少ない低層（フラット）の方が階段の数も少なくてすむので素早い意思決定にとって有利であると言えます。

③コミュニケーションの正確性

コミュニケーションの正確性については基本的に意思決定のスピードの考え方と似ています。コミュニケーションの内容が正確に伝わるということについては、伝言ゲームをイメージしていただくとよいでしょう。

伝言ゲームとは先頭の人が次の人に耳打ちで言葉を発し、その言葉を最後尾の人まで耳打ちで伝えていき、先頭の人が発した言葉がどのように伝わったかを確認するゲームです。伝達する人の数が多くなるほど、最後まで正確に伝わる可能性が低くなりがちですが、組織についても一般的には同じことが言えます。間にたくさんの階層が入り込むほどトップからの指示や意向、現場の情報や思いといったものが、末端およびトップへ正確に伝わらなくなってしまいがちです。意図的に歪曲しようとすることもないわけではありませんが、正しく伝えようという意志があっても伝わらないことが間々あるということです。

伝言ゲームのような限られた人数で、しかも比較的単純な言葉でさえ、意外なほど正確に伝わらないことがあります。ましてや、企業の場合には

大人数であり、伝達する内容も単語レベルなどではない複雑なものでもあるので、こうした誤りはいっそう現実的なものになります。したがって、ここでもフラット型の方に軍配が上がるということになります。フラットの方が階層というフィルターの数が少ないため濾過されることも少なく、間違って伝わってしまったり、現場情報の生々しさが薄れたりすることなく伝わる可能性が高いと言えます。

④コスト・パフォーマンス

　ここで言うコスト・パフォーマンスとは、まさに費用面から見て、どちらが安上がりかということを意味しています。一般的にはマネジャーの数が多い組織は少ない組織よりも人件費の点からコストがかかってくるので、やはりフラットの方に分があると言えます。現実的な観点からすると、フラット化が志向される要因としてはコスト削減が（すべてではないですが）その大きな理由となっていることは明らかです。

　以前のように日本経済が順風満帆で終身雇用も堅持でき、たくさんの社員や管理者を雇用できた時代とは異なり、現在では必要最低限のメンバーで組織を運営していくということがこれまで以上に求められていると言えます。

⑤ポスト不足

　ポスト不足についてはトールの方にメリットがあると言えます。やはりマネジャーの数が多いということはポスト（役職）の数が多いということでもあるので、ポストの数が少ないことによって役職に就くという目指すべき目標がなくなってしまったり、その結果意欲も低下したり、ということがフラットに比べて少なくなります。

⑥士気

　士気とはモラール（morale）とも言いますが、ここではモチベーション

（やる気）と同じような意味にとらえてよいと思います。

　何に対して士気が高揚したり低下したりするのかということですが、組織メンバーとして管理される部下から見て、トールとフラットのどちらの箱モノの方が士気が高まるのかということです。フラットの方が士気が高まるということですが、その理由を考えてみましょう。まずスパン・オブ・コントロールが広くならざるを得ないためマネジャーはたくさんの部下を抱えることとなります。そのことが部下に任せる度合いを高めることになり、結果として任された部下がその士気をより高めることが期待できるからです。

　ただし、ここは他にもさまざまな物言いが可能なので注意も必要です。まず、上司の側から考えた場合、スパン・オブ・コントロールが広くなってしまうと統制の原則からして上司の士気は低下することも考えられます。また、部下についてもきめ細かい指示や指導を期待する者もいるはずで、そうしたことはスパン・オブ・コントロールが狭い方が実現されやすいのです。さらに、上司についてもたくさんの部下を抱えるほど使命感が芽生えて、むしろ士気が高まるということもあるでしょう。

　こうしたことには留意しなければなりませんが、現在のビジネスにおいてもどちらかと言うと部下も任される方を好むということが言われますので、ここではフラットの方が部下から見て士気が高まると考えます。

(3) フラット・オーガニゼーションのデメリットについて

　このように分析しますとやはりフラット・オーガニゼーションの方がメリットが多いと言えます。したがってフラット化を志向する現代企業の意図も理にかなったものであると言えますが、デメリットと考えられる2点について若干補足しておくことにします。

①スパン・オブ・コントロールの問題

　スパン・オブ・コントロールについては、おもに2つの点からそれを拡大することが可能である、つまり拡大がデメリットであるとは言えない可能性があるということです。

　第1に、IT化の進展ということです。統制の原則が唱えられ始めた時代には情報技術の利用ということは考慮されていませんでしたが、現在ではIT関連機器などを利用して上司が部下をマネジメントすることなどが日常的に行われています。こうしたことを勘案すると、たとえばフェイス・トゥ・フェイスでしか管理できないような状況と比べて、そうしたツールをうまく援用することでより多くの部下を管理することが可能になっていると言えます。

　第2に、成果主義の広がりということがあります（成果主義がどの程度定着するのかということに左右されますが）。成果主義とは仕事のプロセス（どのように仕事を行っているか）よりも結果を重視するというのが基本なので、従前と比べて（丸投げというのは問題ですが）ある程度任せられるということにもなるので、より多くの部下を管理する際の負担も少なくてすむということになります。

②ポスト不足の問題

　ポスト不足についても、おもに2つの点から克服することが可能であると言えます。

　第1に、成果主義の広がりということです。①で述べたこととも関連しますが、成果主義とは年功序列賃金とは異なり、達成した成果によって報酬が変わるということです。そこで、たとえポストが上がらなくても成果を上げれば、それなりの評価とそれに伴う報酬を得られるという考え方が成り立ちます（成果主義がかなりな程度根づいていることが前提となりますが）。

第2に、組織メンバーとりわけ若手社員の意識の変化ということがあります。年功序列・終身雇用の時代には昇進は出世の象徴であったことから、ほとんどのメンバーがそれをいちずに願っていたと言っても過言ではありません。しかし現在では、昇進してそれなりのポストに就くと部下を持ったり部下が増えたりしてその指導などに責任を負うことになります。加えてマネジャーは減らされる傾向にあり、マネジャーに負担が集中して報酬以上に仕事量が増える可能性もあります。そこで、自分に与えられた仕事をきっちり遂行して成果を出し認められれば、あえて（上の）役職に就いたり部下を持つ（増やす）必要性をさほど感じない、という人も実際のビジネスの現場で増えていると言われています。

　あくまでも可能性であって、必ずそうなるという類いのものではありませんが、こうした変化も勘案すると、フラットのデメリットが解消されたり軽減されたりすることも十分に考えられるのです。こうしたことを考え合わせるとフラット・オーガニゼーションの魅力がより高まることにもなるでしょう。

3 フラット型組織の問題点

　これまで述べてきたように、多くの企業が組織のフラット化、なかんずく中抜きによるフラット化を志向する傾向が見られます。しかし、フラット型組織もまた万能ではありませんし、種々の問題を含んでいると言えます。

(1) スパン・オブ・コントロールの問題

　フラット型組織の大きな問題のひとつと言えるのが、やはりスパン・オブ・コントロールが広くなってしまうことに関する問題です。

　「1人のマネジャーが管理する部下の数が増えるため権限を委譲して各部下の裁量に任せる」と言えば聞こえはよいのですが、実際にはまだ未熟な若手社員なども放っておかれてしまうという現実があります。そのようになってしまうと人材育成という観点からも問題が生じますし、何よりも本人が戸惑いや不信感を感じてしまうようなことになると、任されることによって士気が上がるどころか、かえって下がってしまうことにもなりかねません。

①小林製薬とトヨタの事例

　たとえば、小林製薬ではハード面で1996（平成8）年にピラミッド型から脱却して、社長・カンパニー社長・部長・グループ長・一般社員というフラット型の組織へ移行する組織改革を行い一定の成果を上げましたが、それと同時に上司が部下を育てるということが希薄になるという問題に直面しました。ソフト面でも2005（平成17）年に成果主義を全面的に導入

したこともこのことに拍車をかけました。

　こうした問題を克服するために小林製薬では、ソフト面では上司の目標管理の項目に「若手社員を育成する」という目標が織り込まれ、育てるということをより強く意識することが求められました。またハード面ではスパン・オブ・コントロールの問題に対処するために、たとえば営業現場ではグループ長と一般社員の間にサブリーダーを、製造現場ではグループ長と作業者の間にライン長やシフト長を挿入し、グループ長のサポートおよび若手の指導・育成などの任にあたらせました。

　トヨタ自動車も1990年代からフラット化を志向してきた結果、同じような問題に直面しました。それに対して、ハード面に関して2007（平成19）年に小林製薬と同様の取り組みがなされました。生産現場では1人のグループリーダーが20人前後の作業者を見るというようにスパン・オブ・コントロールが広がっていましたが、これに対処するためにグループリーダーと作業者の間にチームリーダーという役回りを差し挟むことによって、グループリーダーの下で1人のチームリーダーが5～6人の作業者を見るようにしました。また、オフィスではグループマネジャー（グループ長）と一般社員の間に小集団のまとめ役としてリーダーや職場先輩などの役回りを差し挟むことによって、同様にスパン・オブ・コントロールを狭くする試みが行われました。

　小林製薬もトヨタもこのような役回りのポストを差し挟みましたが、完全にフォーマルな役職として挿入するとなると、マネジャーを増やすことになり、ひいてはトールへと逆行することにもなりかねません。それぞれそのようなことは望んでいませんので、あくまでもフラットは維持しながらグループ長などの負担を減らすための補助的なポストと位置付けられています。

②パナソニックの事例

　パナソニックでは 2001（平成 13）年以来廃止していた部課長制を 14 年ぶりに復活させるということです（執筆時）。やはり今回の改正も、その時に移行したグループ・チーム制ではスパン・オブ・コントロールの範囲が広くなってしまい、人材育成に難が生じるという理由からです。役職名もグループマネジャーから部長へ、チームリーダーから課長へとそれぞれ改め、さらにスパン・オブ・コントロールを 1 対 7（1 人平均 7 人くらい）に抑えて、部下のよりきめ細かい管理を行っていこうとする狙いがあります。今回のパナソニックのケースでも、フラットからトールへ戻すということを意図していません。中央集権型組織からの脱却は図りながらもこのような問題を重く見て、問題を緩和するための措置として今回のような改正が企図されているのです。しかしこのケースでは、より正式なマネジャー層およびマネジャーの数は多かれ少なかれ増えることが予想されるので、油断するとトール化の傾向が立ち現れることも懸念されるでしょう。

(2) マネジャーへの過重負担の問題

　さらなる問題として、数の少なくなったマネジャーに対する過重負担の問題があります。これまで述べてきたように、多くの部下を管理することに対する負担に加えて、成果主義が採用されている場合などにはとくに、部下の管理とともに自分自身の仕事に対しても結果を出さなくてはなりません。

　従来のマネジャーの仕事と言えば、専ら部下を管理し育てることでした。換言すれば、まさに管理する者としてのマネジャー本来の仕事が中心であったとも言えますが、それに加えて自らの仕事を全うし結果を出す、いわゆるプレーヤーとしての仕事が以前にも増して求められるようになります。言ってみれば、プレイング・マネジャーにならざるを得ないとうこと

です。

　ちなみにプレイング・マネジャー（選手兼任監督）とは野球の世界などで時折耳にすることがある用語です。南海ホークス時代の野村克也選手兼任監督が有名ですが、最近では 2006（平成 18）年に 1970（昭和 52）年の野村氏以来久しぶりに東京ヤクルトスワローズの古田敦也氏が、2014（平成 26）年には中日ドラゴンズの谷繁元信選手がそれぞれ就任して話題になりました。野村氏以前にはプレイング・マネジャーはさほど珍しくはなかったのですが、野村氏以降 30 年近く見られなかったのは野球自体がレベルアップしたこともあるでしょうし、掛け持ちはあまりにも負担が重いというのが実情でしょう。

　数が少なくなったマネジャーに負担が集中することで、結局のところ自身の仕事も、そして部下の管理・育成もともに中途半端になってしまうようならフラット化はあまり意味のないものになってしまう可能性があります。

　フラット化にはこのような典型的な問題が付き物ですが、こうした問題をクリアしてはじめてフラット化は本当の意味で機能するものとなるでしょう。

(3) フラットからトールへ

　最後に、トールとフラットの議論にかかわるユニークな例を考えてみることにしましょう。

　教育組織（educational organization）は以前からもともとフラットな組織であったと言えます。とりわけ小学校、中学校、高等学校などでは、校長をトップにその補佐的な役割の教頭という公式の役職の他に、ベテランの先生が学年主任などになることもあるにせよ、基本的には後はその他一般の教諭という構造でした。しかし、こうしたフラットでシンプルな構造

は改めるべきであるとの認識からか、2008（平成20）年4月1日施行の改正学校教育法によって、校長と教頭の間に副校長、教頭と教諭の間に主幹教諭、教諭のリーダーとして指導教諭をそれぞれ公式の役職として設置することが認められました。つまり、それらの役職が差し挟まれることで、校長-副校長-教頭-主幹教諭-指導教諭-教諭という階層関係が新たに確立されることになりました（実際には副校長を設置すれば教頭は必ずしも置かなくてよいなど裁量の余地もあります）。

図表9-5　フラットからトールへ（教育組織の概念図）

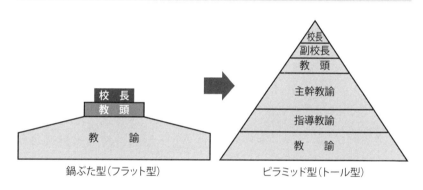

まさに中間管理職層に相当する主幹教諭などを設置し充実させることで、役職が多いトールなピラミッド型組織を構築しようとしていると言えます。いずれにしても、企業組織などではトールからフラットへという流れがトレンドであるとともに、フラットからトールを目指すという動きはほとんどないと言ってもよいでしょう。そうした中にあって、「フラットからトールへ」というある意味で特異とも言える教育組織の動きは注目に値します。なぜならば、学校という箱モノがどのような構造であるかはその中に入って働く者、教える者、学ぶ者それぞれに大きな影響を及ぼすことになり、その良し悪しによって、たとえば学ぶ者としての子供たち・学生たちの教育や人格形成などが大きく左右されることになるからです。

ちなみに、主幹教諭にはプレイング・マネジャー的な役割（管理者と教育者の間の役割）が求められるようになることから、ビジネスの場合と同様に負担も大きいため、進んで希望する先生が少なかったり、場合によっては降格を希望したりする先生もいるようです。

また最近では、スパン・オブ・コントロールに関連した問題として、35人学級から40人学級へ戻すべきか否かといった問題が議論されました（執筆時）。これはコスト削減を目指す財務省からの提案でしたが（1対40に戻せば先生の数を削減できるので）、教員サイドとしては35人の方がスパン・オブ・コントロールの観点から一般的には望ましいという主張になります。このような新たな動向が見られますので、組織論の観点からも今後の教育組織のあり方に注目すべきであると言えます。

4 有機的組織の構築へ向けて

(1) 組織の特性比較

　組織を比較・検討するにあたっての目安として、イギリスのアストン大学の研究者たち（しばしば「アストン・グループ研究」と呼ばれます）によって、おもに次の6つの変数が提示されました。ここでは、それらを援用して企業の求めている組織像について考えてみたいと思います。

①専門化……仕事や役割が細分化されている程度、すなわち分業の程度

②標準化……ルールやマニュアルなどの手続きが精緻化しており、それを順守して事が進んでいく程度

③形式化……組織での活動について、その多くが文書によって規定されている程度

④集権化……組織の上層に意思決定などのあらゆる権限が集中している程度

⑤形態に関する諸特性……スパン・オブ・コントロール、階層数、管理者比率などの状態

⑥伝統性……組織の伝統に引きずられる程度、すなわち過去の習慣に依存する程度

　ここでもやはり、その程度が高いか低いかといったようにシンプルな2分法で考えてみることにしましょう。なお、すべての企業が同じような方向を目指しているわけではありません。そこで、一般的にはどのようなトレンド（趨勢）にあるかということを探ってみましょう。

①専門化

　成果主義などを含め、いわゆる米国流経営手法と言われるものを積極的に採用している企業に関して言えば、専門化の程度が高い組織を志向していると言えます。なぜなら、アメリカ企業（あるいはアメリカと言ってもよいでしょう）の価値観としては、スペシャリスト志向や専門家の育成という観点から、各自ができるだけ狭い範囲の仕事を担当するようにして、その仕事に専門化し、その道のプロフェッショナルになるというものだからです。

　また、成果主義の導入に伴って個人の成果の測定を容易にするために、職務をより狭い範囲のものに再設計し、みんなで仕事をするということから、各個人がそれぞれプロとして自らの役割に徹することが求められるようになります。このような組織は専門化の程度が高い組織を志向する傾向にあります。

　一方、従来の日本的な経営を引き続き継承するという特徴を持った組織では、個人で成果を上げると言うよりはチームワークを軸に皆で助け合いながら、時には他の人の仕事も手伝ったりしながらみんなで成果を上げるという考え方が中心になります。したがって、職務も比較的広く設定して、他者との仕事の境界もあえてさほど明確にすることなく柔軟に設定することが有効になります（その方がかえって他の人の仕事を手伝いやすくなることもあります）。また、このような組織はスペシャリストを志向するのではなく、広く浅く、さまざまな仕事や部署を経験することを特徴とするゼネラリストの育成を引き続き志向する傾向にあります。

　このように専門化については、それぞれの企業の価値観の違いに応じて大きく分かれてくるところです。

②標準化

　手続きそのものは重要ですが、とくに今の時代は手続き論に終始してし

まうと問題が生じます。ルールや手続きはあくまでも手段ですから、それらを過剰に重視してしまうと、手続きを踏むことやルールを守ること自体が目的になり本末転倒になってしまいます。繁文縟礼（はんぶんじょくれい）（規則や手続きなどが細か過ぎて煩わしいさま）という言葉もあるように、過ぎたるは猶（なお）及ばざるが如しということだと思います。むしろ、現在は手続きやルールなどにとらわれない大胆な考え方や行動も必要になってくるので、標準化の程度が低い組織を良しとする考え方がより広がっていると言えます。

ただしファストフード店などに代表される、多くのチェーン店を持ち、店舗では正社員が少数でアルバイトなどが主役となる企業では標準化が重視されます。本部から物理的に離れた多くの店舗を管理し、統一された経営手法によって店舗間で画一的な商品やサービスを提供し、流動的なアルバイト店員に仕事を効率的に覚えてもらうためにマニュアル等は欠かせませんし、手続きに厳密に従って活動することが何よりも求められることになります。こうしたことにも留意すべきですが、一般的には多くの企業が標準化の程度の低い組織を志向していると言えます。

③形式化

文書を使用してはならないということではありませんが、とくに現在では多用し過ぎたり依存し過ぎたりすると弊害が生じる恐れがあります。過剰な文書依存は、対処方法が明確に規定されていることにはうまく対処できるが例外的な事項にはかえって対処できなくなる、紋切り型の対応になりがちで柔軟な対応を困難にするなど、さまざまな弊害を生む恐れがあります。こうした文書依存は以前から官僚制組織などに見られる文書主義として批判されることもありました。

現在はIT社会と言われるように、単に口頭か文書かという問題だけではなく、さまざまなIT機器などをビジネスその他で利用することが普通になっています。したがって、現在では文書多用の問題は相変わらず残る

ものの、さらにITを利用した文書多用の問題についても勘案しなければならないのです（多くの企業がITに依存する程度が低い組織を志向しているなどとは言えませんが）。いずれにせよ、一般的には形式化の程度が低い組織がより志向される傾向にあると言えます。

④集権化

現在は集権化ではなく分権化が志向される時代です。権限委譲、現場主義、参画型経営、現場の声に耳を傾けるなどといった言葉が浸透しているように、トップに権限が集中するのが当たり前の時代から権限が広く分散した組織を目指す傾向があります。また、先にも述べたようにピラミッド型からフラット型を志向する傾向があることも、集権化から分権化への流れに関連した重要な傾向であることに留意しなければなりません。結論としては、現在は集権化の程度が低い組織を志向する傾向が強いということです。

⑤形態に関する諸特性

まず、スパン・オブ・コントロールに関しては、それが広い組織を目指すという言い方は的を射ていない恐れがありますが、既述のようにフラット型を志向すると結果としてスパン・オブ・コントロールが広くならざるを得ないという側面があります。階層数に関しては、フラット化が志向されるということは必然的に階層数の少ない組織が志向されるということになります。

管理者比率に関しては、階層数の少ない組織が志向されるということはマネジャーの少ない組織ということになりますので、結果として管理者比率の低い組織が志向されることになります。これらのことについては、第2節のトールとフラットに関する議論で詳述した通りです。

⑥ 伝統性

現在はイノベーション（変革・革新）の時代と言われるように、現状維持や守りの経営ではなく、新たなことへのチャレンジや積極的な攻めの経営が求められる時代です。それぞれの組織には固有の歴史があり、その過程で培ってきた伝統や慣習を尊重することは確かに大切ですが、それらにこだわり過ぎてしまうと、得てして従来のやり方から抜け出せないといった前例主義に陥ってしまったり、大きな成功を収めるほどその成功体験に埋没したり呪縛されてしまったりする可能性が高まります。こうしたことから、伝統を軽んじるという意味ではなく、それにあまり拘泥しないという意味で、伝統性についてはそれにとらわれる程度の低い組織が望ましいとされる傾向があります。

ただし、老舗に代表されるように歴史と伝統に裏打ちされた企業などでは、かたくなに伝統を守るといった姿勢が何より大切になります。また、そうしたスタンスが逆にブランド力につながることになる場合が多いので、こうしたことにも留意しなければなりません。

(2) 官僚制と機械的組織

これまで組織の違いを検討するための6つの項目、およびそれぞれについての近年の日本企業のトレンドを概観してきました。さらに、そうした検討結果を踏まえた上で次のような議論が可能となります。

トール、中央集権、ピラミッド型という特性を帯びた組織に関連するテーマとしては、官僚制（bureaucracy）の問題があります。官僚制とは行政組織のみならず軍隊組織など大規模な組織の構造や管理システムに関する理論で、ドイツの社会・経済学者マックス・ウェーバー（Max Weber,1864-1920）が代表的な論者です。

官僚制組織の代表的な特徴を簡約すると、①ルール至上主義、②上意

下達③過度の分業化と専門化、④試験・資格の重視などとなります。さらに、前項での6つの項目に照らし合わせてその特徴を整理すると、「官僚制組織とは、①分業化と専門化が徹底して行われ、②手続きに重きが置かれ、③文書主義に基づき、④集権構造で、⑤管理範囲は狭く、階層数は多く、管理者数も多く、⑥前例主義に基づいた組織」と言うことができます。このように、現在の企業が志向する組織特性とは対照的な6つの特性と、官僚制組織の特徴とは非常に類似していると言えます。このような官僚制の特徴を備えた組織は機械的組織（machinery organization または system）と呼ばれます。現在の企業の多くが機械的組織や官僚制組織とは対照的な組織を志向していることは前項で述べた「近年の日本企業のトレンド」からも分かると思います。

機械的組織とは対照的な特性（今述べた①～⑥とは逆の特性）を持つ組織は有機的組織（organic organization または system）と呼ばれます。機械的組織は文字通り、同じことを大量かつスピーディーに行うには非常に適していますが、たとえばプログラムを変更することなどに相当する人為的行為を行わない限り自動的に自ら変わることができないのが特徴です（実際には現在の人工知能を搭載したコンピューターなどはある程度自ら判断し行為しますが）。それに対して有機的組織とは、無機物（モノ）に対する有機体（organism：生物）を意味しており、環境変化を自ら察知し必要に応じて柔軟に変化することで適応するという特徴を含意しています。

ここで、機械的組織・官僚制組織が悪で、有機的組織が善である、ということではない点に留意する必要があります。環境が単純であったり、環境変化が緩慢であるような場合には機械的組織の本領を発揮できる可能性があるのです。しかし、現在のように環境が不確実で、多様性に富み、変化のスピードが速い時代には、そうした難しい特性を帯びた環境に適応するのは容易ではないため、適応の可能性を高めるためにはより柔軟性を発揮できる有機的組織の方が有効であると一般的には考えられるのです。こ

のようなことから現在の企業は有機的組織の特徴を備えた組織を目指そうとするのです（すなわち有機的組織の構築）。

どのような組織であっても程度の差こそあれ機械的組織の特徴を備えているものです。普通はそれを完全に排除しようという意図があるわけではありませんし、組織である以上そうしたことは不可能であり、かえって不経済になってしまうとも言えるのです。実際には、同じ組織であっても営業は有機的で製造現場は機械的などといったこともありますし、環境の特性に応じて機械と有機のバランスを変えるということもあります。前川製作所が独法を廃止したり、ソニーがカンパニー制を廃止したり、パナソニックが事業部制に回帰したりといったことも、実はこうしたバランスにかかわる問題を包含しているのです。

(3) 官僚制の逆機能と組織メンバー

官僚制に対する批判的研究で知られるアメリカの社会学者ロバート・キング・マートン（Robert King Merton,1910-2003）は、官僚制の問題点を「官僚制の逆機能（dysfunction of bureaucracy）」として指摘しています。その代表的なものを簡約すると次のようになります。

①訓練された無能……ルールに従った行動は綿密に教え込まれるが、そのことが逆にルールにない行動や例外的な事象に対してうまく対処できなくさせてしまうこと

②最低許容行動……自発性の欠如の問題で、決められたことさえ忠実に行っていればよいメンバーであり続けるため、余計なことをしてかえって問題になるようなことは避けがちになること

③顧客不満足……顧客中心の論理ではなく企業中心の論理で事が運ぶため、また組織メンバーも同質化しているため、意図的にというわけではないが結果として顧客に不満足を与えてしまっていることに気づきにくくな

ること
④目標の置換……手段の目的への転化とも言う。自分自身と自分の生活のよりどころである組織を守ることが目的になってしまったり、組織が本来目的達成のための手段であることを忘れて組織を守ることすなわち組織防衛が目的化してしまったりすること。
⑤個人の成長の抑制……何より優先すべきは組織効率と組織維持なので、顧客の満足のみならず組織メンバーの成長も二の次になってしまうこと
⑥革新の阻害……現状維持が何よりなので組織自体もイノベーションには後ろ向きで、組織メンバーも既得権益を喪失しないようイノベーションに対する抵抗も強くなりがち。その結果、組織と個人双方の革新力が低下してしまうこと

　マートンはこのように官僚制の6つの問題点を指摘していますが、これは官僚制組織(機械的組織)に所属するメンバーの特性を表していると言っても過言ではないでしょう。つまり、*官僚制*という箱にはいるとそのメンバーも*官僚的*になってしまうことがあるということです。いずれにしても、こうしたメンバーの特性は現在では歓迎されないことが多く、これらの特性とは反対の特性が求められていると言うことができます。

 組織の変革について

(1) 組織変革とその経緯

　第7章で変革（イノベーション）について言及しましたが、それはオフィス変革と自己変革についてでした。つまり、個人が集まって働く場としてのオフィスがICT（Information and Communication Technorogy、情報通信技術（ITとほぼ同義））を活用して大胆に変貌を遂げようとしていることや、個人が働く職場環境の激変に自分を大きく変えて適応しようとすることについて考えました。なぜ第7章ではオフィス変革や自己変革に限定して論じたのかと言えば、ミクロ・アプローチということを意識していたからです。すでに前章の第8章からマクロ・アプローチに軸を移しているので、本節では変革の中でも組織変革について考えてみることにしましょう。

① OD（組織開発）

　第7章で組織開発（OD：Organization Development）についても少々述べましたが、ODとは集団の再活性化ということだけでなく、むしろ組織全体を変えることを意味していました。それはちょうど20世紀も半ばに入る頃で、それまで大方成長を続けてきたアメリカ企業が転換点を迎える時期でした。つまり淘汰の時代を迎え、アメリカ企業の多くが組織丸ごと大きく変わることを求められるようになったのです。

② OT（組織変換）

　さらに時が進んで1970年代に入ると、日本の自動車や電気製品をはじめとしてアメリカ市場に輸入品が急増することになります。その結果、アメリカ企業を取り巻く環境は再び厳しさを増すことになり、またもや大きく変わることが求められるようになりました。この時の環境変化はODの必要性が叫ばれた頃に勝るとも劣らない激しいものでした。こうした背景も手伝って、1970年代の後半から80年代にかけてOTという考え方が登場してきました。

　OT（Organizational Transformation）とは和語で言えば組織変換ということで、transformとは、あるものから別のものに姿を変えることを意味しています。つまり、従来の組織の姿から全く新しい姿へと大きく組織を変えることを意味しています（ODはグループ・ダイナミクスの影響から集団の活性化・開発も含意していますが、OTは組織そのものの変換・変革を意味しています）。こうして変革を迫られる多くのアメリカ企業は日本企業の躍進とは対照的に、1980年代には大きく変わろうと奮闘していたのです（バブル経済が破綻し日本企業が斜陽を迎えるのに対して、1990年代にその成果が表れ、好調に転じる企業もあったのです）。

　ひるがえって、アメリカがOTを必要としていた頃の多くの日本企業はと言えば、1980年代には以前のような高度成長の時代は終わりを迎えていましたが、80年代の終盤からのバブル経済なども控え好調を維持していました（しかし、貿易摩擦、急激な円高、人件費の高騰、企業の海外移転など問題も多数抱えていました）。ゆえに、好調な組織を変えてしまう必要性は感じないのが普通の感覚であって、ODの時と同じようにOTのような発想は当時の日本企業にはあまり受け入れられませんでした。

③ CI（コーポレート・アイデンティティ：企業の統一性）

　とは言うものの、長年にわたる成功体験から組織が疲弊したり、マンネ

リズムに陥ったり、官僚的な大企業病に侵されたりといった状況を感じている企業は少なくなかったのです。それを物語るかのように、1980年代になるとCI（コーポレート・アイデンティティ：Corporate Identity）運動という試みが多くの企業で取り入れられました。

CIとは和語にし難いものですが、アイデンティティには自我・同一性・一致・個性などの意味があるので、「企業の統一性」といった和語になります。これはたとえて言うなら、「抜本的に変えなくてもよいが、せめてイメージチェンジくらいはしておく必要がある」という企業サイドの考え方であると言えます（ODの時も抜本的に変える必要はなく、ODの考え方は日本では職場の教育や活性化程度に適用されました）。

CIの一環として多くの企業が行ったのは、社名を変更する（短縮する、カタカナにする、英語にするなど）、会社や製品のロゴマークを開発したり変更したりする、経営理念や経営哲学などを刷新する、などの試みです。また、CIには、こうした変更によって企業の文化に影響を与えようという意図が含まれていることも多々あるため、次の第10章で解説する組織文化やシンボリック・マネジャーとも通底しているのです。

1986（昭和61）年、アサヒビールは「ニューセンチュリー計画」の名の下、企業のシンボルマークを変更するとともにビールの味とラベルも変えてしまうという大胆なCIを導入し成果を上げました。さらにこの勢いで翌87年には「スーパードライ」を発売し大成功を収めますが、この主力商品の味まで変えるというアサヒビールのCIは単なるイメージチェンジではなく社運を賭けた大きな変化であったと言えます。

④組織変革

このように日本では1980年代にCIという形で「変える」ということが注目を集めますが、1990年代に入って間もなくのバブル経済の崩壊後には様相が一変します。それは、これまでのように「変えないよりは変えた

方がよい」というレベルの認識から、「変えなければ容易に適応不全に陥って、企業の存続そのものが脅かされる」という危機意識への転換でした。その結果、イノベーションの中でも組織のイノベーションすなわち組織変革（organizational innovation）という言葉が組織を抜本的に変えることを意味する用語として定着することとなるのです。同時に、現在に至るまで、それは喫緊の課題であると多くの企業が考えるようになっています。この段階になって日本の企業も「変える」必要性を認識せざるを得なくなったのです。

アメリカでもOT以後は組織を大きく変えることを意味する用語として組織変革（organizational innovation）が用いられるようになっていましたが、それとともにリストラクチャリング（restructuring）やリエンジニアリング（re-engineering）という用語も一般的に使用されてきました。

リストラクチャリングとは、日本ではアレンジして人員削減を意味する言葉として広く用いられていますが、元来の英語の意味は「再構築」なので、そこから事業構造の再構築すなわち組織の事業構造を大きく変える（変革する）ことを意味する用語として用いられています。一方で、リエンジニアリングとは再設計などの意味があるので、事業プロセスの再設計すなわち組織の業務のプロセスや経営のシステムなどを大きく変える（変革する）ことを意味する用語として用いられています。

つまり、アメリカでは組織の変革の内容を事業構造の変革と事業プロセスの変革とに2分して考えるのに対して、日本では組織変革に一元化して考えることが多いと言えます（もちろん、日本でもそうした2分がなされないというわけではありません）。

(2) 組織変革を成功裏に導くためのトップの条件

このような背景を持つ組織変革ですが、変革とはいったい何を大きく変

えることなのかという問題があります。この変革の対象範囲の問題については明確な定義が存在するわけではないのですが、はっきりしていることは組織というシステムを構成する一部のサブシステムを変えるということではなくシステム全体を大きく変えるということです。したがって、特定の事柄ではなく組織全体にかかわる複数の事柄について同時並行的に従前と大きく変えるということになります。その内容は、組織の構造、形態、事業内容、経営の仕組み、文化、人事制度など多岐にわたります。松下電器（現パナソニック）の組織変革では当時の社長中村邦夫（1939-）氏の言によれば、「経営理念以外すべて変える」という覚悟の下で改革が実行されました。中村社長の強力なリーダーシップによって松下改革は推し進められ世間の注目の的となったのはまだ記憶に新しいところです。

　ここで組織変革を成功裏に導くための主にトップに関連した基本的な条件について考えてみることにしましょう。

①主導力を発揮する

　トップのリーダーシップとはトップのイニシアティブの問題とも言えます。イニシアティブ（initiative）とは「主導」などと訳されることが一般的で、トップ主導で組織変革の契機が生じ、そのプロセスが進展していくかどうかということが重要となります。組織変革がうまく成し遂げられたケースでは、いずれもトップが現状に対する強い危機意識を持っていて、大きく変えて生存の可能性を見出すか、さもなくば座して死を待つかといった危機感を持っていると言えます。そして、そうした危機感がトップを突き動かして組織変革を実行しようと決意し、変革の歯車が回りだすということが不可欠なのです。

②認識を共有する

　ここで言う認識の共有とは危機意識の共有のことを指しています。トッ

プ主導で事が進行したとしても、トップの危機意識が他の組織メンバーに共有されなければ途中で頓挫してしまうでしょう。なぜならば、変革するということはメンバーの現状も変えてしまうことになるので、メンバーがトップの変革の理由を共有し納得できるものでなければ事はうまく進みません。強制や脅しによって変革を推し進めようとしても無理が生じます。

　危機意識の共有化を図るためには、変革の理由と内容が多くのメンバーに共感されるものでなければなりませんし、また共感されるように持っていくことがトップの腕の見せどころなのです（いわゆる抵抗勢力をなくすことは困難ですが、できる限り少なくすることが理想です）。第87-89代内閣総理大臣を務めた小泉純一郎（1942-）氏は「抵抗勢力も協力勢力になる」旨の発言をしました。これには抵抗勢力とみなされる人たちの考え方を無理強いすることなく、小泉氏の考え方に近いものに変えてもらおうという意図があったのは明らかです（トイレなどに掲げられている「いつもきれいに使っていただきありがとうございます」というようなメッセージと共通するものがあります）。

　また、日産自動車のカルロス・ゴーン氏が行って話題になった自ら現場を回って現場を担う人たちとコミュニケーションを行う「現場主義」も、単に現場の声に耳を傾けるということだけではなく、トップである自身の考えや思いなどを間接ではなく直接現場に伝え共有してもらうという意図もあるのです。

③トップが交代する

　組織変革はトップが交代したことによってスタートすることが多いのです。つまり、トップが同一人物であるということは、トップの認識が突然保守から変革へと大幅に舵が切られることを期待するのは難しいということです。同じ人物の認識が180度転換することは一般的に言って困難だからです。

さらに、たとえトップが変わったとしても前任者の方針をそのまま継承したり、前任者に引き上げてもらったりした場合にも認識が大きく変わることは期待しにくいと言えます。したがって、トップが交代し、しかもその人物が本流を歩んできたというよりは、支流、亜流、傍流を渡り歩いてきた方がいわゆるしがらみも少なく、抵抗勢力に引きずられることなく改革を断行することができる可能性が高いと言えます。

　中村氏は日本の本流でではなくアメリカ・イギリスなどの松下電器で長期にわたって活躍し成果を上げてきましたし、小泉氏も自民党の中で本流にどっぷりとつかっていたというよりは、「変人」などと評されることもあったように少々変わった浮いた存在であったと言えます。カルロス・ゴーン氏に至っては、それ以前は日産と何ら関係のない他の企業、しかも外国企業からたまたま来ることになった人物です。

　さらに、18年間赤字が続いていた長崎のテーマパークのハウステンボスを大改革し立て直したのは、2010（平成22）年に買収し再生の陣頭指揮を執ったエイチ・アイ・エス（H.I.S.）会長の澤田秀雄氏でした。また、入場者数の減少に悩んでいた大阪のテーマパーク、ユニバーサル・スタジオ・ジャパンを映画専門のテーマパークというコンセプトから解放し、新たなテーマパークとして生まれ変わらせV字回復に導いたのはヘアケア業界からヘッドハンティングされた森岡毅氏でした。澤田氏は、夢を描きそれを社員と共有することの重要性を、森岡氏は変革を成し遂げるためにはしがらみを断つとともに人に嫌われることもいとわないことの重要性をそれぞれ主張しています。

④最後まで関与し続ける

　主導力（イニシアティブ）の問題がいわゆる言い出しっぺの役割に関する問題であるとすれば、これは言い出しっぺとして組織変革の最後まで（ある程度のメドが立つまで）関与し続けることの重要性に関する問題である

と言えます。言い出して、みんなを巻き込んでおいて、当の本人が放り投げてかかわらなくなるという態度がひんしゅくを買うのは人の世の常ではないでしょうか。ましてや組織変革という痛みを伴うことに組織メンバーを巻き込むわけですから、主導したトップ自身がかかわり続けて、かつ痛みを分かち合うという姿勢で臨まなければ変革が成功裏に導かれることはないでしょう。

　中村邦夫氏は2000（平成12）年6月から2006（平成18）年6月まで、6年間社長として中村改革をリードしました（その後は会長そして相談役）。カルロス・ゴーン氏は1999（平成11）年6月に日産自動車に最高執行責任者（COO）として赴任して以来現在に至るまで日産自動車をリードし続けています（執筆時）。

　また、カルロス・ゴーン氏は2002（平成14）年に3か年計画である「日産180」を掲げました。これは世界での年間販売台数100万台増（1）、営業利益率8％の確保（8）、有利子負債をゼロにする（0）という計画ですが、トップであるゴーン氏はこれを自分のコミットメント（日産では必達目標・公約を指します）とみなすとともに、達成できなければ自身も責任をとるとしました。このような行動は、自らは言い出すだけでコミットメントの対象ではないと考える場合とは異なり、自分も率先してそれにかかわり続けていくということであり、組織をリードしたり変革へと導くにあたって有効であると言えます。

⑤混沌を創り出す（創造的破壊者になる）

　最後に「混沌を作り出す」という問題があります。

　トップにはさまざまな能力が要求されるということはもちろんですが、大前提として、まず平時と戦時では求められる資質や能力が大きく異なってくるということがあげられます。戦国武将たちは常に生きるか死ぬかという状況に置かれていたため、何はさておき「勝つ・生き残る」というこ

とに長けた能力が不可欠でした。一方、江戸時代の天下泰平の世では、各藩主などには安定した状況を「守る・続ける」ということに長けた能力が不可欠でした。

　ビジネスにおいても同じようなことが言えます。たとえば高度成長期のように環境も比較的安定していて企業が好調な時とは平時と言えるので、現状維持が基本スタンスで、企業のトップにも「調和」や「守る」といった能力がより求められました。一方、組織のイノベーションが必要となる状況とは環境が激変する時であり、戦時であると言えるので、平時とは対照的で異なる能力すなわち調和に対して「破壊」、守ることに対して「積極的に攻撃する」、こうした能力がより求められてきます。つまり、イノベーションの時代にはトップの能力として「破壊」と「攻撃」という能力が必要となるのです。

　組織変革とトップの破壊という能力の関係について考えてみましょう。これまで述べたように組織変革とは組織を新たな姿へと大きく変えるということですが、その際問題になるのは、まず現在の姿やこれまで築いてきたものを壊さなければ新たなものを構築しようがないということです。そしてこれは古くから存在する「創造的破壊（creative destruction）」ということに関連した問題でもあるのです（P.F.ドラッカーはこれを「体系的廃棄（systematic abandonment）」としています）。つまり、新たなものを構築するには今あるものを壊す必要があるということです。

　したがって、中村邦夫氏が変革に際して常に意識していた言葉が「破壊」と「創造」であったように、まさに組織変革に際してトップに求められる能力は「壊すこと」「破壊すること」であって、その役割は破壊者であると言えるのです（しかし単なる破壊ではなく、より良いものを作るための破壊ということですから、やぶから棒に壊すのではなく、考え抜いた上での破壊であり、壊したことによって後々問題が生じないように壊すということです）。

組織に混沌を作り出す（chaos-making）とは、創造的破壊すなわちより良いものを構築するために障害となるものをあえて破壊することであり、平時の調和や守ること、すなわち秩序を作り出すこと（cosmos-making）とは異なる破壊者としてのトップに求められる役割なのです。ここで述べた中村、ゴーン、小泉の各氏はいずれも破壊に長けた（積極的な）人物ですし、明治維新で日本国という組織を改革した幕末の維新の志士たちも見事な破壊者であったと言えるでしょう。

ただし注意が必要になります。それは中途半端な形で壊しただけということになると、壊す以前より良くなるどころか、かえって悪くなってしまいかねないということです。小泉氏の場合は道路公団、郵政、雇用などさまざまな旧制度を破壊しましたが、壊した更地の上により有効な新しい仕組みを構築する前に任期を終えてしまって、その後が続かなかったようにも思えます（政治家や総理大臣の場合は選挙や任期があるので仕方がないという部分もありますが）。したがって、中には手を付ける前よりも混乱してしまったものも少なからずあると思います。また今日の民主化という名の下の中東情勢についても同様のことが言えると思います。

さらに松下電器（現パナソニック）の組織変革について特徴的な点をあげておきましょう。たいていの場合、組織を大きく変えるということは大変なことで抵抗や障害もあるものですが、松下の場合はそうした変革に対する障害が他の組織よりも大きかったと言えます。その障害とは、創業者の松下幸之助氏の存在と業績です。幸之助氏は「経営の神様」と称される言わずと知れた世界的な経営者であり、第8章でも述べた事業部制組織、「一日休養・一日教養」という考え方の下での週休二日制、系列販売店制度、終身雇用制などを実施し、松下電器のみならず日本の経営に大きな影響を与えました。したがって、松下電器を改革して大きく変えてしまうということは創業者幸之助氏自身を（その気はなくても）否定することにつながってしまうのです。それまでの幸之助氏の功績はいわゆる聖域（sanctuary）

として、たとえ時代に合わなくなってきたと多くのメンバーが感じていたとしても歴代トップはそれらに手を付けることができませんでした。しかし中村氏は、破壊なくして創造なしと考え、あえて手を付け、事業部制の解体や系列販売店との関係を見直しをはじめとして改革に取り組んでいきました。中村氏は社内でも生粋の幸之助支持者であったようなので、幸之助氏への深い思いから松下が低迷していくのが耐えられなかったのでしょう。

(3) 組織変革の留意点

　これまで組織改革を成功裏に導くための主にトップに関連した条件について言及してきましたが、最後に組織変革全般について一言付け加えておくことにしましょう。

①何をもって変革の成否を判断するのか

　まず、何をもって組織変革が成功裏に導かれたとするのかという問題があります。たいていの場合、業績をⅤ字回復させた、売り上げが伸びた、といったように数字で判断されます。しかし、組織変革によってⅤ字回復がなされた場合でも、その後すぐにまた厳しい状況に直面してしまったりすることも珍しくありません。複雑な現代社会において、組織変革を通じて長期にわたって好調を続けることは容易なことではないのです。一時の回復をもって成功したと考えるのは問題だと言わざるを得ません。

　なぜならば、変革による一時の回復と引き換えに、組織内の人間関係が粗悪になってしまったり、会社に対する社員の感情が悪化してしまったり、リストラが横行するようになったり、コスト削減至上主義によって品質や技術に問題が生じたり、といったように、組織そのものに傷が付くようなことになってしまっては元も子もないからです。

組織論とは人の学問です。したがって単に数字だけで判断することなく、組織の主役たる人間の観点から組織変革について考える視点が必要であると思います。

②変革するという意思決定は適切か

次に、そもそも本当に組織変革が必要なのかという意思決定に関する問題があります。日常でもよくあるのが、下手にいじってかえっておかしくしてしまうといういわゆるオーバー・マネジメント（over-management）です。それは本来自然治癒力に任せておいた方が期待できるのにわざわざ処方してかえって悪化させてしまうことと言えます。成果主義なども、他の多くの企業やライバル企業が導入しているので乗り遅れてはならないとばかりに採用し、かえって混乱を引き起こすようなケースも実際のところ見られます。当然のことながら企業によって個性はまちまちであるので、どのような組織の姿が望ましいかはそれぞれ異なりますが、組織変革ブームだからという安直な理由から組織変革という大手術を行うのはリスクが高過ぎます。大手術は、それが真に不可避であり、そうすることでしか治癒の見込みがない場合にのみ行われなければならないのです。

③マクロとミクロのマッチングは適切か

最後に、マクロとミクロのマッチングの問題があります。一般的にはマクロとしての組織構造や形態などと、ミクロとしての雇用や報酬のシステムなどは、それぞれの性質が適合したものであることが望ましいと言えます。たとえば、カンパニー制やチーム型組織と従来型の年功序列賃金は基本的には性質が異なると言えます（その組み合わせが不可能だとか、それではいけないということではないのですが）。

したがって、組織変革によってオフィスや個人、そして雇用や報酬制度などのミクロが影響を受け、その結果ミクロも組織変革によって生じたも

のの性質に近い制度や仕組みになる可能性が高いので、あらかじめ留意しておくことが必要です。つまり、マクロ面のみ変えたかったのにミクロ面も変わらざるを得なくなったということに注意しなければならないということです。そもそも組織変革とはマクロ面のみならず往々にしてミクロ面も大きく変えることになるので、そうしたことを認識しているのであれば問題はないとも言えますが、マクロのみ変えたいといったように連動性を理解していないと問題だということです。

第10章
組織と意思決定・文化

　第8章および第9章ではマクロ・アプローチについて、おもに組織構造および組織形態とそれらに関する近年の動向について考察してきました。本章では、マクロ・アプローチに関連するその他のテーマとして、意思決定および文化という視点から組織を概観していくことにします。さらに、意思決定に関連するテーマとしてゴミ箱モデルを、組織文化に関連するテーマとしてシンボリック・マネジャーをそれぞれ取り上げています。これらのテーマからアプローチすることによって、組織についてより深い洞察力を養うことが本章の狙いです。

1 意思決定のシステムとしての組織

（1）組織を意思決定のシステムとみなす組織観

　まずはじめに組織観について考えてみたいと思います。つまり、組織をどのようなものととらえ、どのような前提に基づいて組織を語るかということについてです。

　組織論の黎明期は科学的管理法の思想に代表されるように、組織という手段を使ってムリ・ムラ・ムダを排除して能率の向上を目指すという、言わば組織を効率追求のシステムとみなし、そのような視点に立って組織についてアプローチするという組織観が主流でした。しかし20世紀も中頃に近くなると、組織を意思決定のシステムとみなす組織観が登場してきました。つまり、組織では上層から下層に至るまで日常的に意思決定が行われているので、最終的に組織全体が成果を上げられるよう、組織内の意思決定プロセスに影響を及ぼしコントロールすることが組織運営にとってより重要なことであると考える組織観です。

　こうした組織を意思決定のシステムとみなす組織観の開祖とも言える代表的な論者がアメリカのハーバート・アレクサンダー・サイモン（Herbert Alexander Simon,1916-2001）です。彼は政治学、心理学、経営学、経済学、コンピューター・サイエンスなど実にさまざまな分野に精通した学者ですが、主に長年にわたる組織における意思決定過程の研究が評価され、1978年にノーベル経済学賞を受賞しています。彼は主要著書 "Administrative Behavior: A Study of Decision-Making Processes in Administrative Organization 4th ed."（『新版 経営行動—組織における意思決定過程の研

究』)の冒頭で次のように述べています。

「経営は、通常、『物事を成し遂げること』の技法として論じられる。特に、機敏な行為を保証するための過程や方法が強調される。人々の集団から一致した行為を確保するために、諸原則が提示される。しかしながら、この議論の全てにおいて、全ての行為に先立つ選択―現に行なわれることよりも、むしろなにがなされるべきかを決定すること―に対して、あまり注意が払われない。本書の研究が扱おうとすることは、この問題―行為に導く選択の過程―である。」(『新版 経営行動―経営組織における意思決定過程の研究』1ページ)

このようにサイモンはあらゆる行為の前段階として必ず存在するにもかかわらず長い間光が当てられることがなかった意思決定という問題に本格的に注目した人物なのです。そして、意思決定の重要性はサイモンの言をまつまでもなく、決定自体が的を射たものでなければ行為をどんなに精緻に行おうとも行為そのものが的外れなものになってしまうので、結果として当初の目的は達成するのが困難なものになってしまう、ということからも理解することができるでしょう。

(2) 意思決定における2つの前提

それではサイモンの業績の要点を整理してみましょう。まず、どんな決定も意思決定前提(decision premises)と呼ばれる2つの要素から成り立っているとされますが、それらは価値前提(value premises)および事実前提(factual premises)というものです。単純化して言えば、意思決定は、価値に関連した決定と事実に関連した決定に大別できるというわけです。

あるグループが旅行を計画しているようなケースを想定すると、旅行先としてどこに行くかという決定は価値に関するものであると言えます。そして、この決定は、グループ内でどんなに時間をかけて決めたとしても、

無数にある行き先の中でそこが最も合理的かどうかの判断は価値にかかわるものなので断定するのは無理であると考えられるのです。一方、行き先つまり目的地に関する決定がなされた後に、次にどのようにしてそこへ行くかという手段にかかわる決定が必要になります。この場合は鉄道、自家用車、レンタカー、長距離バス、飛行機など交通手段にも一定の多様性はありますが、所要時間や運賃などから考えて最も合理的な手段の選択は可能であると言えます。

このようにサイモンは、意思決定を価値にかかわる決定と手段にかかわる決定に分類しましたが、サイモンが考察の対象としたのは事実前提すなわち手段にかかわる決定であり、価値前提すなわち価値にかかわる決定は対象の範囲外としたのです。なぜなら、意思決定の科学化を志向するサイモンにとって、価値にかかわる問題は科学の範囲外であり、考察の対象外とみなされたからです。そこでサイモンは、目的の先与性すなわち価値に関する決定を所与のものとし、専ら目的を実現するための手段の合理的選択という側面を考察の対象としました。そして、そのためにコンピューター科学や認知科学の領域にまで踏み込み、合理的な意思決定ならびに意思決定の科学化を追求したのです。

サイモンは組織内での意思決定を、トップ・マネジメントの意思決定である「経営的意思決定」、ミドル・マネジメントおよびロワー・マネジメントの意思決定である「管理的意思決定」、そして一般従業員の意思決定である「作業的意思決定」の3つに分類しました。しかし、意思決定を上層から下層の間で分有・共有するという考え方ではなく、基本的に重要な意思決定はトップが専有すべきであり、日常的な意思決定の一部を下層へと委任していくという考え方が中心です。また、意思決定をプログラム化（ルーチン化）できるものとプログラム化できないものに大別し、プログラム化できるものは可能な限りそのようにし（場合によってはコンピューターを援用して）、意思決定の合理化を目指すことを理想としています。

(3) 意思決定のプロセスと合理モデル

①意思決定のプロセス

サイモンは意思決定のプロセスにも着目して、それを次のように整理しています。

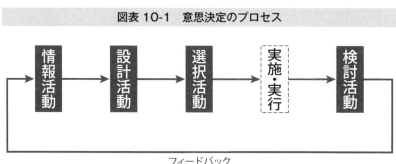

図表 10-1　意思決定のプロセス

フィードバック

①情報活動（intelligence activity）……解決すべき問題や課題を設定する活動であり、間違った問題設定はその後のプロセスも非合理的なものにしてしまうので、必要な情報を収集することで適切な問題設定を実現すること。貪欲な情報収集が求められるという意味では諜報活動とも言える
②設計活動（design activity）……課題・問題を解決することが可能な代替案（alternative：選択肢）を設計すること
③選択活動（choice activity）……代替案の中から最も望ましいもの（課題や問題を最も解決してくれる可能性が有るもの）を選ぶこと
④検討活動（review activity）……選択した代替案を実施・実行した結果、それが成功裏に導かれたにせよ失敗に終わったにせよ、その理由などを詳細に検討・評価して以後の情報活動に活かせるようにする活動

②意思決定の合理モデル

サイモンは意思決定をこのような一連のプロセスと考えたわけですが、さらに留意しなければならないのは次のようなことです。

まず「意思決定の合理モデル（rational model）」と言われる考え方を前提に、このプロセスをたどってみると次のようになります。

適切な情報収集を行ってそれに基づいて分析すれば解決すべき問題はおのずと明確になります（①情報活動）。代替案の設計に必要なすべての情報を入手することも可能で、それに基づいて問題解決に必要なすべての代替案を設計することができます（②設計活動）。また、それぞれの代替案がどのような結果をもたらすかということをすべて正確に予測することができ、さらに選好基準も明確なので（どの代替案がどの代替案より好ましいか好ましくないかが判然としているので）そうした予測に基づいて問題解決の可能性が高いものから優先順位（プライオリティー）を正確に付けることもできます。したがって、さまざまな代替案の中から最も問題を解決すると考えられる優先順位の最も高い代替案が自動的に選ばれることとなります（③選択活動）。そして選ばれた代替案は適切に実施され、その結果を正確に見極めることができます。したがって適切な学習がなされ、それが以後の問題設定に適切にフィードバックされ活かされることになるのです（④検討活動）。

③現実的な意思決定モデル（経営人モデル）

しかし、より現実に即すのなら次のように考えることができます。

まず①の情報活動についてですが、情報さえ手に入れることができれば半ば自動的に解決すべき課題や問題も明白になるという確証はありません。とくに現在のような環境変化が激しいと言われる時代には、何が組織にとっての問題で、解決すべき課題とは何なのかさえよく分からないということも決して珍しいことではないでしょう。このような環境下で組織に

とって適切な課題・問題を見出し、設定すること自体難しい作業であると言えます。こうしたことからもトップの洞察力や認識力などが問われることになります。

②の設計活動については、すべての情報を入手できるという完全情報の前提は実現不可能で、通常は不完全な限られた情報の中で代替案を設計することになります。そして③の選択活動についても、代替案のもたらす結果を正確に予測することはできず、せいぜいおぼろげなイメージが浮かんでくる程度であることが多いでしょう。

また、選好基準もあいまいなため、正確に優先順位を付けるのは困難と言わざるを得ないので、付けられた優先順位もかなり主観的なものとなることは避けられないでしょう。加えて、優先順位が最も高い代替案が選択され実施されるとは限りません。たとえばコストやリスクなどを勘案した結果、最も優先順位が高いとされる代替案を実施するとなるとコストがかかり過ぎたり、リスクが大きかったりするので、本来であればそれを実施したいのですが、あえて1番手ではなく、2番手、3番手といった代替案が半ば妥協案として実施されることもしばしばです。

さらに④の検討活動については、実施された結果を正確に見極められて、その結果適切な学習がなされるというのはそれほど簡単なことではないでしょう。たとえば一般的に、結果については多様な解釈が可能です。意図せざるにせよ主観的に解釈がなされることもよくあることなので、そのような場合には適切な学習やフィードバックがなされない可能性が高くなります。

合理モデルが前提とするようなプロセスに従って行動する意思決定者の姿、すなわち、完全情報に基づき、すべての代替案を設計・列挙でき、代替案の結果を正確に予測でき、明確な選好体系を持ち、それに基づいて優先順位付けを行うことができ、最良の代替案を選べるという意思決定者像は「経済人モデル（economic man）」と呼ばれます。こうした意思決

定者のイメージは以前からおもに経済学などで想定されてきました。しかし、サイモンは合理モデルとは異なる、こうしたより現実的な意思決定者像を想定しましたが、それは経済人モデルに対して「経営人モデル（administrative man）」と呼ばれます。

　このようにサイモンによって、より現実的な意思決定者像が経営学の世界に持ち込まれることになりました。サイモンの「さまざまな面で制約を受けざるを得ない意思決定者によってなされる意思決定」という斬新な発想は、彼の「限定された合理性」（または制約された合理性、bounded rationality）という概念に裏打ちされています。
　この概念は文字通り、意思決定に際して合理性は情報面や認知面などさまざまな面で縛られている（制約を受けている）ということを意味しているとともに、さらに意思決定者は組織人であるため、その時点で組織の期待（組織の価値や理念などとマッチした決定を行うという組織サイドからの期待）ゆえに意思決定の自由度を一定程度組織に差し出さざるを得ないという意味でも制約を受けることになります。こうした二重の意味での制約の結果、もはや合理モデルが想定するような完璧な意思決定など望むべくもなく、現実の意思決定はある一定の満足のいく水準（これを満足化基準と言います）で行うことを余儀なくされるというのがサイモンの意思決定についての考え方なのです。
　このようにサイモンは「意思決定前提」「経営人モデル」「限定された合理性」「満足化基準」などといった概念によってこれまでの意思決定の概念を刷新するとともに、組織を効率追求のシステムとみなす従来の組織観に加えて、意思決定のシステムとみなす新たな組織観を生み出すことで組織論の展開に一石を投じる貢献を果たしたのです。

第10章 組織と意思決定・文化

組織意思決定の ゴミ箱モデル

(1) あいまい性の下での意思決定

　前節では組織の意思決定プロセスに関連してサイモンの合理モデルについて言及しましたが、それは次のようなものでした。
①あらかじめ目標が明確に提示され、完全情報に基づいて問題解決のために必要な代替案がすべてデザインされる
②各代替案のもたらす結果が正確に予測され、代替案とその結果との因果関係が厳密に規定される
③目標に照らして各代替案のもたらす結果の評価ならびに代替案間の順位付けが所与の客観的評価基準に基づいて行われ、最終的に問題解決にとって最も望ましい代替案が選択される
　そしてサイモンは「限定された合理性」という概念によって、こうした合理モデルの前提に一石を投じたのでした。
　合理モデルの前提とは対照的な意思決定に対する考え方があります。それは「ゴミ箱モデル（garbage can model）」というもので、アメリカの高名な組織論研究者であるJ.G.マーチ（James Gardner March,1928-）らによって提唱された意思決定に対するユニークなとらえ方です。
　ゴミ箱モデルは、合理性を前提とする意思決定とは全く対照的に、組織における意思決定とは合理性など望むべくもなく、むしろそれは非合理的な側面すなわち「あいまい性（ambiguity）」に満ちていて、組織とは、そのようなあいまい性に満ちた世界で何とか決定らしきものを行いながら活動を継続していくものとみなされます。そして目的の先与性（合理モデ

301

ルのように事に先立って目標が明確になること）や予測可能性（代替案の結果などを完全に予測できること）などというものは前提とされておらず、代わって組織の意思決定は以下にあげる3つのあいまいさに常に侵されているという前提に基づいています。

①選好のあいまいさ

　選好（preference）のあいまいさとは目標のあいまいさのことです。その目標も多くの場合正確とは言い難く、ぼんやりとしか見えていないにもかかわらず、「すでに設定してしまったから」「何もないと動くに動けない」などの理由から設定されているにすぎないものであると考えます。確かに就職活動などに際してはどういう職業に就きたいのか目標を明確にすることが必要とされますが、（現在ではインターンシップ制度などもありますが）実際に働く前から目標を明確にするというのは可能なのかという疑問を多くの人が持っていることでしょう。こうした個人の目標と同様のことが組織の目標にも言えます。つまり目標とは、得てして行為しながら、あるいは行為してからはじめて明らかになるという事後的な側面があるのです。

②因果関係のあいまいさ

　因果関係のあいまいさとはその名の通り、原因と結果の結び付きに関するあいまいさのことです。両者の関係は合理モデルが想定するように明瞭ではなく、どのような行為がどのような結果を招くかは、多くの場合前もって分かるものではありません。したがって組織が有する現在の因果マップ（これをすればこうなるということに関する組織特有の考え方）も、存外確たる裏付けのない、たまたま過去にうまくいったから信じられているにすぎないといったような思い込みの域を出ないものであることも珍しくはありません。また経営とはさまざまな外部環境の中で行われるものですか

ら、自らの思惑とは別に容易に想定外の外在的要因に翻弄(ほんろう)されてしまうということも珍しいことではありません。単純に言えば「何事も思った通りにはいかない」といったところでしょうか。

③参加のあいまいさ

　参加（participation）のあいまいさとは意思決定者の決定への参加にかかわるあいまいさのことです。各参加者は限られた時間や能力、そしてエネルギーしか持ち合わせていないので、自らの関心や他者の期待度などに応じて決定の場への参加を割り振ることになります。そして個々の参加者の好みや関心事は移ろいやすいものなので、決定の場への参加もその時々の参加者の都合に左右されるということもよくあるのです。

　合理モデルでは、ある意思決定にかかわる者は、持てる時間とエネルギーを惜しみなくすべて費やして最良の決定をしようとする、という半ば英雄的な意思決定者像を前提としています。ところが、実際には「魅力的で気を引くものが他にあるため、こちらにはあまりかかわっていられない」とか、逆に「他にかかわらなくてはならないこともないし、この決定の場は自分の存在意義をアピールするには絶好の機会だ」などといった理由から参加することもあるでしょう。

(2) 組織化された無秩序

　こうした3つのあいまいさに支配された意思決定の状況は「組織化された無秩序（organized anarchy）」と呼ばれます。これは「組織化された（organized）」と「無秩序（anarchy）」という対照的な矛盾する言葉の組み合わせです（その意味では「ワーキング・プアー（working poor）」も同様の組み合わせですね）。前者の「組織化された」とは合理性や秩序といったものを意味しています。つまり、組織とは実際に可能かどうかは別にして

秩序だって合理的に行動しようとするものなので、この言葉は組織のそうした側面を言い表しているのです。一方、後者の「無秩序」とは、その名の通り、非合理性やあいまい性といったものを意味しています。つまり、組織とは（合理モデルのように）合理的な決定を追求しようとするものなのだが（企業という組織はとくに）、実際には、想定しているような合理性がかすんでしまうような相当なあいまいさに満ちた世界で意思決定を行うことを余儀なくされるものなのです。こうしたことをこの言葉は物語っているのです。

(3) ゴミ箱モデルとは

合理モデルが前提とする世界とは全く異なるあいまいさがはびこる世界での意思決定を説明するには、合理モデルでは到底無理があるので、説明のための新たなモデルが必要となります。そして、こうしたあいまいさの下での組織の意思決定というものをうまく見ることができるメガネがゴミ箱モデルなのです。

ゴミ箱モデルでは意思決定を、選択機会（choice opportunity）、参加者（participant）、問題（problem）、解（solution）という4つの決定因からなるものと考えます。そして、参加者、問題、解という3つのゴミが、選択機会というゴミ箱に入ったり出たりしながら、「決定できるいいあんばいになった」「タイムリミットが迫っている」などの理由から、決定と呼ぶにふさわしい行為がなされる（ゴミ箱が回収される）というとらえかたをします。

次に、ゴミ箱モデルの4つの決定因それぞれについて詳しく見ていきましょう。

①選択機会

　選択機会とは、決定と呼ぶにふさわしい行動を示すと期待される場のことであり、会議などを想定してもらえばよいでしょう。ゴミ箱モデルではそうした場を必ずしも決定がなされる場とは考えていません。むしろ、各決定因が自らをアピールしたり、イデオロギーを表明したり、アイデンティティを確認したり、暇をつぶしたり、良い出会いを求めて離合集散を繰り返したりする機会であるととらえます。ゴミ箱というメタファー（隠喩、たとえ）の意味もここにあります。つまり一般的に、ゴミ箱とは雑多なものが投げ入れられるというイメージがあるので、選択機会とはさまざまな決定因が投げ入れられる場ということになります。

②参加者

　参加者とはその名の通り、意思決定に関与する者ということです。参加者は感情的で、たわいもない理由で選択機会に入ったり出たりしますし、他にどのような選択機会があるかといったことや他の参加者の参加状況などに影響されたりもするものです。さらに、自分の能力が問題の解決に一役買うであろうとの確信から参加するということではなく、自分が目立つかどうかといったことが参加の理由になることもあるでしょう。

　かつての日本企業では取締役会で、さしたる能力を発揮するわけでもない長老が幅を利かせているのが問題だなどと言われることがありました。この場合、にらみを利かせたり、プレッシャーをかけたりなど自らの存在の重みを知らしめたいというのが、実質的な意思決定をすること以上に大きな参加の理由であったと言えるのではないでしょうか。

③問題

　問題とは、選択機会で議論され解決すべきものということになりますが、純粋にそのようなものだけとは限りません。そもそも何が問題なのかを明

確にできない場合も多いので、間違った不適切な問題が選択機会に投げ込まれ、あたかも解決しなければならない問題であるかのごとく真剣に議論されることがあります。しかし、その結果、何らかの決定がなされたとしても、それは組織にとって意味のあることにはならず、徒労に終わることになります。なぜならば問題を誤認識しているからです。

また、特定の参加者がとくに思い入れのある事柄を問題として、自身とともに選択機会に持ち込むこともあり、その結果、それが本当に大きな問題となることもあります（小泉純一郎氏と「郵政民営化」という問題など）。

さらに、決定がなされても問題が解決せずに残ってしまったり、忘れた頃に再び出来するということもあります。こうしたことは、飛ばしによる決定とか見過ごしによる決定といったことを行った場合に起こりがちです。飛ばし（またはやり過ごし）による（by flight）決定とは、厄介な問題などを他の選択機会に半ば強引に追いやってしまい（またはそうした問題が当該選択機会を出て行くのを見計らったりして）、それをもって解決したとみなしてしまうことです。そして、見過ごしによる（by oversight）決定とは、厄介な問題などを（厄介なことになるのが見えているので）あらかじめ、その選択機会には入れないことによって、それをもって解決したとみなしてしまうことです。

たとえば、「わが国のモノづくりの再生と発展」といった選択機会において、当初大きな問題とされた「レアアースやレアメタルなどの調達」が、時の経過とともに、それを不要にする技術の目処が立ってきたことなどによって当該選択機会においてもはやたいした問題ではなくなったといったことは飛ばしによる決定と言えます。また、「エネルギー・ミックスの決定」といった選択機会において、原発との関連で「放射性廃棄物の処理問題」などのように本来真摯に向き合わなければならない問題であるにもかかわらず、なるべく見ないようにするといった先送りなどと言われるものは、見過ごしによる決定と言えます。これらは決定したとは言い難いので、

いずれまた問題として立ち現れてくることになるでしょう。

　大きくて重要な問題ほど時間とエネルギーを費やし、あらゆる手を尽くして徹底的に議論され解決へと導かれる、といった私たちのイメージとは逆に、大きくて重要な問題ほど飛ばしや見過ごしによる決定がなされる傾向があると言えます。こうしたことについてもうまく説明してくれるのがゴミ箱モデルの特徴です。

④解

　解とは問題を解決するためにひねり出されたもの（問題→解）と一般的には考えられていると思いますが、一方で、その問題とは関係ない所で関係ない人物によって（すでに）生み出されているものであるという側面もあるのです。そして、解が先に存在していて、それが解となるのにふさわしい問題を見つけ出したり、あるいはそれぞれふさわしい問題と解が偶然結び付いたり、さらに場合によっては解が問題を作り出してしまったりといったことも起こり得るのです（解→問題）。

　たとえば、「子供たちの心の不安定さ」という問題に対して生み出された「ゆとり教育」という解ですが、それが「学力低下」という問題を新たに生み出しています。そして最近では、この新たに生み出された問題に対して「脱ゆとり教育」という解が採用されるようになっています。またビジネスでも、「売り上げ低迷」という問題に対して採用された「リストラ」という解が、「社員の心が会社から離れていく」などといった問題を新たに生み出し、新たな苦悩が始まるといったケースもあるのです。

　また、問題と同様に解も特定の参加者と強く結び付いていて、自分が一押しの解を（場合によっては半ば強引に）選択機会に持ち込むといったことも起こります（かつて「沖縄県の基地問題」に対して「県外移設」という思い入れのある解を選択機会に持ち込んだ元政治家の例など）。

このように組織の意思決定とはかなりなあいまい性が支配する中で、選択機会、参加者、問題、そして解といった決定因が脈絡（あらかじめ予測できない流れとか勢いのようなもの）とか偶然によって組み合わされ、それが何となくうまい組み合わせだと多くの人が思えたタイミングで決定らしきものがなされる——意思決定をその程度のものと考えるのがゴミ箱モデルであり、これがユニークなモデルたるゆえんなのです。

　ゴミ箱モデルはあくまでも意思決定というものに対するひとつの見方であって、合理モデルよりもゴミ箱モデルの方が優れているといった類いのものではありません。しかし、組織という複雑怪奇な世界での意思決定の本質を突いていると思いますし、意思決定のこれまで見えていなかった面に気づかせてくれたり、新たな発見へと導いてくれたりすることも期待できるのではないでしょうか。

3 組織と文化

(1) 組織文化とは

　第8章では組織構造を家の土台となる縦と横の柱に、組織形態を出来上がっている家にそれぞれたとえて理解を促しました。その流れで組織文化というものをたとえて考えるならば、家具やエアコンに電気製品、そしてガス、水道、電気など、家で生活するのに必要なものにたとえられます。出来上がっている家に住むことは可能であっても、雨風をしのげるだけというのではとても快適な生活は送れません。こうした備品があってはじめて快適に暮らせるというものです。

　組織も同じです。ただ組織で働くというのでは何も楽しくはありませんし、長続きしないかもしれません。やはり職場の仲間との触れ合いや明るく楽しい雰囲気などといったものは職場での生活に欠かすことはできません。こうしたはっきりと形にして見ることはできないけれども非常に重要な役割を演じる、会社や職場の雰囲気、社員同士の阿吽の呼吸やつながりのようなものこそが文化なのです。つまり、良い構造、形態、そして文化がそろってこそ理想的な（箱モノとしての）組織と言えるのです。

　「仏作って魂入れず」（最後の詰めが甘いことのたとえ）という言葉もあるように、仏様や仏像をせっかく作ったとしても、それだけでは単なる飾り物にすぎず、最終的に魂を注入してはじめて信仰の対照となる仏像が完成するというわけです。魂というものもまさに抽象概念でつかみどころがないと言えますが、文化というものも魂に非常に近いものであると言えるでしょう。つまり、文化とは雰囲気とか場の空気のようなもので、つかみ

どころがないものですが、組織には必ず言ってよいほど存在するものなのです。たとえば、同じ学校で同じ学年であっても、クラスによって教室やクラスそのものの雰囲気が違うなどということは多くの人が経験してきたはずです（3年B組は担任がユニークでクラスも明るくて協力的だなど）。さらに組織と言わないまでも、人が集う所には文化のようなものが出来上がるとも言えます。

たとえば友達同士などであっても「〇〇君は空気読めないわよね」などといった状況に出くわすことがあるかもしれませんが、それはたとえば「ここにいるみんなは口にこそ出さないが、昼はあそこのファミレスに行って食べたいと思っているのに（そういう価値観を持ちそれを共有しているのに）あなたは何でそういったことに気づけないのよ」ということであり、雰囲気（文化）を共有できないことに対するいら立ちとも言えるでしょう。

組織文化（organizational culture）は企業文化（corporate culture）と言われることもありますが、「文化とは何か」という議論を突き詰めると哲学の議論になってしまいかねないような大変奥の深い概念です。しかし、経営学なのでより簡潔に考えることにして、本書では組織文化を次のように定義することにします。

「明文化は困難で、視認不可で、定量化もできないが、組織のメンバーの認知様式や行動様式に何かしら影響を及ぼし、組織へのかかわり合い方や職務に対する動機づけを左右するような、組織の中にいると感じ取ることができるメンバー間で暗黙のうちに共有されている組織の価値観や期待」

(2) エクセレント・カンパニーとは

組織文化という概念はそれまでもあったのですが、大きな注目を集めるきっかけとなったのが1970年代の終わりに登場したエクセレント・

カンパニーに関する議論です。エクセレント・カンパニー（excellent company）とは、超優良企業（優良企業の中の優良企業）などと和訳されることが多いのですが、始まりはアメリカのコンサルタントでともにマッキンゼー社に勤めていたことがあるトム・ピーターズ（Thomas J. Peters,1942-）とロバート・ウォーターマン（Robert H.Waterman,Jr.）によって 1982 年に著された"*In Search of Excellence：Lessons from America's Best-Run Companies*" でした。原著タイトルの直訳（卓越性の探求：優れた経営を行っているアメリカ企業からの教訓）からも分かるように、これは卓越性の源を探る研究であり、以前から優れた企業とか良い会社などと言われる企業はあったにもかかわらず、深く立ち入って探られるということは意外に少なかったと言えます。しかし彼らは、長く成果を出し続ける企業は一般的な企業と比べて何が優れているのかということに深く切り込んで優れた企業に共通した特性を見出そうとしました。日本でも翌年の 1983 年に『エクセレント・カンパニー　超優良企業の条件』（大前研一訳、講談社）として訳出され、広く知られるところとなりました。

　彼らは、常に革新的な大企業たる超優良企業の基本的特質として次の8つをあげています。
①行動の重視
②顧客に密着する
③自主性と企業家精神
④ひとを通じての生産性向上
⑤価値観に基づく実践
⑥基軸から離れない
⑦単純な組織・小さな本社
⑧厳しさと緩やかさの両面を同時に持つ
　これら8つの特質はいずれも重要であるとともに相互に関連している部分もありますが、ここでの文化に関する議論と直接かかわるものは⑤の「価

値観に基づく実践」です。

　とくにアメリカの企業は日本の企業よりも、業績を上げる、成果を出すといったことがより強く求められます（株主なども強いですし）。そうした中で、超優良企業と呼ばれるからには業績が高い企業であることはもちろんのこと、継続的に高い業績を上げていることが大前提となります。単年度であっても高い業績を上げるということは素晴らしいことですが、そうしたことを実現できているケースはさほど珍しいことではありません。しかし、高い業績を継続するということは並大抵のことではありません。

　スポーツの世界でも一流と呼ばれる選手は少なからずいると思います。かつてイチロー選手はアメリカメジャーリーグで2004（平成16）度に年間262安打というメジャー記録を打ち立てるとともに、2001～2010年まで10年連続200本安打を成し遂げました。王貞治氏は実働期間21年で868本の本塁打を打ちましたが、年平均で40本以上打っていることになります。誰もが超一流と認める選手は1年だけでもすごいことを長期にわたって続けられる選手であるとも言えます。

　また、超一流と言われる選手は得てして個性的でもあると言えるでしょう。企業でも継続的な高業績という離れ業を実現できるということが優良ならぬ超優良と呼べるか否かの分岐点とみなせるのです（業績が芳しくなければ言うまでもありませんが、良い年もあるが悪い年も多いなどばらついて不安定であっても超優良と呼ぶには無理があります）。

(3) エクセレント・カンパニーと文化

　こうした業績に関する条件もさることながら、「エクセレント・カンパニーは価値観に基づいて行動（実践）している」という指摘が注目に値します。

　つまりエクセレント・カンパニーは、継続的高業績というまさに金銭に

かかわる条件を満たすとともに、金銭とは対照的な「価値観」ということについてもその特徴を見出すことができるということなのです。言うまでもなく、この価値観というものは文化と同義にとらえることができるわけですが、それに関連してピーターズとウォーターマンは次のように述べています。

「ひとつは、これらの企業（超優良企業：引用者補足）では、価値観というものがひじょうに大切にされているということである。もうひとつは、その指導者たちが、組織の末端にいたるまで、生き生きとして活気に満ちた環境を作り出しているということである」（『エクセレント・カンパニー　超優良企業の条件』469ページ）

これは換言すれば、価値観の集約されたものである文化を重要なものととらえ、なおかつ組織のリーダーなどが率先して良い文化を作り出そうと努力していることが超優良企業には見て取れるということです。このように、エクセレント・カンパニーには組織文化なかんずくユニークで（独自で）個性的な文化の存在が共通して見出せるという主張が、以前からある「組織文化」という概念が再度大きな注目を集める契機となったのです。

かつて電機の業界では、東芝は紳士、日立は野武士、三菱は殿様、松下は商人、などとそれぞれの企業文化が評され比較されました。また、職場の雰囲気の良しあしなどについてもしばしば語られてきました。これに関して少し触れておきましょう。

企業文化とともに職場文化（あるいはオフィス文化）という言葉が使われることがありますが、それらは異なるものと言えます。たとえば、同じ会社であっても職場によって文化が異なる場合もありますし、部署や部門によっても文化が異なることがあります。また、企業文化と職場文化が必ずしも一致しないこともあるでしょう。製造現場などは企業全体の文化とはまた異なる独特な文化を持っている場合があります。

このように文化は企業文化と職場文化というように分けて考えることも

できますし、もしそのようなスタンスをとるならば、マクロ・アプローチでは企業文化を、ミクロ・アプローチでは職場文化をそれぞれ中心に論じるものであるとも言えます。しかしながら、そのように厳密に2分して考えると議論が煩雑になります。また、本章ではマクロ・アプローチにかかわる事柄を論じていますので、文化とは企業文化・組織文化のことを意味するものとシンプルに考えることにしましょう。

(4) 組織文化の主な機能

次に、組織文化にはどのような機能があるのかについて考えてみることにします。組織文化の主な機能としては次のようなものがあります。
①組織メンバーが、所属する組織における価値観を共有することによって一体感が醸成される
②メンバーが組織の価値観を自ら理解し、それに基づいて組織の期待と軌を一にした行動を自発的にとってくれる可能性が増す
③組織の価値観を共有することで分権化や権限委譲が進み、自由な働き方が認められるようになったメンバーや自律した経営単位(カンパニーとかチームなど)などがバラバラにならないよう統合する手段となり得る
④経営統合や企業買収、または提携など異なる企業間の協業が必要になった場合などに、被買収企業が買収企業の文化の下にまとまったり、異なる文化を有する対等な関係にある企業同士が新たな文化を形成してまとまったりと、組織間の統合に資することが期待できる
⑤文化という言わば価値による統合ということなので、強く密につながるというよりは緩く大雑把にではあるがつながっているという、現代の緩やかに管理するという方向性とも適合している

組織文化の代表的な機能にはこのようなものがありますが、これらの機能に共通しているのはコントロールの手段として機能することが期待され

ているということです。エール大学の社会学者チャールズ・ペロー（Charles B. Perrow, 1925-）はコントロールの形態を次の3つに分類しました。

・第一次コントロール……直接的な監督によるコントロール
・第二次コントロール……プログラムやルーチンによる間接的なコントロール（マニュアルなど）
・第三次コントロール……自明視されている仮定や定義によるコントロール

この第三次コントロールの典型例が文化によるコントロールで、高いレベルのコントロールであると言えます。つまり、文化によるコントロールとは、高次の間接性が最も高いコントロールであり、そういう意味でそれを行うのはそれほど簡単なことではなく、エクセレント・カンパニーであればこそできることと言えるのです。

(5) 独自の強い文化を持つ企業（集団）の例

①サウスウエスト航空

独自の強い文化を持つエクセレント・カンパニーとして知られる企業のひとつにアメリカのサウスウエスト航空があります。同社は1967年の創業以来ユニークな文化を根付かせるために努力し続けてきました（ここで言う「ユニークな」とは「独自な」という本来の意味ではなく、日本的な使い方の「面白い」という意味です）。現在でもそれはCulture Activities（企業文化に関する活動を行う部署）で受け継がれ、日々文化の研さんと維持に努めています。

文化を重視する企業には「人を重視する」という共通した考え方があります。と言うのも、文化の形成と維持の担い手は人しか考えられないからです。サウスウエスト航空ではユニークな文化を自社の特徴と考えているので、その担い手たる社員に対しても常にユーモアのセンスを磨くことを推奨しています。

また、社員をレイ・オフ（lay-off：一時解雇（現在では、一時をとって解雇、すなわち日本的な使い方のリストラと同義と考えてよいでしょう））しない企業としても知られていて、2001（平成13）年9月11日の同時多発テロの影響が直撃した時も従業員を解雇しませんでした。解雇が日常的なアメリカ企業において、従業員を解雇しないという方針によって会社と従業員の間に信頼関係も生まれ、そうしたことが良い文化が根付く下地になっているのです。そうした姿勢は社員第一主義、顧客第二主義という同社のメッセージにも表れています。

　またサウスウエスト航空は好業績を長期間継続してきた企業としても知られていますが、そのことに対してユニークな文化とものが（数字で客観的に推し量ることはできませんが）大きく貢献していることは確かです。日常の組織活動の管理は緩やかで自由度がかなり認められた働き方をしているにもかかわらず、強い文化（強いとは比喩ですが、「独自な（ユニークな）」「個性的な」「明確な」などといった意味を含意していると考えてください）によって組織の価値観がはっきりしていることが社員を望ましい行動に導いていると考えられます。同時に、解雇しないという文化に裏打ちされた信頼感や思いといったものが会社に対する強い忠誠心を生むことにつながっているのです。

② TDR

　TDR（Tokyo Disney RESORT）（TDL（Tokyo Disneyland）およびTDS（Tokyo Disney SEA）の総称で経営母体はオリエンタルランド）もまた独自の強い文化で知られています。言うまでもなく、TDRは長期にわたって高い業績を維持していますが、それは来園者数なかんずくリピーターが多いことが最大の要因であると言えます。たいていは、アトラクションなどは頻繁に変わるものではないので、一度行ったらしばらくはご無沙汰というのが一般的だと思いますが、TDRはアトラクション以外の点で

もリピートしたいと思わせることに成功しているのです。

　そのことに最も貢献しているのはキャスト（CAST：スタッフ）のゲスト（GUEST：来園者）に対する優れたホスピタリティー（hospitality：おもてなし）の提供ということです。ホスピタリティーを感じさせるようなゲスト対応にはさまざまなものがあるのですが、それを提供するのはキャストしかあり得ません。そして、そのキャストのうち約9割がアルバイトであると言われています。もちろんマニュアルはあるのですが、キャストは必ずしもそれにとらわれない臨機応変な対応をすることができ、その場に応じて今ここで何をすればゲストに対して最善の行為となるかを理解し行動することができているのです。

　このように、たとえアルバイトであっても確信を持って行動できるということの背景には、TDRで働くメンバーたちがともに感じることができる明確な組織の価値観すなわち組織文化が組織内に満ちているということがあるのです。

　また、経営理念、経営哲学、経営ミッション（使命）などがはっきりと打ち出されており、なおかつ組織内に浸透しているということも重要です。たとえば、ファミリー・エンターテイメントといった理念や、ホスピタリティーを通じてハピネス（happiness：幸福感）を提供するといった使命、そしてSCSE（Safety：安全、Courtesy：礼儀正しさ、Show：ショー、Efficiency：効率性）という4つの行動基準などが強い文化の存在と深くかかわってきます。

　さらにキャストの多くが、ただ単にお金を稼ぐためという理由だけではなく、たとえば、子供の頃からゲストとして来園して夢の王国を楽しんだ経験から、将来はキャストとしてゲストを楽しませる仕事がしたいなどといった理由で働いていること、また長年にわたって働き続けている者が多いことなど、TDRならではのキャスト事情も強い文化の存在と深くかかわっていると思われます。

(6) 組織文化のその他の機能

　最後に、強い文化には、内部に対してだけではなく外部に対する機能もあります。近年、日本を訪れる外国人観光客は順調に増え続けているようですが、訪日の理由としては一流の家電製品を買って帰りたいとか、本場の寿司が食べたいということもさることながら、日本という良い意味で少し変わった国の文化に触れてみたいという理由も多いのではないでしょうか。

　世界のどの国にも固有の文化が存在するはずですが、とりわけ日本文化というのは外国人からすれば特異でエキゾチックな雰囲気を持っていると感じられるのだと思います。こうした強い文化は外国人を引き付ける大きな要因のひとつともなっているのです。同様に、強い文化は顧客を魅了し組織に引き付けるという機能を持っているので、それはサウスウエスト航空やTDRなどが継続的な高業績を実現するということにプラスの効果をもたらしていると言えます。

　このように雲をつかむような感は否めない組織文化ですが、組織の内部に対してはメンバーの自ら動くというような内発性を喚起したり、組織をうまくまとめるのに一役買ったり、さらに外部に対しては顧客を引き付けたりといったように、組織を好循環へと導くために重要な役割を演じるものなのです。

　組織文化そのものは抽象概念ですが、良い文化が浸透していることをうかがわせる具体的な指標として離職率があげられるでしょう。アメリカは転職社会ということもあり平均的に離職率が日本などと比べて高めですが、サウスウエスト航空は10%を下回り低い水準で推移しています。アメリカと言えども働きがいのある良い会社だと感じることができればわざわざ退職する必要もないわけです。つまり、入社希望者は多く退職希望者が少ないというのが一般的には良いことであるのは間違いないでしょう（楽だ

からとか報酬が高いという理由だけでそういう状況になっているケースもなくはないでしょうが)。

　最近では（執筆時）、日本のある大手アパレルメーカーの離職率が非常に高いことが取り沙汰され注目を集めましたし、日本ではとくに若手社員を中心に以前と比べて離職者が増えているなどと指摘されることもあります。退職および退職希望者があまりにも多かったり急に増えたりした場合には文化の再点検などが必要かもしれません。あなたの組織はいかがですか？

4 シンボリック・マネジャー

(1) 組織文化とシンボリック・マネジャー

　組織文化の機能と重要性について考察しましたが、それでは強い文化はどのようにすれば組織に根付かせることができるのでしょうか。

　前節では組織文化に対する経営理念や組織メンバーの資質などの重要性についても述べましたが、やはりマネジャーとりわけトップ・マネジャーが文化形成においてカギを握っていると言っても過言ではありません。そうしたことを物語っているのがシンボリック・マネジャーに関する議論です。

　ハーバード大学の組織論研究者であるテレンス・ディール（Terrence E.Deal）とアメリカのコンサルティング会社大手のマッキンゼー社のアラン・ケネディ（Allan A.Kennedy,）は1982年に"Corporate Cultures：The Rites and Rituals of Corporate Life"を上梓しました。これは奇しくも先に述べた"In Search of Excellence"（『エクセレント・カンパニー』の原著）が出版されたのと同じ年です。そして翌1983年に『シンボリック・マネジャー』（城山三郎訳、講談社）として訳出され日本でも話題となりました。このように組織文化に関するエポック・メーキングな（画期的な）原著と翻訳がそれぞれ同じ年に出版されていることからも、両者とも組織文化がここから再び注目されるようになる記念碑的な位置付けであることが分かります。

　原著のタイトルの直訳（企業文化：企業を営む際の儀礼や儀式の側面）からも分かるように、その内容は企業文化についてのものです。それと同

時に、邦訳のタイトルからも分かるように、エクセレント・カンパニー論とは異なり、文化に対するマネジャー（とりわけトップ）の役割などを中心に論じられているのです。つまり組織文化のマネジメントの担い手としてのマネジャーということに焦点を当てているのです。

シンボリック・マネジャー（symbolic manager）とは和語に直せば象徴的管理者ということになりますが、その意味としては「象徴的な（シンボリックな）行為を通じて組織文化に影響を与えようとする管理者」ということになります。もちろん一般従業員や中間管理職なども組織文化を根付かせたり浸透させたりするにあたって重要な役割を担っていることは確かですが、やはり組織全体の文化に直接影響を与えるのはトップ・マネジャーなのです。

(2) トップ・マネジャーによる文化のマネジメント例

次に、そうしたトップによる文化のマネジメントの例を『シンボリック・マネジャー』から引用してみることにしましょう。

『社員の採用／解雇－従来の考えによれば、新しい社員、とりわけ下級職員の採用は人事部の任務である。しかし、GEのジャック・ウェルチの考え方は違う。彼は自らハーバード大学ビジネス・スクールへ出かけ、そこの学生たちとGEの価値や自分自身の経営哲学について話しあった。私たちが知っているほかのシンボリック・マネジャーも、新しい社員の面接と選考には必ず参加するように心がけている。同じように、シンボリック・マネジャーは解雇にも同程度に関与する。従来の考えによれば、客観的かつ具体的な勤務成績の水準を定め、つぎに適切な勤務評定システムを定め、水準に達しない社員は解雇せよ、ということになる。しかし、シンボリック・マネジャーにとっては、

解雇は大惨事である。まず第一に、あってはならないことである。もし社員が文化に馴じむならば、終身雇用を保証すべきなのである。第二に、解雇が必要になるのは、成績不振の最終的な結果としてではなく、文化の基準を侵したことがその理由であるべきである。さらに、そのような事態に至った場合には、その背後にある文化的な意図が十分に理解されるよう、自ら心を配らなければならない。例えば、ある強い文化の会社の財務担当重役は、シンボリック・マネジャー（社長）の考えでは会社を官僚化しそうな制度を導入しようとして、解雇された。同じ会社の製造部門の責任者は、彼の監督下にある工場で生じた生産性の低下を隠そうとして、解雇された（理由は生産性の低下ではなく、隠蔽行為である）。いずれの場合にも、社長は解雇の根拠を尋ねた人には、すぐに、快く、説明している。」（『シンボリック・マネジャー』196-197ページ）

　この例が示しているポイントは、第1に、下級職員の採用にもかかわらず巨大企業のトップであるジャック自らが動くということです。これによってGEという企業が人的資源を中核的資源として最も重視しているということを内外に伝える効果があります。さらに、そうした趣旨のことを直接言葉で伝えるのではなく、自ら出かけていくというシンボリックな行為によって間接的に伝えようとしたのです。同じように見えても直接言葉で伝えるのとは違った効果があるのです。

　トップが採用や解雇に自ら関与するということは人を重視していることの表れですが、なぜそこまで重視するかと言えば、良い文化が根付くか否かは組織メンバー次第であるということを熟知しているからです。これが第2のポイントです。どういう人が組織メンバーになるかによって文化は影響を受けますし、さらに組織メンバーが組織を去るにあたっても、たとえば会社側の都合による一方的な解雇ということはそれを目の当たりにした組織メンバーに組織に対するマイナスのイメージを植え付けることにな

り、ひいては文化に悪影響を与えかねません。したがって、そのようなことにはとりわけ留意しなければならないのです。さらに成果を上げられないといっても、そうしたメンバーはさほど害にはならないでしょう。むしろ、そうしたメンバーを解雇してしまうことの文化に与えるデメリットの方がリスク要因としては大きいということになるわけです。

しかし、解雇に関して見逃してはならないことがあります。それは組織文化に対して悪い影響を与えるような意図や行為、そしてそうしたことを行ってしまうメンバーについては看過できないということです。上記の例でも隠蔽(いんぺい)文化を植え付けてしまう可能性のある隠蔽行為について注意を喚起しています。それと同時に、そうした文化に傷を付けるような行為によってやむを得ず解雇に至った場合には、組織に誤解が生じないようにしっかりと説明責任を果たすことの重要性を指摘しています。

日本のある自動車メーカーの2000（平成12）年と2004年の二度にわたるリコール隠しが問題になったことはまだ記憶に新しいところです。そのケースでは、かつて品質保証部の内部で公表したくない情報に秘匿情報の隠語としてHを付したところから、都合の悪い情報は秘匿にするということが長く続くことになってしまいました。Hを付すというある人の些細(ささい)な行為が、その後の言わば文化になってしまったと言えます。良い文化を根付かせるのは一朝一夕にはいきませんが、文化が劣化するのは極めて早いということなのです。

引き続き次の例を考えてみましょう。

> 「ある大手の多国籍企業の優れた管理者は、会社創立の当初にその中核となった事業のひとつを停止するかどうかの決定を迫られた。この事業は、その製品に対する世界的な需要の低下によって不振に陥り、この経営者が引き継ぐまでの十年間、とんとんか、多少赤字で低迷し

ていた。この決定を行うために、経営者は同社を引退した信望の厚い五人の役員からなる運営委員会を設置した（そのうちのひとりは過去に同じような事業を再起させた経験があった）。そしてこの委員会に、問題の全貌を把握するためには、どんな資料でも利用できる権限を与えた。

　窮極的に、委員会は事業の停止を勧告した。当然の決定だった。管理者の真の業績は、この決定—中核の事業の停止—を文化の長老たちと相談せずに行うつもりはない、ということを文化に伝えたことである。彼は決定を避けたのではなく、この事件の文化的な意味を十分に摑んでいたのである。」（『シンボリック・マネジャー』198ページ）

　この例は意思決定について語っています。それも伝統的な事業の停止か存続かという重要な意思決定です。自分で決めてしまえば事は早いのかもしれませんが、それでは象徴的でなく、ごく普通の具体的な行為の域を出ません。わざわざ運営委員会を設置し、そのメンバーに権限まで与えて決定させたのは、組織は極めて民主的で合議的な決定を重視し、また引退した人の意見も尊重するということをメンバーに象徴的な行為を通じて伝えたかったからです。結果は停止ということになるだろうと見当はついていたのだと思いますが、あえて決定を委任することで民主的な文化であるということをメンバーに伝えたかったのです。

　さらに『シンボリック・マネジャー』の中での例を離れて、象徴的な行為について考えてみることにしましょう。

　先に取り上げたサウスウエスト航空は、同社の創業から携わり1978年にCEOに就任したハーバート・ケレハー（Herbart D.Kelleher,1931-）というカリスマ的なトップが長い間同社を率いて好業績を維持してきました（後に名誉会長）。彼は先に述べたユニークな（面白い）企業文化を根付かせるために自ら率先して奇抜な衣装を身に着けて社員のパーティーに参加

したり、一般の従業員に交じって愛嬌たっぷりに仕事をしたりと、企業のトップとして普通はしないようなユニークな行動をとることで社員とかかわってきました。サウスウエスト航空のユニークな企業文化は、ケレハー氏が意識的にユニークな行動をとり続けたことで醸成されたと言っても過言ではないでしょう。

1999（平成11）年に日産自動車のCOOに就任したカルロス・ゴーン氏がさまざまな改革を断行したことはすでに述べましたが、ここでは日産の文化と関係する彼の行動について考えてみます。

ゴーン氏が日産のトップに就任して以来、たびたび用いた言葉に「コミットメント」があります。コミットメントとは、とくにビジネスの世界などで以前から用いられてきた言葉で、仕事への関与の程度を意味するものとして使用されるのが一般的です。たとえば、「コミットメントの程度が高い」とか「よくコミットしている」などと言った場合には、ある人が一生懸命に仕事などに取り組んでいるさまを意味します。ところが日産ではコミットメントを「公約」とか「必達目標」という意味で用いています。つまり、結果は芳しくはないけれど関与してよく頑張ったので評価するといった日本流の価値観を超えて、頑張るだけではなく必ず結果を出して他の人に評価されるまでを指す言葉として、よりシビアな意味にアレンジして用いています。

このような意味でのコミットメントという語を日産の中で事あるごとに多用することで、日産のメンバーは頑張って、しかも必ず結果を出して認められなければならないという文化を社内に創出したかったのです。そのような文化が根差すと、社員の内発的な行動や社員を内発的にコントロールすることが期待できるので、日産のような規模の大きい企業をマネジメントするためにも、さらにルノーと協業することによって多国籍化する社員をマネジメントするためにも有効であると考えてのことなのです。

HONDA（本田技研工業）の創業者である本田宗一郎（1906-1991）氏は、

かつて「失敗した人を表彰する」という逆転の発想に基づいて失敗表彰制度なるものを制定し、最も失敗した社員に社長賞を与えるなどユニークな取り組みを行いました。もちろん失敗なら何でもいいというわけではなく前向きな失敗に限ってのことですが、意味のある失敗はこういうことをすれば失敗するのだということを組織に身をもって教えてくれることになります。

失敗表彰制度の背景には次のような考え方があります。

「イノベーティブな（革新的な）製品を生み出すということは前例がないことにチャレンジすることでもある。さらに前例がないことにチャレンジするということには必ず失敗が付き物なので、失敗を恐れていては実現できない。実現するためには失敗を恐れないチャレンジ精神が不可欠だ」

そこで、安心してチャレンジできるという文化が育まれ、個々のメンバーが積極的にチャレンジするようになることを期待してこのような制度が導入されたのです。こうしたトップによって導入された制度もまた文化形成に大きくかかわるものなのです。

(3) 組織文化の4類型

最後に、ディールとケネディーによる企業文化の4類型を概観しておきましょう。

彼らは企業文化を、事業活動に伴うリスクの高低と、結果のフィードバックが速いか遅いかに基づいて次の4つに分類しています。

① 逞しい、男っぽい文化（Tough Guy, Macho）……つねに高いリスクを負い、行動が正しかったか、間違っていたかについて速やかに結果が得られる個人主義者の世界（高リスク、速いフィードバック）

② よく働き／よく遊ぶ文化（Work Hard/Play Hard）……陽気さと活動が支配する文化で、従業員はほとんどリスクを負わず、結果はすぐに現わ

れる。成功するために企業文化が社員に促すのは、比較的低リスクの活動を高レベルに維持することである（低リスク、速いフィードバック）

③会社を賭ける文化（Bet-Your-Company）……大金の賭かった意思決定の文化で、しかも、これらの意思決定から成功の見通しが立つまでに数年かかる。高リスクで、結果がなかなか現われない環境である（高リスク、遅いフィードバック）

④手続きの文化（Process）……結果を知ることのほとんどない、あるいは全くない世界で、職員は自分たちの作業を評価することができない。そのかわり、彼らは仕事の進め方に神経を集中する。これらの手続きにコントロールが効かなくなったとき（手続き中心に歯止めが効かなくなったとき）、私たちはこの文化を別名でよぶ－官僚主義と！（低リスク、遅いフィードバック）

（『シンボリック・マネジャー』150ページに若干補足を加えて掲載。）

図表 10-2　組織文化の 4 類型

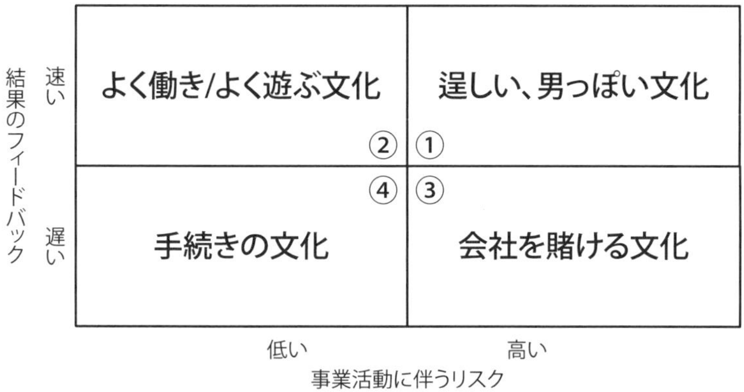

	事業活動に伴うリスク 低い	事業活動に伴うリスク 高い
結果のフィードバック 速い	よく働き/よく遊ぶ文化 ②	逞しい、男っぽい文化 ①
結果のフィードバック 遅い	手続きの文化 ④	会社を賭ける文化 ③

（『シンボリック・マネジャー』をもとに作成）

彼らはまた、それぞれの類型の典型的な組織にも言及しています。そ

れによると、①の「逞しい、男っぽい文化」には警察、外科、建設、化粧品、コンサルティング、マスコミ、映画、出版、スポーツ、娯楽などが該当し、②の「よく働き／よく遊ぶ文化」には、企業内の販売にかかわる組織、小売業者などが、③の「会社を賭ける文化」には石油、航空、宇宙などが、④の「手続きの文化」には銀行、保険、政府機関、電力、製薬など、が該当するとしています。

　組織文化は視認や定量化が不可能であるだけに、どのような文化であるかの判断は解釈に依存する程度が高く、主観性の問題を避けて通れないと思いますが、あなたにかかわる組織を文化という観点から眺めてみるのも面白いと思います。

　シンボリック・マネジャーとは、「自らを会社という劇場（シアター）で社員という観客（オーディエンス）を前に（脚本・監督も兼ねて）演じる演技者（アクター／アクトレス）とみなし、直接的ではなく、より間接的で象徴的な行為を一種の素材として提示し、それを社員自らに解釈させることによって、組織内にシンボリック・マネジャーが期待する雰囲気や価値観を醸し出し定着させようと試みる者」と言えます。シンボリック・マネジャーという概念はもともとトップを前提にしたものですが、中間管理者や現場のマネジャーなどにも関連したテーマと言えます。職場やオフィスなどに個性的で良い文化をいかに醸成するかということを考えるにあたっても時代を超えて大変示唆に富んだ概念なのです。

第11章
これからの組織と理論

最終章ではマクロ・アプローチに関連したさらなるテーマとして、比較的新しい今後のさらなる研究が期待される領域について考えてみることにしましょう。まずはじめに、意思決定に影響を与える認識について、続いて適応を左右する学習について、そして最後に管理者のいない組織としてマネジャーレス・オーガニゼーション（MO）について、それぞれ概観することによって今後の学習へとつなげていってほしいと思います。

# 組織と認識

(1) 解釈システムとしての組織

　ポスト意思決定の組織観としては、組織を解釈や認識のシステムととらえる見方があります。組織が活動するということは一般的に言って、物事や状況を解釈したり把握したりし、それに基づいて適切な意思決定を行い、決定の結果ある行為がなされる、という一連の流れを踏むことになるでしょう（個人の場合にもほぼ同じことが言えます）。これを簡素化して言うならば、組織とは常に、「認識（cognition）→意思決定（decision-making）→行為（action）」ということを繰り返しながら日々活動しているということです（解釈（interpretation）と認識は正確には異なりますが、ここではそれらの違いについて論じることはせず、組織を取り巻く環境を把握することを単に認識や解釈という言葉で表すことにします）。

　ひるがえって、組織研究の流れということについて言えば、上記の流れと逆行する流れで推移してきたと言えます。つまり、テイラーの科学的管理法に始まる、組織（工場）を効率追求のシステムとみなす一連の研究は（作業能率の向上という意味で）実際の作業者などの行為に焦点を当てられ、それを専ら研究対象とするものでした（ここで言う行為とは実施（implementation：実際に行うこと）とほぼ同義とみなすことができます）。続くサイモンを祖とする、組織を意思決定のシステムとみなす一連の組織研究はその名の通り、おもにトップを中心にした組織メンバーの意思決定ということを専ら研究対象とするものでした。そして、これから述べる組織を解釈のシステムとみなす一連の研究は、組織がどのようにして自らを

取り巻く環境を認識するのか、ということを研究対象とするものです。

このように、日々の活動の流れとは逆に、組織研究の主要なテーマの流れは、「行為→意思決定→認識」という順序で時代を経て推移してきたのです。お気づきのことと思いますが、研究の進展ということについて言えば、研究対象としては具体的に現れる行為という比較的シンプルで分かりやすいものから出発して、行為の背後にあって、より抽象的で複雑な意思決定へと進み、そしてものの見方やとらえ方といったさらに複雑で内面的な認識という問題へと進んできたわけです。

このように、より複雑で厄介な問題へと時の経過とともに対象を進化させていくという傾向は経営学や経営組織論に限ったことではありませんが、現代の組織論は一見するととらえどころのない、抽象度がかなり高いテーマを扱わざるを得なくなっているようです。今後の組織論は心理学、社会学、哲学、その他の領域の知見をいっそう援用しながら進展していくものと思われます。

組織を解釈システムとみなす、組織の環境認識に関する研究のパイオニアとして高名な理論家にカール・エドワード・ワイク（Karl Edward Weick,1936-）がいます。ワイクはアメリカの社会心理学・組織論の研究者で、組織を認識という観点から眺める視座を提供し、日本でも組織認識論という学問領域が登場する端緒となった人物です。

第10章第1節でサイモンの組織観を紹介しました。それは意思決定の前提として価値前提と事実前提があり、前者は目的に関する決定であり、後者は手段に関する決定であるというものです。そしてサイモンは事実前提を専ら扱ったわけですが、ある意味でワイクは、価値という抽象的で非科学的なものを扱うことになるとして、あまり取り上げられることのなかった価値前提にかかわる問題に果敢に切り込んでいったと言えるのです（ワイクはサイモンとは異なり、科学化ということにそれほどこだわってはいません）。

ワイクは主要著書"*The Social Psychology of Organizing*（『組織化の社会心理学』）"において「組織化の進化論モデル（the evolutionary model of organizing）」という枠組みを用いて認識のプロセスをモデル化しています。これは名称からも明らかなように、『種の起源』で有名なイギリスの生物学者・地質学者であるチャールズ・ロバート・ダーウィン（Charles Robert Darwin,1809-1882）の進化論からヒントを得ています。そして進化論は、「変異（variation）→選択（または淘汰）（selection）→保持（retention）」という一連の流れで説明されることがあります。

イギリスの哲学者・社会学者であるハーバート・スペンサー（Herbert Spencer,1820-1903）の言葉に「適者生存（survival of the fittest）」なるものがあります。これは環境に最も適応した種が生き残るということを意味していますが、さらに「強い者が生き残るのではなく、環境に適応した者が生き残る」ということを含意しています。つまり、適者とは必ずしも強者を指すのではなく、むしろ環境適応者を指しているのです。そして、この適者生存ということを踏まえると、ダーウィンの言う一連の流れは、変異というこれまでとは異なる変化に直面して、取捨選択という試練にさらされ淘汰も生じるが、うまく適応してくぐり抜けたものが保持される、ということを意味しているのが分かります。

ワイクは、こうした進化論の考え方をもとに、さらにアレンジを加えて

図表 11-1　組織化の進化論モデル

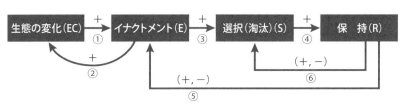

("*The Social Psychology of Organizing,*"p.132をもとに作成)

認識のプロセスを次の図表 11-1 のように説明しています（このワイクのモデルはそれぞれの頭文字をとって ESR モデルと呼ばれることがあります）。

組織化の進化論モデルを順を追って説明することにしましょう。

まずはじめに生物の世界と経営の世界とで決定的に異なる点に留意しなくてはなりません。それは環境（environment）という概念に関することでポイントは 3 点あります。

第 1 に、生物の世界では環境とは自然環境（natural environment）を意味しますが、この場合環境に対するスタンスは基本的には受け身的であって、環境に変化が生じればそれに適応するしかないということです。他方、経営の世界では環境とは経営環境（managerial environment）を意味し、基本スタンスは生物の世界と同様に「適応」ですが、時と場合に応じてさまざまな経営環境に能動的・積極的に働きかけて自らにとって都合のよい環境を「創造」するということが行われます。製品のイノベーションによって市場環境を創造する場合などが典型的な例です（1979（昭和 54）年のソニーのウォークマンのケースなど）。

第 2 に、経営の世界では環境のうちどの環境を注視し、どの環境を無視するかについて選択の余地があるということです。そして第 3 に、自然環境は客観的なものなので主観的解釈は無理がありますが、経営環境をどのように解釈するかということに関しては主観的解釈の余地があるということです。こうした理由から、ダーウィンの「変異（V）」に相当する部分は「生態の変化（EC：ecological change）」および「イナクトメント（E：enactment）」が相互作用し合う形にアレンジされています。

①生態の変化（EC）からイナクトメント（E）へ

生態の変化（EC）とは、生物が直面するような環境の変化のことです。しかし、今述べたように注視すべき環境に関して選択権があり、そのことが生態の変化（EC）からイナクトメント（E）へ向いた矢印①で示されて

います。つまり、イナクトメントの第1の意味として、「取り巻く環境の中から注視すべき環境を囲い込むこと（bracketing：ブラケッティング）」があります。

②イナクトメント（E）から生態の変化（EC）へ

逆にイナクトメント（E）から生態の変化（EC）へと向かう矢印②についてですが、これは注視すべき環境を自ら創造するということを示しています。つまり、イナクトメントの第2の意味としての「環境創造」の側面を表しています。要するにイナクトメントとは、所与の環境から注視すべき環境を囲い込むにせよ、環境自体を創造するにせよ、いずれにしても外部環境から解釈するためのまだ色の付いていない無垢な素材（情報をイメージしてもよいでしょう）を組織内に取り込むことを意味します。イナクトメントという言葉には「法律を制定すること」といった意味もありますが、その意味では、イナクトメントは囲い込みであれ創造であれ、これがわが社を取り巻く環境で注目すべきものだといったように、確定することとも言えます。

③イナクトメント（E）から選択（S）へ

イナクトメント（E）から選択（淘汰：selection ＝ S）へと向かう矢印③についてですが、Eでは言わば注意の範囲を限定したということ、つまり森羅万象の中から現実的な範囲に注意対象を絞り込んだということであって、解釈が確定したということではありません。したがって、EからSへと素材が送り込まれ、それに対してさまざまな解釈や意味が付与され（事象に意味が付与されることを意味付け（センスメーキング：sense-making）と言います）どの解釈が採用され、どれが却下されるかの審判を仰ぐというステージが選択（S）なのです。解釈の素材は通常複数送り込まれますが、単一の素材ということもあります。その場合は、その単一の

素材についての解釈が形成されることになります。いずれにしても、こうしたプロセスを通じて素材とその解釈が確定されていきます。

④選択（S）から保持（R）へ

しかし選択（S）で終了ではなく、さらにSから保持（R：retention）へと向かう矢印④があります。保持とはその名の通り、Sでなされた素材についての解釈を最終的に保持するかどうかの判決が下されるステージです。保持の別称をイナクトした環境（またはイナクトされた環境、enacted environment, enact とは enactment の動詞形）と言いますが、直訳的に言うと、創造や主観性の程度はともかく最終的に自らが制定した（enacted）環境で、組織内に定着することになる（なった）環境ということです。つまり、イナクトメントおよび選択というステージを経て最終的に確定（ファイナライズ：finalize）された環境に対する見方、常識、学習結果、因果マップ（こういうことをすれば結果はこうなるといった知恵のようなもの）などといったものがその中身です（イナクトした環境という概念の環境という語に必ずしも制約される必要はなく、思考の枠組み、価値観、ものの見方など広義にとらえても問題ありません）。

なお①〜④の矢印に付されたプラスの符号は、一方が増大すれば他方も増大し、一方が減少すれば他方も減少するというプラスの共変性（ともに変化すること：covariance）を意味していますが、具体的には次のようになります。
① EC つまり環境の変化量が増えれば、E つまり囲い込む環境も増える（逆に、EC が減れば E も減る）
② 通常の変化に加えて E つまり環境創造を頻繁に行うようになると、EC つまり環境変化の総量および環境の複雑性も増大する（逆に、E が減れば EC も減る）

③囲い込みであれ環境創造であれ EC から E への解釈の対象となる素材（情報）が増えれば、S つまり選択段階での活動量やエネルギー量も増える（逆に、E が減れば S も減る）

④S つまり選択の結果、淘汰されずにくぐり抜けたものが多ければ、R つまり保持されるものも多くなる（逆に、S が減れば R も減る）

⑤保持（R）からイナクトメント（E）へ

　最後に、保持（R）からイナクトメント（E）に向かうフィードバックの矢印⑤と R から選択（S）に向かうフィードバックの矢印⑥があります。まず矢印⑤は、保持されている因果マップなり常識のようなものは、R として最終確定した後は常に E、つまりどのような環境に注目するかとか、環境創造に積極的か否か（たとえば攻めの姿勢で自分たちにとって都合のよい状況を創造できたような場合にはその成功体験（R）が環境創造に積極的にさせるでしょう）ということも含めて、どのような素材・材料を手に入れるかを規定するようになることを意味しています。

⑥保持（R）から選択（淘汰：S）へ

　同様に矢印⑥、最終確定後、R は常に S、つまり流れ込んでくる素材の解釈の仕方を一定の流儀のようなもので規定することになるということを意味しています（たとえば組織（または個人）に特有の解釈の仕方とか癖のようなものがあるとすれば、それは過去の経験（R）などに影響を受けていることが多いでしょう）。

　なお、⑤と⑥の矢印に付されたプラスおよびマイナスの符号は、プラスは信頼すること、マイナスは否定することをそれぞれ表しています。つまり、保持されている内容を E または S のプロセスで、信頼して事に当たるか、否定して事に当たるか、というスタンスの違いを表しているのです。

(3) 個人の認識にかかわるネガティブな例

前項で見てきた「組織化の進化論モデル」を個人の認識にかかわるネガティブな例で説明しましょう。

> 2008（平成20）年に都心のとある電器街で発生した無差別殺傷事件の加害者の犯行動機のひとつとされるのがインターネット上の掲示板での出来事と考えられています。加害者は掲示板のあるスレッド（板）の発言者として、そのスレッドの住人たちの間ではよく知られた存在でした。そして、そこに書き込んだり、それに対する反応などを楽しんだりしながらそうした世界に完全にのめり込んでいきました。しかし、ある時から、そうした場にいわゆる荒らしのような者が出入りするようになり、否定的な書き込みやバカにするような書き込みが現れ、居心地のよい楽しみの場が一転して自分を否定する敵意に満ちあふれた残酷な場へと変貌してしまったのです。こうして生活の中心であったものが破壊され絶望のふちに追いやられた加害者は、荒らした者への復讐や、でかいことをやって驚かせてやるなどといった考え方に至り、そうした考えは変わることなく、とうとう実行に移してしまう日が来てしまったのです。

それでは、先の図表11-1のプロセスに沿って順に説明していきましょう（カッコ内に示した①〜⑥は、図表11-1の6つの矢印を示しています）。

この例の加害者はスレッドの荒らしが始まると即座にそのことを囲い込み（①）、そして看過できず、自分の生活を変えてしまうことであるとそれにレッテルを貼り、自身にとっての重大な環境の一部であるとしてしまいました（②）。こうしたイナクトメント（E）によってかなり狭く偏った

素材が選択（S）過程へと送られることになりましたが、そこでも彼の見立てた環境だけが、同じように自分の生活基盤の根底を揺るがすがゆえに無視することはできず、何らかの手段で思い知らせてやるしかないなどという解釈がなされました（③）。そして、そうした解釈の結果、彼自身が制定した環境として自分自身はそうした環境の下に置かれているんだと信じて疑わなくなっていったのです（④）。

こうして彼の認識が形成されていったのですが、その次の段階として、そうした彼の認識を実行に移すにはどのような方法が考えられるのか（どのような手段でやってやろうか）というのは意思決定という次元の問題になります。さらに、手段が決まったとすると、それをどのように効率的にうまくやれるか（妨害されずに、より大胆に実行できるかなど）というのは行為（実施）という次元の問題になります。加害者がどのようなことを計画し、どのようにそれを実行したかはすでに周知の事実ですが、ここでは認識ということがテーマなので、そうした意思決定と行為の問題は割愛します。

ここでさらに留意すべき点が2点あります。

1点目は、イナクトメント（E）→選択（S）および選択（S）→保持（R）への移行に際して、それぞれ流れを断ち切ることも可能だということです。つまり、イナクトメントの産物としての素材を（そこで思いとどまって）選択プロセスへ送らないようにしたり、選択の産物としての解釈を（そこで思いとどまって）保持へ送らない（保持しない）ようにしたりすることも可能だということです。

2点目は、⑤および⑥のそれぞれで保持されている内容を否定することも可能だということです。つまり、イナクトメントにおいて保持（学習内容や因果マップなど）を否定したり疑ったりすることができれば、以前と異なるイナクトメントが可能となりますし（以前と異なる素材や情報を選択へ送れます）、選択において保持を否定したり疑ったりすることができ

れば、(たとえ以前と同じ素材や情報であったとしても) 以前と異なる解釈をすることが可能となります。このようにして、保持の内容を変化・変質させる道もあるということに留意すべきなのです(この事件では残念ながらそれはかないませんでした)。

(4) トップのポジティブな認識の例

次にポジティブな例を考えてみましょう。

かつてホンダ(HONDA)はオートバイ(2輪車)で世界的な企業へと成長し、次は自動車(4輪車)でも世界の HONDA と呼ばれるようになることを目指していました。そのような中で、アメリカではもうすでに大気汚染が深刻な問題になっていて、1970 (昭和 45) 年にアメリカ上院議員のエドムンド・マスキー氏によって通称マスキー法 (Muskie Act) と呼ばれる大気浄化法の改正案が議会に提出されました。これは簡略化して言うと、現在の排気ガスの約 10 分の 1 のレベルを実現できるエンジンを開発することを各自動車メーカーに求める戦々恐々とする内容のものでした。これは当時のエンジン開発の技術レベルではクリアするには相当高いハードルが設定されたわけで、GM、フォード、クライスラーというビッグ 3 をはじめとしてアメリカの自動車メーカーは不可能であるとさえ考えるほどの内容でした。

本格的にアメリカ市場をターゲットにする HONDA にとって、こうした環境をどのようにとらえるべきでしょうか。「ビッグ 3 でさえ音を上げたのだから、4 輪車ではまだ新参者のわが社には到底不可能なのでアメリカ市場は無理なのだろうか」というように脅威やピンチ (threat) ととらえるのが一般的ではないでしょうか。ところが創業者で経営者の本田宗一郎 (1906-1991) 氏は、「ビッグ 3 が白旗を上げたことを HONDA が成し遂げたらすごいことになるぞ、これ以上チャレンジしがいのあるものはないぞ」

といったような、言わば千載一遇のチャンス（opportunity：機会）だととらえたのでした。

これはまさに逆転の発想であって、ピンチをチャンスに変えるとはこういうことを言うのでしょう。こうした主観的でユニークなとらえ方が可能であるということこそ経営の醍醐味とも言えると思います。

結果として、HONDA は 1972（昭和 47）年にマスキー法の基準をクリアする世界初の低公害エンジンとなった CVCC（Compound Vortex Controlled Combustion：複合渦流調速燃焼方式）を発表し、翌 73 年にはこのエンジンを搭載したシビック（Civic）を発売して世界で好評を博し、4 輪車でも世界的メーカーとして認知される契機となったのです。

(5) トップの認識と新しい役割

では、本田宗一郎氏の認識を前項の例と同様に「組織化の進化論モデル」に沿って分析してみましょう（カッコ内の数字は図表 11-1 の矢印を示しています）。

宗一郎氏はマスキー法の影が色濃い環境を受動的に囲い込むことはせず（①）、そうした環境は必ずや変えられるとの考えに基づいて（②）、イナクトメントにおいてもネガティブな素材や情報に注意を払うというよりは、ポジティブだったり都合のよい素材や情報に注意を払い、選択過程へと送り込みました（③）。そして選択過程ではそうした素材に対して、先に述べた千載一遇のチャンスであるというような解釈があてがわれ、徐々に組織の中で市民権を得て保持されるようになりました（④）。

ここで留意すべき点は、組織の認識とはどのようなものなのかということですが、ここではよりシンプルにトップの認識とほぼ同義だと考えてよいでしょう。この例でもはじめの第一歩は、宗一郎氏の環境観とそれに基づいた解釈にあったと言えるのです。そうした彼の認識が他の（とくに技

術陣を中心とした）メンバーに共有され、伝播(でんぱ)し、組織全体の認識になっていったとみなすことができます。

　当初は、ビッグ3ができないものをなぜうちの会社ができるのかと懐疑的なメンバーも少なくなかったはずです。ところが、宗一郎氏の繰り返される激励の言葉に徐々に心を動かされ、頑張ればできるのかもしれないという自信が芽生えていったのです。そのことは図表11-1の⑤と⑥のフィードバックの矢印に付されたプラスの記号が強化されていった、つまりイナクトメント（E）および選択（S）の双方において、はじめの一歩としての当初の宗一郎氏の認識の信頼度が時がたつにつれて高まっていったと見ることができます（実際には図表11-1のプロセスは1回限りで認識が形成されると言うよりは、繰り返される中で認識が強化されたり変質したりするものと考えるべきです）。換言すれば、メンバーが徐々に宗一郎氏が見るものを見、宗一郎氏が解釈するように解釈するようになっていったと言えるのです。

　創業以来、HONDAの座右の銘は「夢（dream）」ということですが、まさに夢が人々の認識に大きな影響を及ぼす力を持っているということを改めて知ることができます。トップの夢に満ちあふれた訴求力のある認識が社員に共有され夢を現実にする（Dreams come true.）と言ってもよいでしょう。それは現在のHONDAの社会へのメッセージである「The Power of Dreams」に受け継がれているのです。

　このようにトップは組織の認識の形成や変質に大きな影響力を持ちます。組織の認識に一定の方向性を与えたり、メンバーの認識を変えたりすることこそトップの最も重要な役割と言っても過言ではありません。本書ではこうしたトップの姿をコグニティブ・マッパー（cognitive mapper：組織の認識の地図を描く人）と呼ぶことにします。こうしたコグニティブ・マッパーこそ混沌とした経営環境の下での企業経営にとって嘱望されるトップ像と言えるでしょう。

(6) 組織のタイプに関する4つの解釈モード

　最後に、ワイクによる組織の解釈の仕方（モード）の違いを示した4類型（図表11-2）を概観しておきましょう。次ページの表の縦軸については組織の環境観を表していて、分析できるものと見るかできないものと見るかに大別しています。一方、表の横軸については組織の具体的行動として、組織と環境との境界を侵食しようとする（積極的）かしないか（消極的）に大別しています。そしてこれらを組み合わせることによって次の4つのタイプに分類を試みています。

①制約の中で解釈するタイプ（conditioned viewing：解析可能‐消極的）
②適切な解釈を見出そうとするタイプ（discovering：解析可能‐積極的）
③他者に依存して解釈するタイプ（undirected viewing：解析不可能‐消極的）
④自らの解釈を信じてやまないタイプ（enacting：解析不可能‐積極的）

　解釈システムとしての組織とその解釈モードという観点から組織のタイプについて考えるという新たな視座はユニークであり示唆に富んでいるので、大まかにでも身近な組織について考えてみるとよいでしょう。

第11章 これからの組織と理論

図表11-2 4つの解釈モード

		消極的　　環境に踏み込む程度　　積極的	
環境観	解析不可能	他者に依存して解釈するタイプ 〈全般的特徴〉他者から押し付けられた解釈、お決まりのフォーマルなものとは一味違うデータ、予感・風のたより・運次第 〈環境精査特性〉 1．データ源：外部志向、属人的 2．入手方法：専門部署なし、規則性のない人的接触や各種報告書類、偶然手に入れた情報 〈解釈過程〉 1．多義性の削減に多くのエネルギーを使用 2．解釈の際に使えるルールはほとんどないので議論などを何度も繰り返す必要がある 〈戦略と意思決定〉 1．戦略：受身型 2．決定過程：人的なつながりをつくることが重要	自らの解釈を信じて止まないタイプ 〈全般的特徴〉実験・テスト・押し付け、環境創造、実際の行動の中から学ぶ 〈環境精査特性〉 1．データ源：外部志向、属人的 2．入手方法：専門部署なし、規則性のない報告（書）、環境から得られるリアルなフィードバック情報、自ら選り分けた環境情報 〈解釈過程〉 1．多義性の削減にある程度のエネルギーを使用 2．解釈の際に使えるルールはそこそこあるので議論などをそれほど繰り返す必要はない 〈戦略と意思決定〉 1．戦略：投機型 2．決定過程：試行錯誤を繰り返しながら行う
	解析可能	制約の中で解釈するタイプ 〈全般的特徴〉これまでの境界内で解釈する、新たな探索には消極的、お決まりのフォーマルなデータ 〈環境精査特性〉 1．データ源：内部志向、非属人的 2．入手方法：専門部署なし、しかし規則的な記録管理が行われ情報システムを持つ、お決まりの情報 〈解釈過程〉 1．多義性の削減にエネルギーをほとんど使用しない 2．解釈の際に使えるルールが多いので議論などを繰り返す必要はほとんどない 〈戦略と意思決定〉 1．戦略：保守型 2．決定過程：プログラム化されている問題解決型の決定	適切な解釈を見出そうとするタイプ 〈全般的特徴〉フォーマルな探索、アンケートや各種調査によるデータ収集、積極的に見つけ出そうとする 〈環境精査特性〉 1．データ源：内部志向、非属人的 2．入手方法：独立した専門部署、特殊な調査・報告、広範囲にわたる情報 〈解釈過程〉 1．多義性の削減にエネルギーをほとんど使用しない 2．解釈の際に使えるルールが多いので議論などをそれほど繰り返す必要はない 〈戦略と意思決定〉 1．戦略：分析型 2．決定過程：システム化された分析やコンピューターの活用が中心

("*Toward a Model of Organizations as Interpretation Systems*" p289、291.をもとに作表)

# 組織と学習

　組織が外部の環境に適応し成果を上げることで存続と成長を実現するためにはさまざまな要因が考えられます。その中でも、第8章と第9章で述べたように、有効な組織構造や組織形態を選択し設計できるかどうかということが最も重要な要因であると言えます。そしてまた、構造や形態のみならず組織を丸ごと大胆に旧来の姿から大きく変貌させるということ、かの坂本龍馬（1836-1867）の名言「日本を今一度せんたくいたし申候」のごとく、企業を洗濯するかのような組織変革も重要な要因です。

　さらに個人にも言えることですが、常にさまざまな事柄に関心を寄せて学ぶということ、そして時にはうまくいかないこともあるでしょうが、そうした失敗から学ぶということ、こうしたこともまた個人や組織の生き残りにとって大変重要なことなのです。つまり学習、とりわけ組織学習（organizational learning）ということもまた組織の存続と成長にとって重要な要因なのです。本節ではこうした組織と学習について概観することにします。

（1）シングル・ループとダブル・ループの学習

　組織行動などを中心とした研究で知られるハーバード大学のクリス・アージリス（Chris Argyris,1923-2013）は組織学習研究の確立に貢献した人物で、彼の理論にダブル・ループ学習（double loop learning）というものがありますが、それについて若干考察したいと思います。

図表 11-3　ダブル・ループ学習

　図表11-3に示した「結果」については望ましい結果と望ましくない結果があると思います。ここで、より修正が必要となるケースが多い「望ましくない結果」が生じたと仮定すると、状況を改善するために、そうした結果をもたらした行動を修正しようとします（結果から行動へ向かう矢印）。これによって行動と結果が輪の形に結ばれますがこれが、ループです。また、状況を改善するためにそうした結果をもたらした行動を導いた価値を修正しようとします（結果から価値へ向かう矢印）。これによって価値と結果が輪の形に結ばれますが、これもループです。

　シングル・ループ学習（single loop learning）とは、このループが一重つまり、どちらか一方しかないということで（通常は行動と結果の間のループしかない場合を指します）、アージリスはこうした状態を好ましいとしません。一方、ダブル・ループ学習とは、このループが二重つまり、行動と結果に加えて価値と結果の間のループも存在している状態を指します。アージリスは、このループが二重であるダブル・ループ学習であってはじめて真の学習の前提が整うと考えました。

　具体例で考えてみましょう。アメリカは日本とは異なり銃社会の国で、銃規制がなされてきたとは言え、普通の人でも容易に銃を手にすることができます。そのため銃がらみの事件や事故が後を絶たず、乱射事件や子供が誤って銃を撃ってしまう事故などが頻繁に報じられています。子供の虐待などには厳しく目を光らせる社会でありながら、子供が銃で犠牲になるという同じことが繰り返されています。このような悪循環がなぜ止まらな

いのでしょうか。それはループが1つしかなく、アージリスの言うダブル・ループ学習がなされていないからです。つまり、このようなことが起こると、たとえば学校の場合などでは警備の人数を増やすとかセキュリティチェックをより厳重にするとかいろいろと対策は考えられますが、いわゆる対症療法であって根本的な解決策としては機能していないのです（実際には、「銃が人を殺めるのではなく、人が人を殺めるのだ」との認識の全米ライフル協会（NRA：National Rifle Association of America）などの強大な組織の存在が大きいということもあります）。より根本的な解決のためには、こうした行動レベルの修正だけではなく、同時に価値レベルの修正が必要なのです。それはたとえば、「アメリカのフロンティア開拓や建国以来の"自分の身は自分で守る"という価値観は、警察など治安機能もより強化された現代社会においても同じように有効であるのか？」などの問いを発したり、必要とあらばそうした価値観を変えたりしなければならないということです。こうしてはじめてループは二重を維持することが可能となるのです。

　よく同じ過ちを繰り返す"学習しない組織"（個人にも言えることですが）を目にしますが、それはダブル・ループ学習がなされていないという説明ができるのです。先の「組織化の進化論モデル」で言うと、保持（R）され、組織の言わば常識となったものの見方や考え方はある程度固定化されるのはやむを得ないにしても、それが極端になり、イナクトメント（E）や選択（S）というステージで保持（R）を全く否定しなかったり、本来変える必要があるにもかかわらず変えなかったりということが続くと、ここで言う"学習しない組織"と化し、環境不適応になりかねません。

　したがって、必要に応じてEまたはSで（あるいは双方で）Rを否定する（−）という可能性を残しておかなければならないのですが、それはここで言う価値の修正も行い得るダブル・ループ学習の可能性を残しておかなければならないという考え方と通底しているのです。私たちも日常生活

第 11 章　これからの組織と理論

において、こうしたことは常に意識しておかなければならないでしょう。

(2) 学習する組織とその条件

　組織と学習に関する研究で現在最も影響力のある人物として、マサチューセッツ工科大学（MIT：Massachusetts Institute of Technology）スローン経営大学院の上席講師であり、1997 年に創設された組織学習協会（SoL：Society for Organizational Learning、前身は 1991 年に同氏によって MIT に設置された組織学習センター）の創設者でもあるピーター・マイケル・センゲ（Peter Michael Senge,1947-）があげられます。センゲは主要著書 "*The Fifth Discipline*：*The Art&Practice of the Learning Organization*（『学習する組織―システム思考で未来を創造する』）" において、組織における学習をより動態的・継続的なものと考え、"学習する組織（Learning Organization）" というとらえ方をしています。そして、センゲはこの学習する組織を「真に "学習する" ことができ、自らの最高の志を実現する能力を継続的に高めることができる組織」（『学習する組織―システム思考で未来を創造する』38-39 ページ）であるとし、さらにこのような組織を実現するための 5 つの条件を提示しています。その 5 つの条件を分かりやすい言葉で概観してみましょう。

①システム思考（systems thinking）
　組織とは、システムであるということが理解できているかどうかということです。組織とはさまざまなサブシステムから成り立っています。それらは一見独立して活動しているかのごとく見えますが、当然それぞれの活動は連結されつながっていて、最終的にひとつのシステムである組織として成立するということを思い出してください。したがって、各サブシステムでの学習成果が結び付いて組織全体の学習ということになるので、シス

テム思考になっていないと学習もなされない（あるいはなされにくい）ということになってしまいます。

　システム思考になっていない典型はセクショナリズムでしょう。セクショナリズムがはびこると学習は容易に分断されてしまいます。そのようなケースでは組織の学習を期待することはできないでしょう。要するに、システム思考とコミュニケーションは不即不離の関係にあるのです。

②自己マスタリー（personal mastery）

　ここで言うマスタリーとは熟練や熟達を指しています。つまり、トップも含めた個々の組織メンバーの成熟度の重要性を強調しているわけで、実際に有能であったりあるいは有能になれるよう前向きに努力するようなメンバーが多いほど、個人レベルおよび組織レベル双方での学習もより期待できるということです。逆に、指示待ち人間が多かったり、言われたことしかやらないような人が多い組織は学習もなされにくいでしょう。学習する組織状態を作るには個人のマスタリーに依存するとともに、組織にもそうしたメンバーが育つようさまざまな工夫や後押しが求められるのです。

③メンタル・モデル（mental models）

　これは事象をどのようにとらえるかという精神的な構え（スタンス）のことです。先に述べた組織化の進化論モデルとも関連するものですが、その意味でこれは「認識モデル」という言い方もできます。

　同じ事象であっても、見たり聞いたりする人によって、それをどうとらえるかはまちまちです（先の本田宗一郎氏の認識など）。俗に「下衆の勘繰り」などと言いますが、これは「心が卑しいと、いろいろと邪推をしがちである」ということです。これは良くない方の例ですが、やはり理想としてはさまざまな出来事に対して多様で的確な、そして時にはユニークな見方ができるようでなければなりません。つまり、見方が誤っていたり偏っていたりすると、間違った学習がなされ、それがあたかも正しいかのようにみなされてしまう危険があるということです。したがって、そうならな

いように、ものを見る目を常に涵養し続けなければならないのです。ものの見方や認識は心理状態や精神構造が深く関与するものなので、組織メンバーのいわゆるメンタル面も組織の学習に大きく影響するということです。

そして、トップの認識は組織の認識にとって重要であると先に述べましたが、トップが自身のメンタル・モデルを涵養するということも重要です。なぜならば、トップのものの見方は会社のものの見方とも言えますし、たとえ個人やサブシステムに学習能力があったとしても、トップのメンタル・モデルが粗末なものであると、そうした下位レベルの学習能力や学習結果を活かすことができないからです。

④共有ビジョン（shared vision）

経営の世界では、ビジョンは「将来像」などと和訳されることも多いのですが、企業経営にとってビジョンが重要であることは言うまでもありません。

ビジョンについて以前からたびたび指摘されたことは、日本企業や日本の経営者はビジョンの構築が不得手で、逆にアメリカの企業や経営者は得意であるということです（かつて日産自動車のカルロス・ゴーン氏は、「われわれは来るべき電気自動車の時代には業界ナンバーワンの企業になる」という旨のメッセージ（日産のビジョン）を内外に発信しました）。しかし、バブル崩壊後は一変してそうしたことが強く求められるようになり、今ではビジョン構築の重要性は皆が理解している問題です。しかし、単にビジョンが提示されたということだけでは不十分で、そうしたビジョンは多くの組織メンバーに受け入れられるものでなければあまり意味がありません。

第10章で組織文化について論じましたが、ビジョンとは文化とは異なり明文化されているもので、微に入り細をうがつと言うよりはむしろ、大所高所から組織の方向性を示しているものです。その意味では、文化ほど漠然としたものではありませんが、メンバーが共有できるような組織の目指すべき将来像や方向性を大きなくくりで示し、それを求心力の源泉とし

て組織メンバーをまとめる力がビジョンにはあるという点で文化と共通する特性があります。

　近年ビジョナリー・カンパニー（visionary company、visionary は vision の形容詞で、ビジョン構築力が高いなどといった意）なる言葉を耳にすることがあります。ビジョナリー・カンパニーとは、経営理念や経営哲学あるいは経営ミッションなどいわゆる広義のビジョンを上手く活用し、組織メンバーをまとめて環境変化の時代を生き抜き、継続的に好業績を続けている企業、と言うことができます。ビジョナリー・カンパニーの考え方は、強い文化と継続的好業績を特徴とするエクセレント・カンパニーに関する理論、および組織文化のマネジメントを専ら任とするシンボリック・マネジャーに関する理論、この両者と密接に関連しているのです。

　さて、こうした広がりを見せるビジョンですが、学習とどのような関連があるのでしょうか。それは、明確で人を引き付けるビジョンが共有されていると組織の学習の方向性が明確になるということです。逆にビジョンが共有されていないと各サブシステムや個人の学習も方向性を見失ってバラバラとなり、何を学習するのか分からなかったり、組織が求めるものと異なったものを学習したりしてしまうなどといったことが起こるリスクが高まります。

　経営ビジョンとは企業全体にかかわるものなので、ビジョンの構築はトップの重要な任務となるでしょう。それと同時に各職場や組織メンバーの間でビジョンが共有されなければなりませんが、これもまたトップの重要な任務です。たとえば日産自動車のカルロス・ゴーン氏は営業所や販売店などを自分の足で回って視察し、最前線の社員と懇談しましたが、ゴーン氏のこうした活動によって現場主義という言葉が再び注目を浴び、ビジネス界で広く使用されることになったのは周知の事実です。

　このような現場主義ですが、現場を知り、現場の社員とコミュニケーションするということのみならず、トップ自らの考えや会社の価値観、ビジョ

ンなどを伝えて理解してもらうことにも一役買っている側面もあるのです。
⑤チーム学習（team learning）

　これはその名の通り、学習単位がチームであることの必要性を述べています。また、第8章の組織形態で取り上げたチーム型組織の特徴を思い出していただけるとさらに分かりやすいと思います。つまり組織の学習と言うと組織全体での学習を意味し、実際に多くの場合組織はそのように学習しようとしますが、とりわけ大きな組織が組織全体で学習しようとしても現実には難しいのです。そこでサブシステムごとの学習を重視して、それを組織全体の学習につなげていくという方法がとられるのです。

　組織が学習するとはどのようなことなのかという問いに対するひとつの説明として、個人が学習した結果をサブシステム（オフィスなど）の学習へと結び付け、さらにサブシステムの学習結果を組織全体の学習へと結び付けていくことである、と説明することができます。センゲはこのサブシステムの学習をチームの学習ととらえているわけです。つまり、チーム型組織の例であげた独法、チーム、アメーバ、あるいはカンパニーなどの自律的経営単位がそれぞれ学習し、それらを組織全体の学習へと結び付けるという考え方の方が、組織全体が効果的に学習することができるというのです。その場合、最終的に組織の学習となるよう各チームの学習を総合する必要がありますが、それがうまく行われるかどうかもトップにかかっていると言えるでしょう。

　また、成果主義においても、純粋に個人を単位とした成果主義は評価が困難になりがちなため、まずチームの成果を測定し、その後にチームの成果に対する個人の貢献度を評価するというチームを単位とした成果主義を取り入れる企業がありますが、こうしたこともチーム単位での行動および学習の有効性を裏付けるものと考えられます。

　こうしたセンゲの「学習する組織とその条件」についての考え方は組織

学習というものを考える際の有用なヒントとなるでしょう。日本は1990年代以降めまぐるしい環境変化にさらされていると言えますが、こうした中で環境に適応するためには常に学習し続けることが必要なのです。

(3) 知識創造理論と学習

　前項で、組織が学習するということは、個人の学習結果をサブシステムの学習へと結び付け、さらにサブシステムの学習結果を組織全体の学習へと結び付けていくことであると述べましたが、こうしたことをうまく説明する考え方として一橋大学名誉教授の野中郁次郎氏（1935-）のナレッジ・マネジメント（knowledge management：知識創造経営あるいは知識創造）の理論があります。そして、この知識創造理論は名著"*The Knowledge-Creating Company*：*How Japanese Companies Create the Dynamics of Innovation*（『知識創造企業』）"において体系化・精緻化されました。

　野中氏は知識を経営資源の中心と考え、企業経営を知識という観点からとらえる理論の世界的権威であり、野中氏の理論のエッセンスを明快に示したものとして後述するSECIモデル（4つの知識変換モード）と呼ばれるものがあります。知識と学習とは不即不離の関係にあると言えますが、そうしたことを鑑みるとSECIモデルは組織における知の移転を説明したものであるとともに、個人の学習がどのようにして組織の学習へと結び付く（移転する）のかということを説明したものでもあるのです。

　次に、SECIモデルの要旨を概観してみることにしましょう。

(4) SECI モデル

　知識創造理論では組織における知の形態を暗黙知（tacit knowledge）と形式知（explicit knowledge）の2つに大きく分けて考えます。

暗黙知とはその名が示すように、言葉で伝えたり文章で表現したりすることができないような知識のことで、熟練した職人さんが身に付けている職人技のようなものです。一方、形式知とは暗黙知と対照的なもので、言葉や文章で他者に容易に伝達することができるマニュアルのようなものです。そして、「組織はいかにして暗黙知を形式知に転換するのか」ということが知識創造理論の最大のテーマなのですが、その転換のプロセスは組織が学習するプロセスであるともとらえることができるのです。

　SECIモデルもこの暗黙知と形式知の考え方がベースになっていますがその要旨は図表11-4に示されています。なお、4つの知識変換モードすなわちSECIモデルのSECIとは図中に示されているプロセスの頭文字を組み合わせたものです）。それではSECIの内容について順次見ていくことにしましょう。

図表11-4　4つの知識変換モード

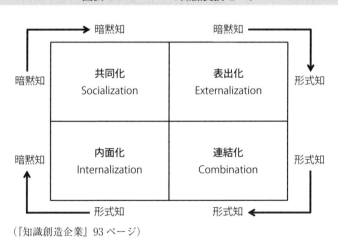

（『知識創造企業』93ページ）

①共同化（Socialization：暗黙知→暗黙知）
　これは社会化のプロセスを通じて個々の組織メンバーによって暗黙知が

創出・伝達されるプロセスです。こうした暗黙知が創出される場はさまざまですが次のような例があげられます。

グローバル競争の時代において海外市場を獲得するためにはライバル以上に現地の人々のニーズを探ることがキーポイントとなります。ところが、自国の真の顧客ニーズを探るのも難しいのですが、それが海外の顧客ともなるとなおさらです。そこで、日本企業も今では積極的に行うようになっていますが、営業パーソンが現地の家庭に（協力を得て）入り込んで実際の生活を観察するのです。そうすることで現地の消費者が何を求めているのかがおぼろげながら見えてくるわけです。また、アフターファイブの飲み会などでそれぞれ実際に経験したり、あるいは思っていることを打ち明けたりすることも、意見交換ならぬ暗黙知交換の場（暗黙知伝達の場）となります。アメリカの大手化学メーカー3M社（3M Company）の経営手法として15パーセントルールと呼ばれるものがあります。このルールは就業時間の15パーセントを日々の業務と直接かかわらない活動にあててもよいとするもので、そうした活動によって社員同士でユニークな製品のおぼろげなアイディアなどが雑談に近い形で交換されるのを促す効果があると言われています。さらに、HONDAに以前から根づいている仕組みに立場を超越して議論することを可能とするワイガヤ(ワイワイガヤガヤ)というものがありますが、これなども共同化に資するものと言えます。

②表出化（Externalization：暗黙知→形式知）

これは、おぼろげでぼんやりとした暗黙知を明確化するプロセスで、たとえば正式に名称が与えられたり、文書表現が可能になったり、より多くの組織メンバーが理解できる概念として成立したりするようなことを指します。たとえば①共同化の例の延長で言えば、検討会議の場で各営業パーソンが仕入れてきた現地の顧客ニーズに関する情報を開陳して議論する中で、徐々に現地の顧客ニーズの全体像や詳細などを皆が把握し始めます。それは、インド市場であれば「音楽好きな民族性で、テレビで音楽番組な

どを音量を上げて視聴することも多いので、薄型テレビのその他の機能を削ってでも音質や音響効果に他の市場以上にコストをかけなくてはならない（実際に日本企業が考えたこと）」などと形式知になっていくようなプロセスです。

　あるいは、事件の初期捜査の段階では犯人の目星が全つかめなかったのですが、事件の全容のストーリーが推論されるとともに、それぞれの刑事が現場を駆け回って聞き込みをして手がかりを収集した結果、確信が持てなかった各自の犯人に関する情報やイメージが結び付くことで犯人につながる手がかりとそうではないものがはっきりして犯人像が徐々に明確になっていくといったプロセスなどです（「点と点つまり暗黙知がつながって、線つまり形式知となる」とも言えますね）。

　また、個人の成果を測定するための業績評価基準としてコンピテンシー・モデルがあります。コンピテンシー（competency）とは「継続的に高い成果を上げることができる個人の思考および行動の特性」を意味するものです。つまり、個人の業績評価にあたって、その組織において優秀とされるメンバー（エクセレント・メンバーと称することにします）の思考・行動様式に着目し、それをベンチマーク（benchmark：評価基準）として活用するのです。

　通常、どの組織にもエクセレント・メンバーは存在すると思いますが、どうして優秀なのかということに深く立ち入って調査することはほとんどありません。なぜなら、それは極めて個人依存的で職人（クラフトマン）技的な性質のものでもあり、明文化したり言語化したりするのが困難なものであるという先入観があるからです。

　しかしながら、コンピテンシー・モデルは、エクセレント・メンバーに対する聞き取り調査などで可能な限りその理由に接近してつまびらかにすることで構築されるモデルであると言えます。このモデルにはまさしく、埋もれていた個人の暗黙知を形式知に変換するという側面があるのです。

さらに、これに関連したこととして、金型作りという以前は究極の職人技とみなされていたものがありますが、その職人技のプロセスをすべて洗い出して、ITを駆使したハイテク機器に作らせてしまうということが現在では行われています。これはITの時代になった現在、その力を最大限に利用して、不可能と思われていた職人技という暗黙知を形式知に変換するプロセスを成し遂げてしまうという点において、極めて現代的な例であると言えます。

③連結化（Combination：形式知→形式知）

これは、個別の形式知が結び付いて、より大きな形式知が生み出される、つまり個別の知識が体系化されるプロセスです。

たとえば、このところ好調で輝きを取り戻したなどと評されることのある自動車メーカーのマツダ（MAZDA）ですが（執筆時）、当時世界シェア2％ほどの「スモールプレーヤー」であったマツダは生き残りをかけて2006（平成18）年から「マツダ モノ造り革新」をスタートさせました。当時はコスト削減が最優先課題であり、ロータリーエンジンなどもともと技術力には定評があった企業なのですが、コミュニケーションが十分ではありませんでした。各部署ごとに知識やノウハウが蓄積されてはいるのですが、それらが総合化されないまま組織のパワーが発揮できない状態でした。

そうしたこともあって後に「一括企画」なる部門横断的な場であるチームが設けられました。開発設計部門や生産技術部門など異なる部門がそれぞれの確立された固有の知識（形式知）を持ち寄って、それらを総合することで部材の新しい利用法などといったより包括的な形式知を新たに創出することに成功しました。その結果、車体重量（軽量化）、燃費、エンジン性能、価格、デザインなどトータル面で同クラス中最高レベルの車種を販売するなどして高い評価を得ることにつながったのです。

また、生産現場でも2002（平成14）年から「計画順序生産」を導入しています。これは開発、製造、サプライヤーなどが協力し合ってコスト削減

や時間短縮などに取り組む仕組みであるとともに、1つの生産ラインでさまざまな車種の生産を行う仕組みでもあります。こうした現場レベルでの部門横断的な車作りの試みもまた、個々の形式知を連結し新たな形式知を創出することに貢献しているのです。

また、第8章第3節のチーム型組織の項で取り上げた前川製作所の独法経営にまつわるブロックの形成ということも、それぞれの独法の形式知を総合するという点で連結化の例と考えることができます。

④内面化（Internalization：形式知→暗黙知）

これは、③の連結化において総合化された形式知をもとにして、再び新たな暗黙知を個々のメンバーが獲得するプロセスを指しています。つまり、新たに総合化された形式知に基づいて、個人個人が時には他のメンバーと経験を共有しながら実践を行っていくプロセスです。新たな経営方針などが打ち出されてそれが組織内に流布するような場合などがあげられます。

たとえば、今（執筆時）、日本企業とくに大企業の間で年功序列賃金の裏付けとなっていた定期昇給を完全に廃止する（そして成果給に完全移行する）動きが進んでいます。とりわけ日本型経営の特徴が色濃い企業などでは、廃止によって働き方などを含め従来とはかなり異なる状況が出来することは確かですが、それがどのようなものになるかは不確実です（他の企業で同様のことが行われて、ある結果が出来したのを確認できても、企業が違えば全く同じような結果をもたらすことは考えられないので）。とにもかくにも組織メンバーは不安に駆られながらも、ともに協働し経験を共有する中で、それぞれがおぼろげながらも新しい制度の下で働くということがどのようなことであるのかを心の中に刻んでいくことになるのです。こうして個々人の中に新たな暗黙知が再び形成されることになるのです。

また、セブン - イレブン・ジャパンでは、全国に2000人いるOFC（オペレーション・フィールド・カウンセラー：店舗経営相談員）を隔週で（以前は毎週）本部に集めて、鈴木敏文会長やそれぞれの責任者が方針や重要

事項をじかに伝えるFC会議を創業以来続けています。セブン‐イレブンでは、コストはかかりますが、トップと直接顔を合わせて話を聞くダイレクト・コミュニケーションこそ重要であると考えています。各OFCはFC会議での方針を持ち帰り、それをもとにして各店舗の運営をサポートするわけですが、そうした実践の結果、各地区や各店舗それぞれでさまざまな事柄が生じ、そこから各OFCは新たな暗黙知を形作っていくことになります。

　SECIモデルはこのように知識が創造されていくありさまを4つのプロセスで説明しています。ただし、ダブル・ループ学習および組織化の進化論モデルと同様に1回限りの循環ではなくて、そうした循環を繰り返す中で徐々に組織としての知識が創造されていくものとしています。
　最後に、この4つのプロセスについて2点触れておくことにします。最初に伝えておきたいことは、4つのプロセスそれぞれで主役となる組織内レベルが異なるということです。
　①の共同化では、暗黙知の共有化ということで個人が主役となります。
　②の表出化では、暗黙知が形式知化されるプロセスということで個人および中間形態であるグループが主役となります。ここで言うグループとは係、課、部、事業部（またはカンパニー）などを意味しています。
　③の連結化では、形式知が結び付いて組織知が形成されるプロセスですから、グループおよび組織が主役となります。この場合、必ずしも組織全体の形式知だけではなく、ある部署とある部署の形式知が結び付いて組織全体の一歩手前の形式知が形成されるということも含まれます。さらに、同じ企業グループ内の企業間などで、ある企業の形式知と別の企業の形式知が結び付いて、より大きな新たな形式知が形成されることもありますが、企業内レベルに限定し、そうした企業間レベルの連結化の問題は割愛しています。

④の内面化では、総合化された形式知としての組織知が、グループを経て、個々の組織メンバーに内面化されるということですから、組織やグループ、個人が主役となります。ただし、通常は中間形態を介する場合が多いのですが、形式知が必ずしも中間形態を通して個人に波及するとは限りませんので、その場合はグループの存在感は薄いものとなります。

　このようにして、個人レベル、グループなど中間レベル、組織レベル、それぞれのレベルでの知識変換活動がうまく組み合わされることで組織は知識を創造する（組織は学習する）ものとされるのです。

　SECI モデルの4つのプロセスについて、もう1つ伝えておきたいことは、現在はIT（Information Technology）あるいはICT（Information and Communication Technology）の時代ですから、4つのプロセスすべてに手段としてこうした最新情報技術が用いられるということです。

　たとえば、ある技術開発関連のグローバル・カンパニーでは各国の社員が社内ネットで結び付いており、メンバーが単独では解決できない問題に直面した場合には距離を超越して、国が違う社員同士であってもネット上にそれぞれの解決案を提示します。そして最終的に、みんなでその問題を解決する仕組みが取り入れられています。ここでの各個人はそれぞれの分野のエキスパートゆえに、各個人が持つ知識は言わば確立されている知識です。したがって言葉にできない知識ではないため、個人の暗黙知が結び付いて形式知化するというよりは、形式知が結び付いて（会社全体の知識ほどではないにせよ）より大きな形式知に総合されるとみなすことができます（すなわち③の連結化の例と考えられます）。

③ 管理者不在の組織

(1) 指揮者のいない楽団

　本書の最後の項目として管理者不在の組織ということについて考えてみることにしましょう。まずはじめに本書で語られた2つの事柄を思い出してみましょう。第1に、ミクロ・アプローチのとりわけリーダーシップに関する事柄として、管理やリーダーシップの歴史は封建的で、機械的な、上司中心のものから、民主的で、有機的な、部下本位のものへと徐々に移行する歴史であったと述べました。そして、近年ではコーチングやフォロワーシップといった部下を中心とした考え方が広がりを見せてきました。さらに、AT&T（The American Telephone&Telegraph Company（現在はAT&T Inc.)、アメリカ最大の電話会社）の元マネジメント研究センター長のロバート・グリーンリーフ（Robert K.Greenleaf,1904-1990）が提唱した概念であるサーバント・リーダーシップ（servant leadership）という考え方もたびたび登場するほどです。サーバントとは召し使い、従僕といった意味で直訳すれば、召し使いのようなリーダーシップという意味になりますが、これはまさに部下にお仕えするリーダーということを含意しています。少々極端な物言いになりましたが、要するに封建的で機械的な上司が支配するリーダーシップから脱却し、部下に仕事上のサービスを提供し部下を支え部下に奉仕する、支配ではなく支援型のリーダー像を提唱しているのです。第2に、マクロ・アプローチのとりわけ組織構造に関する事柄として、フラット化が志向される時代であると述べました。その際中抜きということが行われることが多いのですが、それにともなってミドル・

マネジメントが整理・縮小されることが見受けられるようになりましたが、それにはIT化によってミドルの価値が減じてしまったことも影響していると述べました。

こうした傾向が今後も続いていくとすれば、その先にはマネジャーに管理されたくないと考える部下が増えたり、組織の方もマネジャーがいないと本当に組織は機能しないのか、マネジャーがいないと言わずとも最低限で機能する組織は不可能なのであろうかと考えるようになっても不思議ではありません。

そして、まだわずかながら実際にそのような組織が登場しつつあるのも事実なのです。たとえば純粋なビジネスの組織とは異なりますが（またわが国の組織ではありませんが）、指揮者のいないオーケストラとしてオルフェウス室内管弦楽団（Orpheus Chamber Orchestra）が知られています。1972年にニューヨークで結成されて以来、楽団員たちをまとめ美しいハーモニーを奏でるのに不可欠とされる指揮者を擁さず、おおよそ26人ほどの楽団員たちひとりひとりが指揮者としての役割を共有しながら組織運営を行い2度のグラミー賞の栄誉に輝いた実績もあります。ミドルに相当するコンサート・マスターは存在するのですが（しかし固定されたものではなく交替制）とくに権限を持つというわけではなく言わば調整役程度のもので、基本的には組織階層というものが存在しないメンバー全員がフラットな状態にある組織なのです。そしてオルフェスには次の8つの原則が浸透しています。

1．その仕事をしている人に権限をもたせる
2．自己責任を負わせる
3．役割を明確にする
4．リーダーシップを固定させない
5．平等なチームワークを育てる
6．話の聞き方を学び、話し方を学ぶ

7．コンセンサスを形成する
8．職務へのひたむきな献身

　そして重要なポイントを一言で言えば、エンパワーメント（empowerment、権限委譲）とコミュニケーションが徹底して実現されているということです。オルフェウス楽団では、年齢・性別・経験・担当楽器などにかかわりなく演奏や組織運営などあらゆる事柄に関して意思決定の裁量権が認められていて自由に物が言える仕組みが根付いています。また指揮者から発信されるコミュニケーションが存在しないため、演奏のテクニックなどについてもよくないと思う演奏に対してははっきりとNOを突き付けメンバー同士が納得するまで話し合われるなど、楽団員の間での双方向型の忌憚のないコミュニケーションが不可欠になります。楽団という性質上フェイス・トゥ・フェイスのコミュニケーションが基軸にあるわけですが、さらに楽団員は演奏以外のプライベートでも家族ぐるみの付き合いを通じてコミュニケーションを深めているという特徴があります。そしてこうした本物のコミュニケーション（true communication）こそがユニークな組織の成否の鍵を握っていると言えるのです。

　P.F.ドラッカーはこれからの組織はオーケストラのようなもので、それを率いるマネジャーには指揮者のような役割が求められると早い時期から次代を洞察していました。つまり、自律的な個々のメンバーを理想とする所へとゆるやかに（ルースに）リードすることで、全体として美しいハーモニーを紡ぎ出すという指揮者のような能力がこれからのマネジャーには求められ、組織もオーケストラのように中間管理階層を極力介さないですむような重層ではない低層の構造になっていくであろう、ということをドラッカーは示唆していたのです。そしておもに第9章で述べたように昨今の日本企業の組織デザインのトレンドも脱ピラミッドということですし、リーダーシップやマネジャーに関しても部下志向のゆるやかな管理が実践されるようになっています。

異色の経営学者ヘンリー・ミンツバーグ（Henry Mintzberg,1939-）もマネジャーと指揮者とを重ね合わせることで従来のコントローラーとしてのマネジャーからの脱皮を提唱していますが、彼は大胆に次のように述べています。「重要なのは服従や調和をいかに追求するかということよりも、数々の制約がある中で、微細で微妙なリーダーシップをいかに発揮していくかだ。旧来型の経営者やマネジャー諸氏よ、指揮台から降り、予算を割り振るタクトを手放し、指揮者の真の姿に目を向けてはどうだろう。それができて、初めてマネジャーにまつわる神話のベールをはがし、指揮者の置かれた現実を理解できる。そのあかつきには、マネジャーと組織が一体となって、美しい調べを奏でられるに違いない。」(『経営論』、H. ミンツバーグ、112ページ。)

(2) マネジャーレス・オーガニゼーション

　このようにオーケストラのメタファー（比喩、たとえ）はマネジメントおよびマネジャーを説明するツールとしてたびたび利用されてきましたが、マネジメントからの脱却を象徴するメタファーとして用いられるようになっています。そしてそれは、単なる理論上の理想ということに止まらず、オルフェウスのような指揮者のいないオーケストラも現実に存在し、さらに近年では実際のビジネスにおいてもそれと類似した組織を目指そうという動きが見られるようになっています。そこで、本書ではこうした組織を「マネジャーレス・オーガニゼーション（Manager-less Organization、管理者不要組織）」と呼ぶことにします（既述のように実際には管理者が全くいない組織というよりは必要最低限の組織と言えます）。

　ここで次に楽団という組織から離れてビジネスの組織の例について考えてみることにしましょう。

　マネジャーレス・オーガニゼーション（MO）の例として、1986（昭和

61）年創業の広島に本拠地を置き中国地方を中心に展開するメガネチェーン店の21（トゥーワン）があります。21ではトップとしての社長は存在するのですが、固定されたものではなく交替性の名誉職であって特段権限は持っていません。一般の社員についても責任者（店長のような位置づけでオルフェウスのコンサート・マスターにも近い）がいる以外に役職や序列はなく、みなが平等な立場であるフラットな組織を実現しています。21はユニークな組織でありいろいろな面白い仕組みを採用していますが、その中でもたとえば「ギブアップ宣言」（この人とは一緒に働きたくないという宣言）は合わないメンバーとは無理に合わせようとするのではなく、宣言した方またはされた方が異動となるという仕組みです（異動に左遷という意味合いはありません）。一般的な組織では、そのようなことは言い難いし我慢して何とかやり過ごそうとなりがちだと思いますが、それでは忌憚のない本物のコミュニケーションとはならず普通のコミュニケーションに終始してしまうでしょう。さらに、社員は社内ネットにアクセスすれば社長のものも含めて全社員の報酬を閲覧することが可能であり、その他にも会社のあらゆる情報を社内ネット上で公開するようにしています。このように21のようなチェーン展開する必要があるビジネスでは、店舗間などで物理的な距離が生じるためコミュニケーションもITを有効に活用したデジタルなものとならざるを得ず、それを上手く活用して情報の共有（information sharing）などを行う必要があります。店舗内の場合は別として、店舗間や各店舗と本社の間などでは、頻繁にアナログ・コミュニケーションを行うのは困難なのでデジタル・コミュニケーションを最大限活用して本物のコミュニケーションを実現するということになります。また21では、社員は従業員でもあり、出資者でもあり、経営者でもあるという三位一体を実現しているため、権限委譲と自律性とが高いレベルで維持されているのです。

　マネジャーレス・オーガニゼーション（MO）のさらなる例としては協

同労働というものがあげられます。協同労働の最大の特徴としては、21にも見られるように労働（者）、経営（者）、出資（者）を組織メンバーひとりひとりがすべて担う、すなわち一人三役を演じるということにあります（21は株式会社のため協同労働と全く同じ形態とは言えません）。そして、各メンバーはマネジメントの役割も果たすため、組織での階層や序列はほとんどなくみんなが対等・平等な組織を実現しています。協同労働の場合は協同組合の形態を採用している組織を指す場合が多く、株式会社形態ではなく純粋に組合員（組織メンバー）の出資金を基に経営を行うということになります。したがって比較的小規模な組織が多いということや、ボランティアや非営利の組織というわけではないのですが、とくに利益至上主義というわけでもなくむしろ事業内容もより社会に貢献するということを強く意識したものとなるのが一般的です。わが国にも協同組合は以前から存在しておりとりわけ生活協同組合（生協、コープ）などが身近なものです。近年の協同労働に対する関心の高まりは、こうした協同組合のような組織での働き方が注目されるようになったことや、協同組合でのビジネスが多様化して企業のビジネスとの違いが小さくなってきたことなどが背景にあります。協同組合や協同労働が注目される背景には、近年わが国では年功制や終身雇用など安定志向の日本的経営が崩壊し、企業主導の厳しい競争原理に基づいた働き方に変貌し、リストラ、非正規雇用、低賃金労働などが目立つ世の中になったため、企業などで厳密な権限階層に基づいて管理されるという働き方に疑問を感じる者も多くなってきたということがあります。

　埼玉県深谷市の深谷だんらんグループでは、こだわりの豆腐を提供する深谷とうふ工房、健康志向の弁当を提供する愛彩弁当、訪問介護のヘルパーステーションだんらん、デイサービスほほえみ、などの事業を協同労働の協同組合という形態で運営していることで知られています。このような形態はワーカーズ・コープ（あるいはワーカーズ・コレクティブ、労働者協

同組合などとも言います）と呼ばれますが、協同組合の中でもここで述べている協同労働を中心とした形態の組織を意味するものとして用いられています。海外にもこのように多角化展開したりより規模の大きな協同労働を中心とした協同組合が存在しますが、わが国においてもこうした形態が今後いっそう注目されることになるのかどうかその動向に留意する必要があると思います。

　組織階層の数も少なくフラットな組織で、マネジャーの数も最低限で機能するようなマネジャーレス・オーガニゼーション（MO）ですが、指揮者がいなくても見事に機能しているオルフェウス、実際にわが国で成功してきた21、ワーカーズ・コープのような協同労働、こういった実例を参考にしつつ今後こうした形態がどこまで広がりを見せるかが注目されます。さらに経営学の観点からは、どの程度大きな組織にも適用することが可能なのかということについても実践的な観点からより詳細に検討する必要があります。

第 11 章　これからの組織と理論

おわりに

　本書で読者の皆様を組織の世界へとご案内致しましたがそれはどのような旅であったでしょうか。快適なものであったでしょうか。概要を振り返ってみますと、前半部分ではミクロ・アプローチとして、まず第3章で組織メンバーを取り巻く環境の変化を雇用および報酬のシステムの転換という観点から説明しました。続く第4章ではメンバーのやる気の問題すなわちモチベーションに関して代表的な考え方とその変遷について説明し、第5章ではリーダーシップに関する代表的な理論を概観するとともに、そうした従来から存在する理論の現在のリーダーシップについての考え方との関連性について考察しました。第6章では、部下を動機付けたり部下に対してリーダーシップを発揮するマネジャーに関して、とくに現在のマネジャーに求められる特性について論じました。第7章では組織と個人をつなぐ機能を持つ職場という存在を活性化やコミュニケーションなどの観点から考察しました。

　後半部分ではマクロ・アプローチとして、まず第8章では組織の構造について階層と部門を中心に説明し、さらに組織の主要な形態を取り上げその要旨を説明しました。続く第9章では組織に関する近年の変化について、おもに構造面でのトールからフラットへという傾向を中抜きという観点から考えてみました。また、機械的な組織から有機的な組織へという傾向や、組織の変革についても言及しました。第10章および第11章では組織にかかわる重要なテーマに関してその代表的なものに言及するとともに今後の方向性についても触れました。それらは、意思決定、組織文化、組織認識、組織学習、マネジャーレス・オーガニゼーション、といったものでした。

ミクロおよびマクロそれぞれに関して深く考え、より良い組織と個人の関係、より良い組織の構造と形態、これらをともに実現することが必要となります。それによって良い箱と良い中身がともに実現され全体として良い組織と言えるものに近づくことになるでしょう。

　ところが、そうは言うもののわが国の実際の組織の現状はどうでしょうか。多くの場合良い組織が実現できているとは言い難いのではないでしょうか。本来経営学がお金儲けのための学問ではないのと同様に、経営組織論も人の合理化のための学問や専門分野ではありません。これまで述べてきたように、いかにしてハードとしての組織そのものとソフトとしての個人がともにより良いものとなるかを考え続け、それらがともに充実した組織の実現を目指すことが経営組織論の主たる共通目的であって、それを実現するにあたってはメンバーに対する思いやりや愛情というものがなければその目的は叶わないと考えるべきなのではないでしょうか。経営学は人間の学問であると以前から言われてきましたが、そうしたことから考えると経営組織論は（メンバーに対する）愛の学問であるという見方もできると思います。

　今後はこれまで以上にひとりひとりが組織ということを常に意識して行動することが必要になるでしょう。そして多くの人々が良い組織とは何か良いメンバーとは何か、こうしたことを考えるようになることで企業組織をはじめとして日本の組織の復活そしていっそうの飛躍につながっていくのだと信じています。本書が組織について考えるきっかけとしてささやかながらお役に立てることを願って止みません。

2015（平成27）年6月吉日

　　　　　　　　　　　　　　　　　　　　　　著者　松本　久良

引用文献・参考文献

第1章

上野陽一訳・編（1969）『科学的管理法』産能大学出版部
（本訳書は F. W. テイラーの複数の著作および著述をまとめたものです）

Fayol, H. J.（1979）*Administration industrielle et générale, Editioin présentée par P. Morin, Dunod, Paris.*（原著が最初に世に出たのは 1916 年）
（山本安二郎訳（1985）『産業並びに一般の管理』ダイヤモンド社）

Barnard, C. I.（1938）*The Functions of the Executive*, Harvard University Press.
（山本安二郎・田杉競・飯野春樹訳（1968）経営名著シリーズ 2『新訳 経営者の役割』ダイヤモンド社）

第4章

Herzberg, F.（1966）*Work and the Nature of Man*, Thomas Y. Crowell.
（北野利信訳（1968）『仕事と人間性』東洋経済新報社）

Porter L. W. and E. E. Lawler（1968）*Managerial Attitudes and Performance*, Richard D. Irwin.

Deci E. L.（1975）*Intrinsic Motivation, Plenum Press.*（安藤延男・石田梅男訳（1980）『内発的動機づけ 実験社会心理学的アプローチ』誠信書房）

Deci E. L.（1971）"Effects on Externally Mediated Rewards on Intrinsic Motivation,"*Journal of Personality and Social Psychology* 18, pp. 105-115.

Pink D. H.（2009）*DRIVE : The Surprising Truth About What Motivates Us*, Riverhead Books.
（大前研一訳（2010）『モチベーション 3.0』講談社）

第5章

上田惇生編訳（2000）『プロフェッショナルの条件 いかに成果をあげ、成長するか』
（はじめて読むドラッカー【自己実現編】）ダイヤモンド社
（本訳書は P. F. ドラッカーの複数の著作のエッセンスをまとめたものです）

Kotter J. P.（1999）*John P. Kotter on What Leaders Really Do*（Harvard Business

Review Book Series), Harvard Business Review Press.
（黒田由貴子監訳（1999）『リーダーシップ論　いま何をすべきか』ダイヤモンド社）

伊藤守・鈴木義幸・金井壽宏著（2010）『コーチング・リーダーシップ』ダイヤモンド社

McGregor D. M.（1960）*The Human Side of Enterprise*, McGraw-Hill.
（高橋達男訳（1970）『新版　企業の人間的側面　統合と自己統制による経営』産能大学出版部）

Ouchi W. G.（1981）*Theory Z : How American Business Can Meet the Japanese Challenge*, Addison-Wesley Publishing.
（徳山二郎監訳（1981）『セオリーZ　日本に学び、日本を超える』CBS・ソニー出版）

Burns T. and G. M. Stalker（1961）*The Management of Innovation*, Tavistock（London）.

Woodward J.（1965）*Industrial Organization : Theory and Practice*, Oxford University Press.
（矢島欽次・中島壽雄訳（1965）『新しい企業組織　原点回帰の経営学』日本能率協会）

Lawrence P. R. and J. W. Lorsch（1967）*Organization and Environment : Managing Differentiation and Integration*, Harvard University Press.
（吉田博訳（1977）『組織の条件適応理論』産業能率短期大学出版部）

Fiedler F. E.（1967）*A Theory of Leadership Effectiveness*, McGraw-Hill.
（山田雄一監訳（1970）『新しい管理者像の探求』産業能率短期大学出版部）

Fiedler F. E. and J. E. Garcia（1987）*New Approaches to Effective Leadership : Cognitive Resources and Organizational Performance*, John Wiley & Sons.

Hersey P. H. and K. H. Blanchard（1977）*Management of Organizational Behavior : Utilizing Human Resources 3rd ed.*, Prentice-Hall.（初版は1969年で翻訳は第3版）
（山本成二・水野基・成田攻訳（1978）『入門から応用へ　行動科学の展開～人的資源の活用～』生産性出版）

Hersey P. H., Blanchard K. H. and D. E. Johnson（1996）*Management of Organizational Behavior : Utilizing Human Resources 7th ed.*, Prentice-Hall.
（山本成二・山本あづさ訳（2000）『新版　入門から応用へ　行動科学の展開～人的資源の活用～』生産性出版）

Miles R. E. and C. C. Snow（1978）*Organizational Strategy, Structure, and Process*, McGraw-Hill.
（土屋守章・内野崇・中野工訳（1983）『戦略型経営―戦略選択の実践シナリオ―』ダイヤモンド社）

第6章

Montana P. J. and B. H. Charnov (2008) *Management 4th ed.* (Barron's Business Review Books), Barron's Educational Series.

Kelley, R. (1992) *The Power of Followership : How to Create Leaders People Want to Follow and Followers Who Lead Themselves*, Doubleday.
(牧野昇監訳 (1993)『指導力革命　リーダーシップからフォロワーシップへ』プレジデント社)

第8章

Drucker P. F. (1973) *Management : Tasks, Responsibilities, practices*, Harper&Low.
(上田惇生訳 (2008)『マネジメント　課題、責任、実践』上・中・下(ドラッカー名著集13) ダイヤモンド社)
(上田惇生訳 (2001)『エッセンシャル版 マネジメント 基本と原則』ダイヤモンド社)
(ドラッカーの『マネジメント』には原著および翻訳ともに複数の書籍が存在しますが代表的なものを掲出させていただきました)

稲盛和夫 (2006)『アメーバ経営　ひとりひとりの社員が主役』日本経済新聞社

第9章

野中・加護野・小松・奥村・坂下著 (2013)『新装版　組織現象の理論と測定』千倉書房

Merton R. K. (1957) *Social Theory and Social Structure : Toward the Codification and Research*, The Free Press.
(森東吾・森好夫・金沢・中島訳 (1961)『社会理論と社会構造』みすず書房)

第10章

Simon H. A. (1997) *Administrative Behavior : A Study of Decision-Making Processes in Administrative Organization 4th ed.*, Free Press.
(二村・桑田・高尾・西脇・高柳訳 (2009)『新版　経営行動　経営組織における意思決定過程の研究』ダイヤモンド社)(原著の初版は1945年でこれは第4版とその訳書)

March J. G. and J. P. Olsen (1976) *Ambiguity and Choice in Organizations*, Universitetsforlaget.
(遠田雄志・アリソン・ユング訳 (1986)『組織におけるあいまいさと決定』有斐閣)

Peters T. J. and R. H. Waterman (1982) *In Search of Excellence : Lessons from*

America's Best-Run Companies, Harper&Low.
（大前研一訳（1983）『エクセレント・カンパニー　超優良企業の条件』講談社）（2003年に英知出版から復刊）

Deal T. E. and A. A. Kennedy（1982）*Corporate Cultures : The Rites and Rituals of Corporate Life*, Addison-Wesley.
（城山三郎訳（1983）『シンボリック・マネジャー』講談社）

第 11 章

Weick K. E.（1979）*The Social Psychology of Organizing 2nd ed.*, Random House.
（遠田雄志訳（1997）『組織化の社会心理学』（第 2 版）文眞堂）

Daft R. L. and K. E. Weick（1984）"Toward a Model of Organizations as Interpretation Systems," *Academy of Management Review Vol. 9 No. 2*, pp. 284-295.

髙橋量一（2010）『組織認識論の世界Ⅰ』文眞堂
（組織認識論およびワイク研究の第一人者である髙橋氏の同書は『組織認識論の世界Ⅱ』（2012）および『組織認識論の世界Ⅲ』（2015）と合わせたシリーズ書籍）

岸田民樹編著（2014）『組織学への道』文眞堂

von Krogh G. and J. Roos（1995）*Organizational Epistemology*, Palgrave Macmillan.
（髙橋量一・松本久良訳（2010）『オーガニゼーショナル・エピステモロジー』文眞堂）

Senge P. M.（2006）*The Fifth Discipline : The Art&Practice of the Learning Organization*, Doubleday.
（枝廣淳子・小田理一郎・中小路佳代子訳（2011）『学習する組織　システム思考で未来を創造する』英治出版）（なお、原著初版は 1990 年に出版され、邦訳は『最強組織の法則　新時代のチームワークとは何か』（守部信之訳、徳間書店、1995 年）として出版されていますが（執筆時）、2006 年版はその改訂新版です）

Nonaka I. and H. Takeuchi（1995）*The Knowledge-Creating Company : How Japanese Companies Create the Dynamics of Innovation*, Oxford University Press.
（梅本勝博訳（1996）『知識創造企業』東洋経済新報社）

Seifter H. abd P. Economy（2001）*Leadership Ensemble*：*Lessons in Collaborative Management from the World's Only Conductorless Orchestra, Times Books.*
（鈴木主税（2002）『オルフェウスプロセス　指揮者のいないオーケストラに学ぶマルチ・リーダーシップ・マネジメント』角川書店）

DIAMOND ハーバード・ビジネス・レビュー編集部編訳（2007）『H. ミンツバーグ経営論』ダイヤモンド社（本訳書は H. ミンツバーグの複数の論文をまとめたものです）

人名索引

■ あ行 ■

アージリス　344
アルダファー　64
稲盛和夫　238
上野陽一　32

■ か行 ■

カルロス・ゴーン　144
クルト・レヴィン　173
コッター　105

■ さ行 ■

サイモン　294
スノー　132
センゲ　347

■ た行 ■

ダニエル・ピンク　93
テイラー　4
デシ　81
トム・ピーターズ　311
ドラッカー　59・104

■ な・は行 ■

野中郁次郎　352
ハーシー　124

ハーズバーグ　68
バーナード　11
ハーバート・ケレハー　324
フィードラー　121
フェイヨル　7
フォード　31
ブランチャード　124
ブルーム　73
本田宗一郎　325

■ ま行 ■

マーチ　301
マイルズ　132
マグレガー　100
マズロー　63
マックス・ウェーバー　276
松下幸之助　45
メイヨー　34

■ ら・わ行 ■

リッカート　111
ローシュ　120
ローレンス　120
ロバート・ウォーターマン　311
ロバート・ケリー　162
ワイク　331

事項索引

■ あ行 ■

あいまい性　301
アナログ・コミュニケーション　17
アメーバ経営　238
アンダーマイニング効果　82
暗黙知　352

意識変革　　192
意思決定　　294
意思決定前提　　295
意思決定のスピード　　260
偉人論　　107
一時的組織　　234
イナクトした環境　　335
イナクトメント　　334
イニシアティブ　　284
イノベーション　　190
因果関係のあいまいさ　　302
インセンティブ　　62
衛生要因　　69
衛生理論　　68
営利組織　　21
エクセレント・カンパニー　　311
エクセレント・メンバー　　355
横断的組織　　231
オーバー・マネジメント　　291
オープン・システム・アプローチ　　203
オフィサー　　109
オフィス　　27・168
オフィス変革　　190
オフィスレス　　183
オフサイト・ミーティング　　195
オルフェウス室内管弦楽団　　361

■ か行 ■

解　　307
外国人トップ・マネジャー　　144
解釈システム　　331
解釈モード　　342
会社を賭ける文化　　327
階層（化）　　3
階層化　　207
外発的報酬　　76
科学的管理法　　4
課業管理　　4
学習しない組織　　346

学習する組織　　347
革新の阻害　　279
家族主義経営　　195
価値前提　　295
過程理論　　73
株式会社　　3
カリスマ力　　158
環境　　333
環境適応　　255
環境変化　　255
カンパニー・プレジデント　　225
カンパニー制　　224
管理原則論　　8
管理者比率　　275
管理的意思決定　　296
管理範囲　　213
官僚制　　276
官僚制の逆機能　　278
機械的管理　　112
機械的システム　　119
機械的組織　　277
企業の社会的責任　　14
企業別組合　　43
期待理論　　73
機能の固着　　95
客観的評価基準　　55
教育組織　　20・129
凝集性　　174
強制力　　153
京セラ　　238
競争原理　　46
共通目的　　11
協働　　11
共同化　　353
協同組合　　365
協同労働　　365
共有ビジョン　　349
金銭的資源　　40
グループ・ダイナミクス　　173
グループ分け　　207

クローズド・システム・アプローチ	204
クロスファンクショナル	232
軍隊組織	213
訓練された無能	278
経営管理論	24
経営人モデル	300
経営戦略論	24
経営組織論	24
経営的意思決定	296
経営哲学	18・317
経営ビジョン	19
経営ミッション	317
経営理念	18・317
計画と実施の分離	5
経済人モデル	299
形式化	274
形式知	352
形態に関する諸特性	275
権限委譲	112
限定された合理性	300
検討活動	297
現場主義	171
恒久的組織	234
貢献	12
貢献意欲	11
合法力	151
合理モデル	298
ゴーイング・コンサーン	22
コーチング	135
コーポレート・アイデンティティ	282
顧客不満足	278
顧客別	229
コグニティブ・マッパー	341
個人の成長の抑制	279
コスト・パフォーマンス	262
小林製薬	266
コミットメント	287・325
ゴミ箱モデル	301
コミュニケーション	11・193
コミュニケーションの正確性	261
コンティンジェンシー	118・132
混沌を作り出す	289
コンピテンシー・モデル	56・355

■ さ行 ■

サーバント・リーダーシップ	360
再活性化	172
最低許容行動	278
サウスウエスト航空	315
作業的意思決定	296
サスティナビリティ	22
サテライト・オフィス	180
サブシステム	2
参加者	305
参加のあいまいさ	303
参謀	215
士気	262
事業部制組織	219
事業持株会社	250
自己啓発	190
自己決定の欲求	84
自己実現	64
仕事軸	113
自己変革	190
自己マスタリー	348
事実前提	295
システム	2
システム思考	347
システム4の理論	112
執行役員制	109・143
失敗表彰制度	326
実力終身雇用	52
指導教諭	270
社外取締役	142
社外ベンチャー制度	247
社内運動会	195
社内ベンチャー制度	247
社内募集制度	91
集権化	275

終身雇用	*43*	生態の変化	*333*
主幹教諭	*270*	製品別	*229*
純粋持株会社	*250*	セオリーZ	*117*
状況好意性	*122*	設計活動	*297*
状況要因	*126*	ゼネラリスト	*273*
条件適応理論	*118*	ゼネラル・スタッフ	*215*
上司	*161*	セブン-イレブン	*357*
情報	*16・193*	セルフ・マネジメント	*236*
情報活動	*297*	選好のあいまいさ	*302*
情報的資源	*40*	センスメーキング	*334*
情報の共有	*364*	選択（淘汰）	*334*
情報力	*158*	選択活動	*297*
職能（機能）別組織	*217*	選択機会	*305*
職能化	*5*	専門化	*206・273*
職能別	*229*	専門経営者	*109*
職能別職長制度	*6*	専門力	*154*
職場集団	*27・168*	早期退職	*47*
職場文化	*313*	創造的破壊	*288*
職務再設計	*54*	組織階層の原則	*259*
職務設計	*54*	組織開発	*176*
所有と経営の分離	*108*	組織学習	*344*
自律性	*96*	組織化された無秩序	*303*
シングル・ループ学習	*345*	組織過程	*27*
真摯さ	*107*	組織化の進化論モデル	*332*
人的資源	*40*	組織均衡論	*12*
シンボリック・マネジャー	*321*	組織形態	*212*
推進力	*174*	組織構造	*206*
スコア	*121*	組織設計	*203*
スタッフ職能	*215*	組織認識論	*331*
スパン・オブ・コントロール	*258*	組織の価値観	*316*
スピード経営	*41*	組織の再設計	*203*
スピンアウト	*249*	組織の水平的分化	*208*
スピンオフ	*248*	組織は戦略に従う	*220*
スペシャリスト	*47・273*	組織プロセス	*27*
スペシャル・スタッフ	*215*	組織文化	*310*
性悪説	*116*	組織文化の主な機能	*314*
聖域	*289*	組織変革	*172*
成果主義	*28*	ソニー	*91*
性善説	*116*		

■ た行 ■

体系的廃棄　288
第三次コントロール　315
タイプA　99
タイプB　99
タイプI　100
タイプX　100
多義性　198
逞しい、男っぽい文化　326
多元的重複集団構造　169
ダブル・ループ学習　344
探索型　133
地域別　229
チーム学習　351
チーム型組織　236
チーム制　240
秩序を作り出す　289
中央集権型組織　210
中間形態　168
調整力　18
賃金　28
強い文化　315
ディレクター　109
適者生存　332
デジタル・コミュニケーション　17
手続きの文化　327
デュポン　220
テレワーカー　179
テレワーク　179
伝統性　276
同一視力　156
動機づけ　62・68
動機づけ要因　68
統制の原則　259
トール・オーガニゼーション　254・258
トール型　210
トールからフラットへ　270
特性論　107
トップ　140
飛ばしによる決定　306

トヨタ　195・267
取締役　141
トレードオフ　224・259

■ な行 ■

内発的動機づけの理論　81
内発的報酬　76
内面化　357
内容理論　62
中抜き　147・256
ナレッジ・マネジメント　352
ナレッジ・ワーカー　110
日産自動車　144
日本的経営　43
二要因理論　68
人間関係論　34
人間軸　113
ネットワーク組織　242
年功序列　43・50
年功序列賃金　29
能率　13
能率道　32
飲みニケーション　194

■ は行 ■

パナソニック　45
バブル経済　46
非営利組織　21
非言語情報　198
非公式集団　34
ビジネスパーソン　44
ビジョナリー・カンパニー　350
ビデオ会議　182
評価　28
評価基準　55
評価システム　56
表出化　354
標準化　273

ピラミッド型組織　　210
ファンクショナル職長　　217
フェイス・トゥ・フェイスのコミュニケーション　　198
フォース・フィールド分析　　174
フォロワー　　105
フォロワーシップ　　160
フォロワーの4類型　　163
部下　　161
不確実性　　198
部下の成熟度　　126
深谷だんらんグループ　　365
副校長　　270
物的資源　　40
不満足要因　　69
部門（化）　　3
ブラケッティング　　334
フラット・オーガニゼーション　　258
フラット化　　147
フラットからトールへ　　269
ブランド・マネジャー　　222
フリーアドレス　　183
フリンジ・ベネフィット　　71
ブレイング・マネジャー　　268
プロジェクト組織　　234
プロダクト・マネジャー　　222
分業化　　206
変異　　332
ベンチャー・ビジネス　　246
報酬　　27
報酬力　　152
ホーソン実験　　34
ポーター＝ローラーの期待理論　　75
ホールディングス制　　250
保持　　335
ポスト　　132
ポスト廃止　　256
ポスト不足　　262
褒める　　84
本物のコミュニケーション　　362

■ ま行 ■

マーケット・イン　　241
前川製作所　　237
任せる　　88
巻き込み　　91
マクロ・アプローチ　　24
マスキー法　　339
マスタリー　　97
松下電器　　46
マツダ　　356
マトリックス組織　　212・227
マネジメント　　140
マネジャー　　27・140・160
マネジャーレス・オーガニゼーション　　363
満足化基準　　300
満足ポイント制度　　87
満足要因　　68
マンネリズム　　173
ミクロ・アプローチ　　24
見過ごしによる決定　　306
ミスミ　　240
ミドル　　140
ムダ　　32
ムラ　　32
ムリ　　32
命令統一の原則　　9・259
メディア・リッチネス　　196
メディア・リッチネスのディグリー　　197
メンタル・モデル　　348
目標による管理　　54
目標の置換　　279
モチベーション　　27・62
モチベーション 2.0　　100
モチベーション 3.0　　93
モバイルワーカー　　181
モバイルワーク　　181
模範的フォロワー　　164
問題　　305

■ や行 ■

誘因　　　12
有機的管理　　　112
有機的システム　　　119
有機的組織　　　277
有効性　　　13
有能さの欲求　　　84
夢　　　341
緩やかに連結したシステム　　　242
要素動作別時間研究　　　4
抑制力　　　174
よく働き／よく遊ぶ文化　　　326
欲求階層説　　　63

■ ら・わ行 ■

ライン・アンド・スタッフ組織　　　216
ライン職能　　　214
ライン組織　　　213
リーダー　　　160
リーダーシップ　　　27・104・160
リーダーシップの行動論　　　113
リエンジニアリング　　　283
離職率　　　51・319
リストラ　　　256
リストラクチャリング　　　283
率を異にする出来高払い制度　　　5
ルーチン・ワーク　　　207
レイヤー　　　254
連結化　　　356
連結ピン　　　169
ロウソクの問題　　　95
ロワー　　　140
ワーカーズ・コープ　　　365
ワイガヤ　　　354
ワン・ベスト・ウェイ　　　114
ワンマン・ワンボスの原則　　　9・259

■ 英数字 ■

autonomy　　　96
CI　　　282
CIMOS　　　87
cooperation　　　11
CSR　　　14
CVCC　　　340
ERG理論　　　65
GE　　　322
GM　　　43・219
Hi-Hiタイプ　　　114
HONDA　　　325
ICT　　　280
IT　　　16
IT化　　　147
LPC　　　121
mastery　　　96
NGO　　　20
NPO　　　20
OD　　　176
OT　　　281
purpose　　　96
SBU　　　234
SECIモデル　　　352
SL理論　　　125
TDR　　　317
T型フォード　　　31
X理論　　　100
Y理論　　　100
15パーセントルール　　　354
360度評価　　　57

■ 著者紹介 ■

松本　久良（まつもと　ひさなが）

産業能率大学・自由が丘産能短期大学通信教育部　非常勤講師。
亜細亜大学経営学部　非常勤講師。
法政大学大学院社会科学研究科経済学専攻博士後期課程単位取得満期退学。
経営学士（法政大学）、経済学修士（法政大学大学院）。
専門領域：経営組織論、組織認識論。

【主な業績】
『オーガニゼーショナル・エピステモロジー』（共訳）
「新・経営者の役割〜ディシジョン・メーカーからコグニティブ・マッパーへ〜」（論文）
「組織の硬軟と適応〜新たな適応理論からの再定義〜」（論文）
など。

基礎からわかる経営組織　〈検印廃止〉

著　者	松本　久良
発行者	坂本　清隆
発行所	産業能率大学出版部
	東京都世田谷区等々力6-39-15　〒158-8630
	（電　話）03（6432）2536
	（FAX）03（6432）2537
	（URL）https://www.sannopub.co.jp/
	（振替口座）00100-2-112912

2015年8月31日　初版1刷発行
2021年12月15日　　7刷発行

印刷所・製本所　渡辺印刷

（落丁・乱丁はお取り替えいたします）　　ISBN 978-4-382-05727-2
無断転載禁止